조선 왕공족朝鮮王公族

제국 일본의 준(準)황족

조선 왕공족

제국 일본의 준準황족

신조 미치히코 지음 | 이우연 옮김

백년동안

일러두기

이 번역판의 각주는 모두 옮긴이의 것입니다.

본문 중 우리나라가 당사국인 '일한합병', '일한협약' 같은 사건 명칭들은 우리나라를 앞세워 '한일합방', '한일협약' 등으로 고쳐 옮기는 것을 원칙으로 했습니다. 그러나 사료의 직접인용 속에 등장할 때는 부득이 그대로 두었습니다.

다만, '일청전쟁', '일러전쟁' 등처럼 우리나라가 당사국이 아닐 경우는 원문의 뉘앙스를 살리기 위하여 가급적 원문 그대로 옮겼습니다.

한국어판 서문

선악과 같은 이항대립의 가치 기준을 신봉하고 상대방을 비난하기 위한 도구로 역사를 이용하려는 사람을 가끔 본다. 역사 지식을 어떻게 이용할지는 개개인의 자유이므로 그에 대해 이러쿵저러쿵 말할 생각은 없다.

그러나 역사를 서술할 때는 미리 특정한 가치 기준을 정하고 자신이 생각하는 이미지에 맞게 스토리를 구성하는 일은 없어야 한다. 다양한 1차 사료를 섭렵하고 이를 객관적으로 분석할 필요가 있다.

당연한 말을 하는 것 같지만, 이미지를 앞세워 사료를 경시하거나 오독하는 사람이 의외로 많다. 한 예를 들어 보자.

1910년에 한일 병합이 이루어졌을 때, 데라우치(寺内正毅) 통감은 만찬연을 열고, 남산 봉우리에 떠오르는 여름날의 달을 보면서 "고바야카와 가토 고니시(小早川加藤小西)가 이 세상에 있다면, 오늘 밤의 달을 어떻게 볼 것인가" 하는 시를 읊었다고 한다. '고바야카와 가토 고니시'는 임진왜란 때 조선으로 건너온 장수 고바야카와 다카카게(小早川隆景), 가토 기요마사(加藤清正), 고니시 유키나가(小西行長)를 가리킨다. 그래서 이 시는 "조선 침략의 목적을 이루지 못한 도요토미 히데요시(豊臣秀吉)의 조선 침략 전쟁을 머릿속에 그리면서, 세 장수는 한국 병합을 어떻게 볼 것인가? 아마 잘했다고 생각할 것이라며 읊은 것이다"라는 식으로 침략성을 상징하는 것으로 해석되고, 데라우치를 비롯한 "메이지 시대의 정치인과 군인들은 메이지 정부의 조선 정책을 도요토미 히데요시의 조선 침략 전쟁의 연속으로 보고 있었다"는 식으로 비판하는 일이 많다.

하지만 정말 그럴까? 데라우치가 시를 읊은 이야기는 측근인 고마쓰 미도리(小松綠)가 『조선 병합의 이면(朝鮮併合之裏面)』에 소개한 것인데, 그 원전을 읽으면 시의 해석은 180도 달라진다.

우선 고마쓰는 데라우치가 이 시를 읊은 배경을 설명하기 위해 로마의 율리우스 카이사르가 폰토스 왕국을 단기간에 공략한 젤라 전투를 언급한 바 있다. 다만, 그 위업을 칭찬하는 것이 아니라 오히려 싸우지 않고 이기는 것을 상책으로 삼는 손자(孫子)의 병법을 인용하며, 비록 단기간이지만 군사를 동원해 싸웠기 때문에 뛰어난 전략이라고 할 수 없다는 듯이 깎아내리고 있다. 그런 점에서 한국 병합에 대해 "군인 한 명 움직이지 않고, 피 한 방울 흘리지 않고" 이뤄 냈다고 자화자찬하고 있다.

그렇다면 "군인 한 명 움직이지 않고, 피 한 방울 흘리지 않고" 이뤄 냈다는 것은 무엇을 의미하는 것일까? 그것은 전쟁의 결과가 아니라 국제조약에 의한 합의에 의해 실현했다는 것이다. 이때 가장 중시되었던 것은 대한제국 황실의 처우였다. 일본은 대한제국 황실에 대한 후한 대우를 앞세워 조약 교섭을 진행했고, 그에 대해 순종은 자기 일족의 신분 보장과 맞바꿔 통치권을 천황에게 양여하였다. 고마쓰는 그와 같이 한일 병합이 교섭에 의한 조약 체결이라는 형태로 피를 흘리지 않고 실현된 것을 자랑하고, 데라우치의 시에 그것이 단적으로 표현되어 있다고 하여 일부러 소개한 것이다. 즉, 데라우치는 결코 '조선 정책을 도요토미 히데요시의 조선 침략 전쟁의 연속으로 보고 있었던 것'이 아니라, 오히려 그 반대로 무력에 의존하여 실패한 도요토미 군의 고바야카와, 가토, 고니시를 비난했던 것이다. 말하자면 이솝 우화의 바람과 햇볕과 같이, 도요토미 군과 자신들을 대비하고 있었다고 할 수 있을 것이다.

대한제국 황실은 이후 일본 황족에 준하는 왕족·공족 신분이 되고, 때로는 황족을 능가하는 파격적인 대우를 받게 된다. 그 후대는 한국 병합 때 약속한 것이고 국제조약으로 합의한 것이었다. '일제 강점'이라는 말을 고집하는 한, 왕공족의 창설이나 그들에 대한 처우를 이해할 수 없을 것이다. 영친왕 이은과 방자의 결혼에 관해서도 '동화 정책'이라고 굳게 믿는 것 외에는 불가능하다고 생각한다.

이 책에서는 가능한 한 사료를 통해 한국 병합과 그로 인해 창설된 왕공족의 실체를 해명하는 데 힘썼다. 이항대립의 가치 기준을 벗어나 한국 병합을 동아시아에서 벌어진 하나의 역사로 이해하는 데 도움이 된다면 기쁨이겠다.

2022년 8월

신조 미치히코

머리말

1910년부터 1947년까지 일본에는 '왕족'과 '공족(公族)'이라는 신분이 존재했다. 1910년의 한국 병합에 즈음하여 천황이 대한제국 황실을 위해 조서(詔書)를 내려 창설한 신분이다. 고종태황제(太皇帝), 순종황제, 황태자 이은(李垠)이라는 대한제국 황실의 적류(嫡流)는 왕족이 되고, 황제의 동생인 의왕(義王) 이강(李堈)과 태황제의 형인 흥왕(興王) 이희(李熹) 등 방계는 공족이 됐다.

2005년 7월, 도쿄의 아카사카(赤坂) 프린스 호텔에서 한 노인의 시신이 발견됐다. 노인의 이름은 이구(李玖). 왕족 이은과 황족 나시모토노미야(梨本宮) 모리마사왕(守正王)의 장녀 마사코(方

1 이방자 여사(1901~1989).
2 당시는 천황.

子) 여왕[1]의 사이에서 태어나, 아키히토(明仁) 상황[2]과 육촌 관계에 있던 인물이다. 같은 시기, 일본에서는 황위 계승 문제가 표면화되고, 고이즈미 준이치로(小泉純一郎) 총리가 사적(私的) 자문기관으로 '「황실전범(皇室典範)」에 관한 유식자(有識者) 회의'를 설치한 것을 계기로 황실전범의 개정이 활발하게 논의되고 있었다. 일본의 황위 계승을 둘러싼 치열한 논의만 각광을 받아, 그 그늘에서 대한제국 황실의 적류에 속하는 유일한 후손이 도쿄에서 조용히 사망한 것이다.

왕공족의 지명도는 황족은 물론 화족(華族)[3]에 비해서도 지극히 낮았다. 이은 일가가 거주한 도쿄 저택이 전후에 개량돼 아카사카 프린스 호텔(구관)[4]이 됐다는 것을 아는 사람은 과연 얼마나 될까?

1947년에 신헌법이 시행되기 전까지 일본은 천황이 현인신(現人神)으로 군림하는 대일본제국이었다. 황실은 현대까지도 순혈(純血)을 중시하는 배타적인 존재이니 당시는 더욱 그러했으리라고 생각하는 사람이 적지 않을 것이다. 식민 통치에 관해서도, 일본이 조선을 일방적인 힘으로 지배했다는 단순한 이항대립 구조를 상기하는 경향이 있다.

---

3 일본 메이지(明治) 시대의 특권적 신분. 메이지유신과 함께 1869년에 기존의 귀족과 다이묘(大名)가 화족으로 재편되고, 1884년 「화족령」으로 화족을 공작·후작·백작·자작·남작의 5등급으로 서열화하면서 기존의 화족 외에 국가에 공훈이 있는 자에게도 작위를 수여하여 화족에 편입하였다. 1947년 일본국헌법이 공포되며 폐지되었다.

4 호텔은 이구의 아버지인 영왕(英王) 이은의 사저(私邸)였던 곳이다. 이은이 살던 구관은 남동쪽으로 옮겨 현재 아카사카 프린스 클래식하우스가 됐다.

그러나 왕공족에 대한 처우는 그러한 이미지와 합치되지 않는다. 왕공족은 이민족이면서 황족의 예로 대우받고 황족의 일원으로 간주됐다. 나아가, 그 처우를 계기로 1918년에는 「황실전범」이 증보됐다. 전전(戰前)의 이른바 구(舊) 황실전범은 메이지헌법에 비견되는 국가의 최고 법규였고, 거기 손을 댄 것은 단 두 번뿐이었다. 그중 한 번이 조선 왕공족을 법적으로 황족으로 간주할 것인가 여부와 관련하여 이루어진 것이다.

결국 왕공족은 법적으로는 황족으로 간주되지 않았지만, 예우상으로는 황족으로 취급됐다. 예를 들면 경칭은 황족과 동일하게 '전하(殿下)'였고, 왕족인 이태왕(李太王, 고종)이나 이왕(李王, 순종)의 장례는 황족에도 좀처럼 내리지 않는 국장(國葬)으로 치렀다. 공족인 이우(李鍝)[5]공이 히로시마(廣島)에서 원자폭탄 피폭으로 사망했을 때는 시종무관(侍從武官) 요시나리 히로시(吉成弘) 중좌가 자책하는 마음으로 자결했다. 종전 직전인 1945년 8월 12일에 천황이 황족을 고쿄(皇居)에 불러들여 포츠담 선언을 수락할 의사를 알리는 자리에는 왕공족도 동석했다. 왕공족과 황족의 경계는 이처럼 애매했다.

왕공족이라는 신분의 창설부터 소멸까지를 개관한 이 책이 한일 근대사, 특히 황실과 식민 통치를 보는 시각에 약간의 전환이라도 가져올 수 있기를 기대한다.

5 의왕 이강의 차남.

차
례
/

대한제국 황실—조선 왕공족 가계도

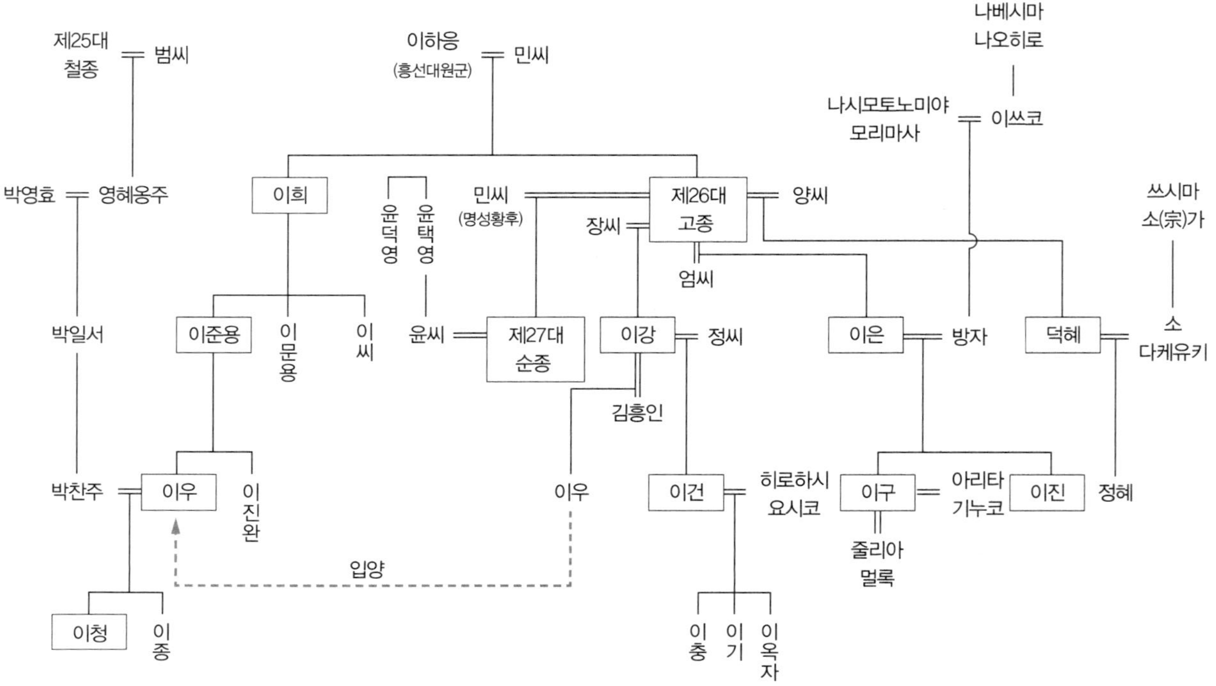

서장

제국이란 무엇인가: 동아시아의 황제

제국의 이미지

1910년에 일본제국은 대한제국을 병합했다. 두 개 제국이 하나가 되는 과정에서 탄생한 것이 왕공족이다. 왕공족을 한갓 식민지 하의 로열 패밀리로서가 아니라 역사의 중요한 인자로서 서술하기 위해, 서장에서는 양국이 공히 국체(國體)로 삼은 제국이란 무엇인가부터 살펴보기로 한다.

오늘날 군사력과 경제력을 내세워 패권을 확대해 가는 미국을 '미제(美帝)'라고 비난하고, 독도(일본명 다케시마竹島)의 영유권 분쟁과 관련해 한국이 일본을 '소(小)제국주의'라고 비난하기도 한다. 여기서 '제국'은 20세기 초까지 통용된 제국주의 개념에 의거한 것이고, 제국이라는 말의 원래 뜻과는 다르다.

제국이란 본래 '황제가 통치하는 나라'라는, 국체를 표현하는 말이다. 다른 한편 제국주의란 다른 나라의 희생으로 자국의 이익이나 영토를 확대하고자 하는 사상이나 정책을 의미하고, 주로 공산주의자가 군국주의나 자본주의를 부정하기 위해 체계화한 것이다. 제국이라고 하면 일반적으로는 뒤의 이미지가 침투하여, 다수 민족을 지배하는 대국이라는 의미로 사용되는 경우가 많다.

왜 황제와 관계없는데도 제국주의라고 하는 것일까?

우선, 한자어 '제국(帝國)'은 18세기 말 일본에서 네덜란드어 케이저르레이크(keizerrijk), '황제(keizer)의 통치(rijk)'의 번역어로 탄생했다. 케이저르는 율리우스 카이사르에서 유래한 로마 제국 군주의 명칭으로부터 파생한 단어이고, 독일어의 카이저(Kaiser)에 해당한다. 덧붙여 말하면 중국에서 황제는 주변 제(諸)민족을 포함한 세계 전체를 통치하는 존재이기 때문에 '제천하(帝天下)'라는 말은 있어도 제국이라고는 하지 않았다.

이 제국이라는 한자어는 19세기 초에 편찬된 일본 최초의 영일(英日)사전『안게리아고린타이세이(諳厄利亞語林大成)』에서 'empire'의 번역어로도 사용됐다. 이것은 큰 잘못이었다. empire의 어원은 라틴어 임페리움(imperium)인데 이는 공직자가 가진 '명령권'을 의미한다. 그로부터 출발하여 고대 로마에서는 명령권 보유자가 파견된 속주(屬州)나 전지(戰地) 등 로마의 권위가 확립된 지역을 임페리움이라고 불렀다. 즉, 임페리움을 어원으로 하는 empire는 군주의 군사 지휘권에 초점을 둔 단어이며 판도(版圖)라는 의미를 강하게 띠고 있다. 그럼에도 불구하고 그 번역어로 제국을 대응시켜 버렸기 때문에, 대외 팽창을 나타내는 imperialism도 제국주의가 돼 버린 것이다.

제국주의가 침략 비판이라는 관점에서 무시할 수 없는 중요한 개념임에는 틀림없다. 그러나 일정한 감각과 가치관을 전제로 하여 과거를 단죄하는 것은 역사의 실상을 그려 내는 데 유효하다고 할 수 없고 오히려 저해가 되기도 한다. 적어도 일본제국과 대한제국이 거쳐 온 역사를 고찰하기 위해서는 제국 본래의 의미로 되돌아가서 황제라는 존재에 착안할 필요가 있다. 그런 의미에서 일본제국 내 구 대한제국 황실인 왕공족은 간과할 수 없는 중요한 존재다.

황제는 독립국의 증거

일본이 해외를 향해 처음으로 제국이라는 이름을 내건 것은 막부(幕府) 시대 말기다. 1858년에 맺은 일미 수호통상조약의 전문(前文)은 "제국 대일본 천황과 아메리카합중국 대통령은 친목의 뜻을 굳게 하고"라고 명기하고 있다. 1886년에는 국립 고등교육연구기관에 '제국대학'이라는 이름을 붙였다. 대만 점령보다 9년이나 앞서서다.

메이지(明治) 시대[1] 이후 근대 일본은 국호를 정식으로 정하지

1 메이지 이후의 연호는 다음과 같다. 메이지(1868~1912), 다이쇼(大正, 1912~1926), 쇼와(昭和, 1926~1989), 헤이세이(平成, 1989~2019), 레이와(令和, 2019~).

는 않았지만, 1889년에 공포한 메이지헌법은 제1조에서 "대일본제국은 만세일계(萬世一系)의 천황이 통치한다"고 강조하고 있다. 그러나 외교상으로는 일본국, 대일본국, 일본제국 등을 혼용했다. 이것을 문제시한 중의원(衆議院) 의원 구마가이 고에몬(熊谷五衛門) 등이 건의서를 제출하여 대일본제국으로 통일할 것을 제안한 것은 1934년 3월부터의 일이다.

이때 외무성은 연구보고서를 작성하여, 국호 표기의 통일에 다음과 같은 이유로 반대했다.

> '○○제국'이라는 것은 원수(元首)가 황제(천황)라는 것을 명시하는 것이며, 상대국이 왕제(王制) 또는 공화제 등의 국체를 나타내는 말을 조약 속에 넣는 경우에 일본 측도 '일본제국'을 사용해 왔다. 하지만 '일본제국'으로 고정해 버리면, '일본제국 황제 폐하'는 '황제의 나라의 황제 폐하'라는 의미가 되어 원수(국체)의 명시가 중복되어 버린다.

즉, 문서를 기초(起草)할 때 적절치 못한 경우가 생기므로 상황에 따라 적절한 명칭을 달리 사용해야 한다는 반론이었다. 그러나 외무성은 추밀원(樞密院)[2]의 집요한 압력에 굴복하여 이듬해

2 천황의 자문기관으로, 1888~1947년 존속.

7월에 통달서(通達書)[3]를 내려, 국제조약에 기재하는 국호를 '대일본제국'으로 통일한다고 선언한다.

조선이 제국을 칭하는 과정은 일본보다도 명쾌하고 기간도 짧았다. 19세기 말까지 조선왕조는 중화 황제의 덕을 경모(敬慕)하여 청(淸)에 조공하는 책봉국(冊封國)이었고, 황제를 둘 수 없었다. 군주는 중화 황제에게 인정받은 왕의 칭호밖에 사용할 수 없었다.

그러나 청은 1895년 일청전쟁 강화로 체결된 시모노세키(下關)조약에서 조선왕조의 '독립자주'를 승인했다. 이를 이어받아 조선왕조의 의정부 의정(議政府議政) 심순택(沈舜澤)은 과거 책봉시대에 사용했던 조선이라는 이름이 '당당한 제국'으로서 어울리지 않는다고 주장한다. 국왕은 이러한 각료의 의견에 귀를 기울여 1897년 10월에 황제를 칭하며 국호를 '대한(大韓)'으로 고치고, 이어 1899년 8월에 제정한 「대한국 국제(大韓國國制)」 제1조에서 대한은 "자주독립의 제국이다"라고 선언했다. 다음 달 체결된 한청(韓淸) 통상조약에는 전권대신(全權大臣)인 박제순(朴齊純) 외부대신(外部大臣)의 소속이 '대한국'이 아니라 '대한제국'으로 돼 있다.

막부 말기 일본도, 청과의 종속 관계로부터 막 벗어난 대한도 제국을 자칭했다. 물론 일본이 사용한 '제국'에 영토 확대의 의미가 전혀 없었던 것은 아니다. 하지만 원래 일본이나 대한은 아시아 제국(諸國)에서 황제가 갖는 특별한 의미에 의거하여 제국(帝

3 상급 기관이 하급 기관에 직무를 지휘, 명령하는 문서.

國)이라는 이름을 내세웠던 것이며, 제국주의의 제국과는 선을 긋고 있다.

일본이 한국을 병합하자 경상북도 양반 박득녕(朴得寧)이 일기에서 비탄한 것은 나라의 멸망이 아니라, 태황제(고종)가 이태왕으로, 황제(순종)가 이왕으로 지위가 격하된 일이었다.[4] 황제의 상실은 독립국으로서 명분의 소멸을 의미하므로 굳이 망국을 언급할 필요가 없었을 것이다. 대한제국의 지식인에게는 황제의 존부(存否)가 중요했던 것이다.

'가(家)'라는 틀

이 책은 제국을 키워드로 하여 왕공족을 서술하면서, '국(國)'만이 아니라 '가(家)'[5]라는 틀에도 주목한다.

한국 병합 때 대한제국 황실의 적류인 황제, 태황제, 황태자는 왕족이 되고, 방계는 공족이 됐다. 이 두 개의 신분을 합한 것이 왕공족이다.

이 가운데 구 대한제국 황제인 이왕(순종)은 이왕가(李王家)라

4 경북 예천에 살던 박득녕(1808~86)은 1834년부터 일기와 일용기(日用記)를 쓰기 시작하였고, 기록은 같은 곳에 세거(世居)한 4대에 의해 1949년까지 꾸준히 작성되었다. 이들 자료는 물가 등 경제사적 정보를 풍부하게 갖춘 것으로도 유명하다. 다만, 한일합방 당시 박득녕은 이미 사망했고, 본문에 소개한 내용은 그의 장손인 박면진(朴冕鎭, 1862~1928)의 기록이다. 국학진흥사업운영위원회 편, 『예천 맛질 박씨가 일기』(2006~) 참조.

5 일본의 이에(家), 즉 1898년의 메이지헌법 하 민법에서 법적 제도로 규정된 가족을 말한다. 일본 민법에 의거 1912년 「조선민사령(朝鮮民事令)」을 통해 조선에도 가·호주·호적 등이 도입되어 2008년까지 100년 가까이 존속했다.

조선 전통 의상을 착용한 옛 대한제국 황족들(1918). 왼쪽부터 이은, 이왕(순종), 이태왕(고종), 귀비 엄씨, 덕혜옹주.

는 가를 창립하고, 공족이 된 이강공과 이희공도 각각 이강공가, 이희공가를 세우게 된다. 왕공족은 '국'의 차원에서 보면 구 대한제국의 황제와 그 일족으로서 천황에 맞설 수 있는 존재였지만, 그와 동시에 일본제국 내에서 '가'를 유지해야 하는 처지에 있기도 했던 것이다. 한 가의 당주(當主)[6]로서는 반드시 일본으로부터의 독립을 목적으로 할 필요는 없고 안주(安住)를 위해 종속이 중요했으며, 일본의 유력한 가와의 인척관계나 천황에 대한 충성을 선택했다고 하는 견해도 염두에 두어야 한다.

6 일본 민법에서 가의 호주 지위를 승계하여 가족을 통괄하고 제사를 주재하는 자.

이 책에서는 '종주국 대 식민지'라는 이항대립의 제국주의 사관과 거리를 두고 조선 왕공족을 살펴보고자 한다.

제1장에서는 이토 히로부미(伊藤博文)의 통감(統監) 시대부터 한일합방까지의 과정을 개관하고, 어떠한 논의 속에서 왕공족이 창설됐는지 밝힌다.

제2장에서는 언제, 누가, 어떠한 규정에 기초하여 왕공족으로 간주되게 됐는지를 개개인의 이력과 함께 살펴본다.

제3장에서는 왕공족의 장의(葬儀)와, 특히 고종과 순종의 실록(實錄)을 편찬할 때 대한제국 '황제'였던 그들의 과거가 어떻게 정리됐는지 살펴본다.

제4장에서는 전시 군인의 의무를 수행하고 전후에 일본 국적을 상실한 왕공족 개인들의 삶을 조명한다.

기본적으로 홀수 장에서는 조선 통치에 대해, 짝수 장에서는 왕공족의 동향에 중점을 두었다.

앞에 말한 대로 한일합방으로 태황제는 이태왕, 황제는 이왕이라는 칭호를 얻어 일본의 왕족이 됐다. 각각 고종(高宗), 순종(純宗)으로 알려진 인물이다. 요즘은 그런 일이 적지만 이전에는 논문 등에서 이태왕이나 이왕은 '이태왕', '이왕'으로 따옴표를 붙여 표기하라는 지적을 받기도 했다. 다분히 일본이 강요한 이름이므로 그대로 쓰기 부적절하다는 뜻에서였을 것이다. 그런데, 만약 그렇다면 고종과 순종도 마찬가지로 따옴표를 붙여 '고종', '순종'으로 해야 한다. 이것 역시 한일합방 후 일본이 정한 것이기 때문이다.

'~종(宗)', '~조(祖)'는 묘호(廟號), 즉 조상의 신령을 제사하는 사당에 올리기 위한 이름이다. 당연히 사후에 부여되는 것이고, 생전에 군주를 묘호로 부르는 일은 없다. 고종과 순종은 이태왕과 이왕이 승하한 6일 뒤에 일본 궁내성(宮內省) 산하의 한 조직인 이왕직(李王職)이 정한 것이다. 고종의 경우 신종(神宗)과 경종(敬宗), 순종의 경우 경종(敬宗)과 성종(誠宗)으로 하자는 안도 있었다.

일본의 『콘사이스 외국인명사전(コンサイス外國人名事典)』(제3판)은 '고종' 항 첫머리에 "이조 제26대 왕"으로 설명하고, "이태왕은 일한병합 후 붙여진 명칭"이라고 했다. 이렇게 하면 고종이 본래의 호칭이며 마치 합방 이전부터 사용했다는 오해를 불러일으킬 수 있다.

또 조선인이 이태왕이라는 호칭을 기피했던 것도 아니다. 예를 들어 김인수(金麟洙)라는 보수적이고 항일 의식이 강한 지방 유생이 남긴 『치재일기(致齋日記)』에서도 '이태왕 전하'라는 표기가 여기저기 발견되기 때문이다.

이 책의 주제는 왕공족이므로, 실제 호칭으로 사용된 이태왕, 이왕 등을 그대로 쓰기로 한다. 단, 한일합방 이전 시기에 대해서는 관례대로 고종, 순종이라고 하고, 천황도 생전부터 메이지 등 시호(諡號)로 표기한다.[7]

7 메이지유신 이후 일본에서는 천황이 생존할 때 사용한 연호(年號)를 그대로 시호로 사용하므로, 메이지·쇼와 등은 시호인 동시에 연호이기도 하다.

제1장

한국 병합과 황제의 처우: 폐위됐지만 신하는 아니다

이토 히로부미의 대한(對韓) 정책

통감 취임 결심

1868년에 메이지유신이 실현되자, 일본 정부는 정권이 교체됐다는 뜻을 조선왕조에 전하기 위해 쓰시마(對馬)번을 중개로 세워 국서를 보냈다. 그러나 청의 책봉 아래 있는 조선왕조는 일본이 국서에 중화 황제밖에 쓸 수 없는 '황(皇)'과 '칙(勅)'자를 썼다는 이유로 계속해서 수취를 거절했다. 이에 일본은 상황을 타개하기 위해 한강 하구 강화도 근해에 군함을 파견해 도발했다. 조선군의 포격을 받은 일본군은 각처의 요새를 모두 불태워 점령하고, 1876년에 조일 수호조규(강화도조약)를 체결해 조선왕조의 문호를 열었다.

강화도사건 때부터 일본은 한반도의 식민지화를 호시탐탐 노리고 있었다고 보는 의견이 적지 않다. 그러나 당시는 조선왕조에 대해 종주권을 가진 청과 남방으로의 영토 확장을 노리는 강국 러시아가 엄중히 바라보고 있어서 일본이 나설 자리는 없었다. 일본이 반도에 대한 입장을 확실히 굳히게 된 것은 1894~95년의 일청전쟁에서 승리해 조청 간의 종주국-속방 관계를 끊고, 1904~05년의 일러전쟁에서 어렵사리 이겨 대한제국의 지도·보호·감리에 러시아의 간섭을 배제하고 나서부터라고 할 수 있다.

그렇다면 일본의 한국 병합은 언제부터 현실성을 띠게 됐을까? 우선 초대 통감에 취임한 이토 히로부미의 정책부터 살펴보자.

일본의 초대 총리[1]를 거쳐 이미 정계 중진이 돼 있던 이토는 일러전쟁 강화조약 체결 2개월 뒤인 1905년 11월, 고종황제를 위문하기 위한 특파대사의 직함으로 한국에 건너왔다.[2] 그러나 실제 목적은 외교 사무의 위임을 강요하는 것이었고, 15일의 알현에서 고종황제에게 그 뜻을 명문화한 제2차 한일협약의 체결을 강요한다.

고종황제는 국가가 외교의 형식을 갖지 않으면 동군연합(同君

1 이토는 1885년 말, 메이지 정부의 태정관(太政官)을 폐지하고 총리대신이 되어 초대 내각을 구성하였다. 2년 반 뒤인 1888년 4월에 실각하였으나 곧 추밀원(樞密院)을 신설하고 의장이 되어 제국헌법 제정을 마무리 짓고 1889년에 공포하였다. 그해 원훈(元勳)으로 물러났다가 1890년 귀족원(상원)이 개원하며 초대 의장이 되었고, 1891년 다시 추밀원 의장을 겸했다. 1892년 두 번째로 총리대신이 되어 일청전쟁을 이끌었고, 1896년 물러났다가 1898년 1월 다시 총리대신이 되고 반년 만에 실각했다. 1900년 네 번째로 총리대신이 되었다가 1901년 물러났고, 1903년 다시 추밀원 의장이 되면서 중앙 정계에서 물러났다.

2 이토는 러일전쟁 개전 직후인 1904년 3월에도 한 차례 특파대사로 한국에 온 바 있다.

대한제국 시대의 한성(1905). 왼쪽 뒤로 독립문이 보인다.

聯合)[3]인 오스트리아·헝가리 제국이나 아프리카의 최열등국(最劣等國)과 같아져 버릴 것이라며 저항했고, 일반 인민의 의향도 조사할 필요가 있다며 시간을 벌려고 했다.

그러나 이토는 「대한국 국제」에서 전제군주제를 표방하고 있는 것을 역이용해, 황제가 스스로 재결(裁決)하면 충분하다면서 기선을 제압했다. 이 말을 듣고 심히 낭패한 고종황제는 외부대신 박제순에게 '교섭 타협'에 힘쓰라는 취지의 칙명을 내리겠다고 했다. '교섭 타협'은 사료에 따라 '교섭 타결', '협의 타협'으로 달리 표현돼 있지만, 의미하는 바는 교섭에 의해 일본의 양보를 끌어내고 가능한 한 대한제국에 유리한 조건으로 협약을 체결한

3 서로 독립한 2개 이상의 국가가 동일한 군주를 모시는 정치 형태.

다는 것이었다.

11월 16일, 이토는 참정대신(參政大臣, 부총리) 한규설(韓圭卨)을 비롯한 대한제국 정부의 각료와 한자리에 모여 각자의 의견을 들었다. 각각 찬반을 명확하게 밝히지는 않았지만, 개괄적으로 보면 한규설과 농상공부대신 권중현(權重顯)은 협약 체결에 반대, 법부대신 이하영(李夏榮)과 학부대신 이완용(李完用)은 찬성하는 태도였다. 각료들의 의견이 정리되지 않은 채 다음 날 17일 오후 3시에 고종의 거처인 경운궁(慶運宮)에서 어전회의가 개최됐다. 여기에서 8명의 대신이 체결 거부를 주장했지만, 고종황제는 그것을 인정하지 않고 협약안을 자국에 유리한 내용으로 수정한 후 체결하라고 명했다.

대신들은 이토와 협의해, 일본에 위임하는 것은 외교 사무에 한정된다는 것과 함께 대한제국 황실의 안녕과 존엄을 유지할 것을 요구했다. 이토가 이를 수용해 협약을 수정하자, 궁내부대신 이재극(李載克)과 내부대신 이지용(李址鎔)이 내전에 들어가 고종황제에게 아뢨다. 초안을 본 고종황제는 대한제국이 독립을 유지할 수 있는 힘을 기르고 나면 협약을 파기한다는 취지를 명확히 할 것을 명했다. 이를 수용해 이토는 수정안의 전문(前文)에 "한국의 부강(富强)의 실(實)을 인정하는 때에 이르기까지"라는 한 대목을 가필한다. 이렇게 해서 제2차 한일협약의 내용이 확정되고, 하야시 곤스케(林權助) 특명전권공사와 박제순 외부대신이 조인함으로써 조약이 성립했다.

덧붙여 말하자면, 협약에 단호히 반대한 한규설은 눈물을 흘리며 협의 도중에 자리를 떴다. 니시요쓰쓰지 긴타카(西四辻公堯)의 『한말 외교 비화(韓末外交祕話)』에는 이때 이토가 "너무 떼를 쓸 것 같으면 죽여 버려라"라고 속삭였다는 기술이 있고, 그것이 제2차 한일협약의 위법성, 즉 개인에 대한 협박이 있었다는 근거로 자주 인용되고 있다. 그러나 니시요쓰쓰지는 서문에서 이것은 "조선의 지체 높은 사람들의 회고담을 골자로 내가 특별히 모아 기록한 것이며, 이른바 조선인의 병합관(倂合觀)이다"라고 하고 있어, 이 책의 기술은 어디까지나 세간에 퍼진 풍설에 지나지 않는다.

한밤중에 숙소로 돌아온 이토는 가쓰라 다로(桂太郞) 총리에게 협약 조인을 보고하는 전보 문안을 썼다. 원안에는 통감으로 주재시킬 외교관을 조속히 임명할 것을 촉구하는 문장이 들어 있었지만 최종안에서는 그 부분은 삭제된다. 이 초안을 전보로 도쿄에 보낸 비서관 겸 통역사 마에마 교사쿠(前間恭作)에 의하면, 이토는 집필 중에 마음을 바꿔 스스로 통감의 소임을 맡기로 결단했다고 한다.

이리하여 이토는 1905년 12월 21일 초대 통감에 취임하고, 이듬해 3월 2일 대한제국으로 건너왔다.

한국 병합의 득실

이토는 "합병은 필요없다", "합병은 심히 성가시다"라는 생각을 가진 사람이었다. 그러나 익히 알려졌듯 다른 한편으로 1907년 일러협약의 교섭에 당면해서는 외무대신 하야시 다다스(林董) 앞으로 다음과 같은 전보를 보내기도 했다.

> 한국 관련 조항은 본 조약 속에 규정하여 발표하고 (…) '장래의 발전'이라는 말은 '어넥세이션(annexation)'까지도 포함한다는 취지를 명확히 함을 가장 득책(得策)으로 삼는다. (…) 한국의 형세는, 지금과 같이 변해 가면 해가 갈수록 '어넥세이션'은 더욱 더 곤란하게 될 것이다. 고로 오늘에 있어서 우리가 의도하는 바를 명확히 하여 미리 러시아의 승낙을 얻어 두지 않을 수 없다. (제1회 일러협상 일건第一回日露協商一件)

요컨대 이토는 한국 병합 반대의 입장을 취하면서도 '어넥세이션', 즉 병합의 필요성을 역설하고 있었던 것이다. 변절로 받아들여질지도 모르는 이러한 언행의 배경에는, 일본이 한반도를 지배할 때 따르는 이익과 불이익이 크게 관계돼 있다.

식민지 하면 맨 먼저 머리에 떠오르는 것은 수탈이다. 그러나 대한제국의 경제는 이미 파탄의 위기에 처해 있었고, 봉건제를 취한 과거 일본의 에도(江戸)막부보다도 재정 규모가 작았다. 조선왕조 말기에는 왕비 민씨가 왕실의 위엄을 과시하기 위해 밤낮으로 손님을 불러 연회를 열어 궁핍한 재정을 더욱 어렵게 만드는 낭비를 계속하고 있었다. 1896년의 세입 총액은 전년의 이

월금을 포함해 500만 원(元) 정도에 불과했다. 일본은 대한제국을 영유하게 되면서 수탈은커녕 도리어 다액의 지출을 각오해야 했으니, 경제적으로는 불이익이었다고 할 수 있을 것이다.

이토는 통감으로 한국에 오기 직전에 하라 다카시(原敬) 등 각료들 앞에서 "한국 내의 비용은 한국의 세입으로써 지출해, 가능한 한 일본 국고에 누를 끼치지 않을 방침"(『하라 다카시 일기原敬日記』 1906년 2월 4일)이라고 하여, 금전적인 지원을 가능한 한 자제할 생각을 명확히 했다.

그러나 일본의 부담은 서서히 증가해 갔다. 1910년 일본의 일반세출 총액은 5억 7천만 엔이 못 됐는데, 대한제국의 경영비로만 1,200만 엔을 썼다. 일본은 결국 한국을 병합함으로써 이 경비에서 벗어나지 못하게 됐고, 조선총독부의 세입만으로 조달할 수 없는 조선 재정의 부족분을 일반회계에서 계속 보전했다. 그 금액은 1911년과 1912년에 1,235만 엔씩이었고, 이후 매년 100만~200만 엔씩 감액할 계획이었지만, 1920년 이후 증가로 돌아서 1939년에는 1,290만 4,313엔이 된다. 35년간의 조선 통치에서 보조금이 불필요했던 해는 1919년 한 해뿐이었다. 물가를 고려하면 부담이 점차 감소한 셈이지만, 적자를 해소하는 데까지는 이르지 못했다. 대만이 일본에 편입된 지 겨우 10년 만에 보조금이 필요없을 정도로 경제적으로 발전해 종주국에 금전적 이익을 가져다준 것과 대조적이다.

일본은 대한제국을 병합함으로써 대한제국의 빚까지 떠안게 됐다. 1910년에 대한제국에는 4,559만 106엔의 채무가 있었는데, 그중 일본 정부로부터의 무이자 대부금과 금융자금채(金融資金債) 합계 1,478만 2,623엔은 병합에 의해 상환하지 않게 됐고, 그 밖의 상환 의무는 조선총독부가 인수했다. 그 외 화폐정리로 생긴 1,172만 6,738엔의 부채는 일본 화폐정리자금 특별회계에 편입돼 일본 정부가 부담하게 됐다.

무역 면에서도 병합에 따른 이익은 거의 없었다. 영국이 경제적 양보의 대가로 병합을 승인한 데서 보듯, 일본은 서구 열강에 우대책을 제시하고 찬동을 얻어야 했기 때문이다. 실제로 일본 정부는 병합 방침을 각의에서 확인할 때부터 조선의 관세율을 당분간 그대로 두기로 결정했다. 그런 까닭에 일본의 각 신문은 "병합으로 좋은 영향을 받기보다 오히려 악영향을 받는 것이 클 것이다"(〈요로즈초호萬朝報〉 1910년 8월 29일), "우리 국고가 보충금의 증가를 요구받는 것을 피할 수 없다"(〈도쿄게이자이잣시東京經濟雜誌〉 1910년 10월 8일)고 비판했다.

당시 한반도에서 면(綿) 무역에 종사하던 니시하라 가메조(西原龜三)는 병합조약 공포일의 일기에서 관세 고정에 대해 언급하며 "실로 무의미한 합병이라고 해야 마땅하다"(『니시하라 가메조 일기西原龜三日記』 1910년 8월 29일)고 불만을 토로했다. 재계와 언론계에서 병합에 따른 재정 부담 증가를 비난하는 소리가 적지 않았던 것이다. 제국주의를 주안점으로 역사를 논한다면 영토와 시장의 확대를 무조건 전제하게 되지만, 실상은 그처럼 단순하지 않았다.

국방 상의 가치

일본이 경제적 부담을 감수해 가면서까지 대한제국을 지배하는 데 따르는 이익은 국방에 있었다. 서구 열강이 언제 공격해 들어올지 알 수 없는 약육강식의 시대에, 국경선을 가능한 한 멀리 그어야 한다는 위기의식이 있었기 때문이다. 특히 북방에 러시아라는 명확한 잠재적 적국이 존재했기에 한반도의 확보는 중요한 과제였다.

일본 육군의 토대를 놓은 야마가타 아리토모(山縣有朋)는 일찍부터 러시아의 위협을 인식하고 있었다. 1889년에는 빈 대학의 정치경제학자 로렌츠 폰 슈타인에게 배우며 러시아의 위협으로부터 일본을 방위할 방법을 물었다. 슈타인은 러시아가 한반도로 남하해 동해안의 원산 근처에 해군 기지를 건설하면 일본은 곤경에 몰릴 것이라고 조언했다. 이때 야마가타는 일본의 주권이 미치는 범위를 '주권선(主權線)'이라 했을 때, 한반도는 '주권선'의 존망을 가르는 '이익선(利益線)'이라는 것을 깨닫는다. 그리고 이 생각을 1890년의 제1회 제국의회에서 피력하며 국방의 중요성을 호소했다.

일본은 일러전쟁에서 간신히 승리하고 결과적으로 '이익선'의 확보에 성공한다. 그러나 그 뒤에도 러시아의 움직임은 낙관할 수 없었다. 러시아 해군은 괴멸했어도 육군의 주력은 건재했기 때문이다. 게다가 1906년에 주한 러시아 총영사 드 플랑송(de Plançon)은 관계 각국에 보낸 공문에서 대한제국은 엄연한 독립국이라는 인식을 표명하고, 일본을 건너뛰고 직접 대한제국 궁중과 교섭하려고 했다. 이에 격노한 통감 이토는 사이온지 긴모치(西園寺公望) 총리 겸 외무대신에게 관계 각국의 대응을 탐지하도록 의뢰했다. 또 그는 같은 해 5월에 화족회관에서 열린 지방관과의 간담회에서도 "러시아가 아직 한국의 지위를 인정하지 않음에 따라 국제 교섭을 하고 있는 중"(『하라 다카시 일기』 1906년 5월 7일)이라며 경계를 강화했다.

그럼에도 이토는 2개월 후인 7월 12일에 열린 시정개선협의회에서 대한제국 정부 관료들을 향해 "일본은 조선을 병탄하여 거액의 경비를 소비하면서 통치하는 어리석음을 좇기보다, 차라리 한국을 일으켜 융성의 길로 인도하고 한국인으로 하여금 자국을 온전히 방위하게 하고 한국을 동맹으로 삼아 우리나라의 안전을 꾀하기를 바란다"고 말했다. 러시아에 대한 경계를 각 방면에서 표명하던 시점에도, 경제적 부담을 감수하면서까지 대한제국을 병합할 생각은 없다고 여전히 말하고 있었던 것이다.

하지만 앞에서 말한 것처럼 이토는 이듬해 1907년 7월에 진행된 일러협약 교섭 과정에서 하야시 다다스 외무대신에게 '어넥세이션'의 가능성을 명확히 해야 한다고 돌연히 말했다. 이토는 이때 "조선 문제를 근본적으로 해결한다"는 결심을 말했고, 국방상의 '이익선'을 확실히 수중에 두기 위해서는 경제적 부담도 불사했다고 할 수 있다. 모토노 이치로(本野一郎) 주러 공사도 "한국에서 평온한 상태를 확립하는 길은 이 나라를 우리나라로 병합하는 길밖에 없다", "한국은 일본으로서는 도저히 합병하지 않을 수 없는 시기가 반드시 도래할 것"이라고 다짐하고 있었고, 몽골 지배에 대해 러시아에게 상당한 정도로 양보하고서라도 "한국 문제를 완전히 해결해 두는 것이 득책이다"(『제1회 일러협상 일건』)라고 하야시 외무대신에게 보고했다.

그런데 하야시 외무대신은 이토의 의견에 대해 "러국에서 결국 그에 동의하지 않을 때는 우리가 곤경에 처한다"고 판단하고, 병합의 명시를 용인하지 않았다. 이 이후 이토가 명확히 병합을 입에 담은 사례는 눈에 띄지 않으므로, '어넥세이션' 발언은 지극히 이례적인 것이었다고 할 수 있겠다.

대한제국의 재정 건전화

대한제국을 일본의 방파제로 이용하기 위해서는 시정 개선이 불가결했다. 그래서 그 전제로 궁중의 개혁이 불가피했다. 대한제국은 근대적 제도를 정비하지 않고 군주의 전제만을 인정해 황제가 재정을 마음대로 할 수 있는 '가산(家産) 국가'였기 때문이다. 예를 들면 1883년에 설치된 전환국(典圜局, 조폐국)은 중앙은행을 설치하지 않은 상태에서 운영됐다. 고종황제는 이것을 사물화(私物化)하고 화폐를 남발해, 시장이 혼란해지고 이권을 둘러싼 정쟁도 끊이지 않았다. 1904년 10월부터 대한제국의 재정 고문을 맡은 메가타 다네타로(目賀田種太郎)와 공사 하야시 곤스케는 이러한 실태를 문제시하여 일찌감치 전환국을 폐지했다.

그 뒤 이토는 통감에 취임하자 「궁금령(宮禁令)」을 공포하여, 일정한 관직을 가진 자 이외에는 궁중에 출입할 때 규정된 표지를 제시할 의무를 부과했다. 이것은 황제와 무당 사이에서 벌어지는 매관(賣官) 행위와 외국인과의 모의를 방지하려는 목적이었다.

나아가 이토는 통감부 총무장관 쓰루하라 사다키치(鶴原定吉), 통감부 참여관(參與官) 고미야 미호마쓰(小宮三保松), 재무관 이노우에 마사지(井上雅二) 등을 궁내부로 들여보내 궁중 개혁을 전담토록 했다. 당시 궁내부는 대신관방(大臣官房)[4] 외 시종원(侍從院), 장례원(掌禮院), 내장원(內藏院) 등 20여 개의 원과 사(司)가 병립해 상호 사무 연락을 결여했을 뿐만 아니라, 회계가 독립된 작은 관청들의 집합체라고 할 수 있는 상태였다. 게다가 궁중은 국고로부터 황실비가 지급됨에도 징세의 한 주체로서 잡세를 징수하는 상황이었다.

그래서 이토는 궁중과 부중(府中, 행정부)을 분리하기 위해 관제를 개정하여 황실에 관한 일체의 사무와 소속 관리의 감독은 궁내부대신이 집행하도록 하고, 이에 더해 4,400명가량의 불필요한 인원을 정리했다. 1907년 7월에는 '임시 제실유 및 국유재산조사국(臨時帝室有及國有財産調査局)'을 설치해 황실 재산과 국유재산을 나누어 정리하는 데 착수했다. 이 시책은 일본에서 메이

4 1894년 갑오개혁으로 신설된 총무국(總務局)을 이듬해 을미개혁 때 개칭한, 정부 총무에 관한 사항을 관장한 관서.

지헌법 공포 전에 행한 '황실 재산'의 설정과 매우 비슷했다. 일본의 경우는 의회의 예산 심의권에 좌우되지 않는 황실 경제의 확립이 목적이었지만, 대한제국의 경우는 '부패의 원천'인 궁중이 국고에 손대는 것을 방지해 국가 재정을 건전화한다는 의도하에 이루어졌다.

11월에 궁내부 수조관(收租官)[5]을 폐지하고, 12월에는 궁중이 장악한 홍삼 전매사업 외 잡세 징수권을 국고로 이속했다. 토지도 궁전, 종묘, 능·원·묘, 역둔토(驛屯土)[6] 중 일부를 제외한 모든 토지를 국유로 귀속시켰다.

1908년 1월에는 칙령 제2호에 근거해 조사국 위원을 늘리고 민유와 황실유·국유의 재산 분쟁을 심사하는 일종의 행정재판권을 부여했다. 이듬해 5월에는 궁중 채권의 지불을 마쳐 황실 재산의 정리가 완료된다.

일련의 개혁을 수행했지만, 연간 황실비는 감소하지 않고 72만 엔에서 150만 엔까지 거의 2배로 증가했다. 이전의 궁중은 연 200만~300만 엔의 경비를 염출하고 있어서 재산을 풍부히 소유하고 있을 것 같았는데, 실제로는 황실비에서 부족한 부분을 잡세 등으로 메우는 엉터리 경리로 처리하고 있었던 것이다.

5 궁중에 속한 토지인 궁방전(宮房田)의 작황을 살피고 조세나 소작료를 징수하기 위해 궁방(宮房)에서 현지에 내려보낸 벼슬아치로, 횡포가 심하여 민폐가 많았다.

6 역참(驛站)의 유지에 필요한 재원을 마련하기 위한 역토(驛土)와, 국경에 주둔한 군부대를 위한 토지인 둔토(屯土).

이 개혁으로 설정된 150만 엔의 황실비는 병합 후에도 왕공족의 세비로 그대로 지급하게 됐다. 같은 시기 일본 총리의 연봉이 1만 2천엔 정도였고, 1927년 11개 미야케(宮家)[7]의 황족 세비를 합산해도 80만 엔이 되지 않은 것을 생각하면 얼마나 큰 금액인지 알 수 있다. 결국 일본은 보호기의 궁중·궁내부 개혁에 의해 병합 후의 금전적 부담을 도리어 증가시켜 버린 것이다.

만약 이토가 병합을 전제로 보호 정책을 실시했다면, 비용과 노동력을 들여 이와 같은 개혁을 행하지는 않았을 것이다. 경제적 리스크가 있는 대한제국 병합은 선택지의 하나가 될 수는 있었을지 몰라도 이상적인 것은 아니었다.

고종의 저항과 이토의 위압적 태도

고종황제는 이토가 한국에 오기 전부터 자신의 기득권을 빼앗길 것을 경계하여, 1905년 11월 2일 날짜로 궁내부대신 이재극을 통해 「요구각서」라는 것을 통감부에 제출했다. 각서는 문명의 모범을 배워 폐해를 시정할 것을 강조하고 있지만, 실질은 궁중에 개혁의 칼날을 대지 말라고 간청하는 것이었다. 예를 들면 1) 황실비는 궁내부가 예산을 편성해 정부에 요구하는 것이 아니라

7 궁호(宮號)를 받은 친왕(親王, 천황의 아들이나 형제) 등 황족으로 이루어진 가(家). 원래 천황이나 황족의 저택을 가리키던 '미야(宮)'가 거기 사는 황족을 가리키게 되었고, 그와 함께 '○○미야'라는 궁호가 세습되는 예가 나타나면서 이를 미야케라고 부르게 되었다.

정액을 정하여 궁중에 일임할 것, 2) 황실에 속한 광산·홍삼 사업과 궁·능원에 속하는 토지는 지금까지와 마찬가지로 궁중이 관리하게 할 것, 3) 궁중의 재정과 재산에 대해 정부의 재정고문이 간섭하지 말 것 등을 요청하고 있다.

그러나 이토는 이러한 요청에 대해 일절 양해를 표하지 않고 앞에 말한 궁중 개혁을 착착 진행했다. 이로써 고종황제는 국고에 손을 댈 수 없게 되고, 권한이 대폭 축소돼 버린다. 보호국화와 내정 간섭에 분노한 고종황제는 1907년 6월에 네덜란드 헤이그에서 제2회 만국평화회의가 열린다는 것을 알고 밀사를 파견하여 일본의 압정을 세계에 호소하기로 결정한다.

그러나 대한제국은 외교권이 없기 때문에, 국제회의에 대표를 파견해도 당사자로 인정받지 못했다. 그뿐만 아니라 고종황제는 일본의 체면을 손상시켜 분노를 사 제 목을 죄는 꼴이 된다.

외무성으로부터 소식을 접한 이토는 밀사 파견이 칙명에 의한 것이었는지에 관심을 두고, 만약 칙명에 따랐다면 이를 세권(稅權)과 병권(兵權) 또는 사법권까지 빼앗을 호기로 받아들였다. 궁중이 징세 주체가 된다든가 황제가 특사(特赦)를 남발해 재판 결과를 무효로 만드는 상황을 늘 우려하고 있었기 때문이다(『조선의 보호 및 병합朝鮮ノ保護及併合』).

이토는 7월 3일에 고종황제를 알현했다. 하지만 밀사사건에 대해서는 한마디도 하지 않고 물러 나왔고, 도쿄의 외무성에 보낸 전문을 예식과장 고희경(高羲敬)에게 보여 주며 "일본에 반항하려면 공공연히 감행하라. 나 또한 적수가 되기를 사양하지 않는다"(『망국 비밀亡國祕密』, 『황제 양위 전후의 중요 일기皇帝讓位前後の重要日記』)고 짧게 말하고 떠났다. 나아가 총리대신 이완용을 통해, 밀사 파견은 공공연히 적의를 표시하는 것이며 협약을 위반하는 행위이기 때문에, 일본은 대한제국에 대해 전쟁을 선포할 권리가 있다고 황제에게 알렸다. 황제가 "짐이 관련된 바가 아니다"라고 변명해도, 사신이 위임장을 소지했음을 공언하고 있다는 사실 등을 들어 "이제 와서 허언(虛言)으로 없었던 것으로 할 일이 아니다"(『일한협약 체결 일건(한제 양위 일건)日韓協約締結一件(韓帝讓位一件)』)라고 단언했다.

다만, 이토는 위압적인 태도를 취하면서도 양위에 대해서는 부정적이었다. 이완용이 "국가와 국민을 보지(保持)하면 충분하다. 황제 신상의 일에 이르러서는 돌아볼 틈이 없다"고 말하며 양위를 암시할 때는 "아직 숙려해야 한다"고 못을 박았다. 나아가 하야시 외무대신에게 "양위와 같은 것은 본관이 깊이 주의하고, 한인(韓人)으로 하여금 경솔히 일을 망치고 그 책임을 일본에 돌리게 하는 일 따위는 말할 나위도 없이 용서하지 않을 바이다. 이 점에 대해서는 안심해도 된다"(『일한협약 체결 일건(한제 양위 일건)』)고 전보를 보낸다. 일본 국내에서도 원로인 마쓰카타 마사요시(松方正義)와 정부 각료들은 신중한 자세를 취했고, 명확히 양위를 제기한 것은 육군대신 데라우치 마사타케(寺內正毅) 정도였다.

군주보다 사직을 중시

그러나 고종황제를 시정 개선의 최대 장애로 생각하고 있던 이완용과, 일본의 진의를 미루어 헤아리고 있던 대한제국의 각료들은 양위를 향해 움직이기 시작한다. 우선 농상공부대신 송병준(宋秉畯)이 황제는 지금까지 일본의 '신의'를 배반할 때마다 "짐은 관계없다"며 죄를 중신(重臣)에게 전가해 왔다고 비난하며 도쿄에 가서 사죄하라고 말했다. 7월 17일에 각료 일동이 궁으로 들어갔을 때는 이완용이 황제에게 "사직(社稷)이 중하고 임금[君]은 가볍습니다"라고 말하고 왕위에서 물러나라고 재촉한다.

사직이란 토지의 신과 오곡(五穀)의 신을 가리키며, 황제나 왕이 행하는 제사에 의해 유지된다. 이완용은 동아시아에서 나라[國]를 의미하는 사직을 지키기 위해서는 실체로서의 군주가 아니라 그 형식(제사를 행하는 지위)이 중요하다고 생각했다. 즉, 황제의 지위에 있는 한 개인으로서 고종과 함께 나라가 죽는 것이 아니라, 일본의 분노를 누르기 위해 고종만 배제하고 황제라는 형식만은 지키려고 한 것이다. 고종황제는 이완용의 발언을 듣고 노하여 "짐은 죽어도 퇴위하지 않는다"고 말하고 안으로 들어가 버렸다.

이튿날 고종황제는 각료들의 요구에 어떻게 대응할지 이토에게 의견을 구했다. 이에 대해 이토는 "양위 문제는 폐하 자신 혼자의 일이며 일본의 통감은 이런 일에 답할 필요가 없습니다"라고 차갑게 대답하여 일본이 직접 관여하는 것을 피했다. 그 후 각료 일동이 들어와 송병준이 "바라건대, 황제는 죽어야 합니다. 폐하의 죽음에 의해 나라와 종묘는 삽니다"(『망국 비밀』)라고 극언을 했고, 이에 고종황제는 한밤중이 되어 마침내 양위 권고에 응하여 조서를 내렸다. 그리고 7월 19일 오후 7시경에 통감 이토에게 조중응(趙重應)을 칙사로 파견해 "우매"한 신민이 양위의 의미를 오해해 폭동을 꾀할지도 모르니 상황에 따라 진압할 것을 부탁했다(『일한협약 체결 일건(한제 양위 일건)』).

그런데 고종황제가 내린 조서에는 "군국대사(軍國大事)를 황태자에게 대리하게 한다"고 돼 있고, 양위의 뜻을 나타낸 것은 아니었다. 그래서 이완용, 조중응, 이재곤(李載崐) 세 대신은 7월 21일 오후 9시 30분에 새 황제 순종을 알현하고, 옛 황제 고종에게 '태상황제(太上皇帝)'라는 칭호를 올리도록 주청한다. 고종이 퇴위한 사실을 분명히 하려고 한 것이다. 세 대신은 순종의 곁에 있던 고종의 방해에 부딪혔지만, 끈질기게 주청해 '상'을 빼고 '태황제(太皇帝)'로 하는 방안으로 겨우 타협을 보았다. 순종은 새벽이 밝기 조금 전이 돼서야 이 칭호를 아버지에게 올린다.

일본 정부 각료의 한 사람이었던 하라 다카시는 대한제국 측이 양위를 강행한 이유를 추측할 수 없었을 것이다. 그는 일기에서 "우리나라에 대한 사죄의 의미와 난국을 피한다는 의미로 일어난 일이 아닐까"(『하라 다카시 일기』 1907년 7월 20일)라는 감상을 기록하고 있다.

군대 해산의 의도

1907년 7월 24일, 통감 이토는 총리대신 이완용과 제3차 한일 협약을 체결해 고급 관료의 임명권, 사법권, 감옥 사무를 장악하고 재판소, 검사, 각부 차관, 경무국장, 간수장 기타 관리에 일본인을 등용할 수 있게 됐다.

이어서 8월 1일에는 궁중을 지키는 1개 대대를 남기고 대한제국 군대를 해체한다. 단, 이것은 규율이 없는 용병제를 고쳐 징병제를 시행하기 위한 과도적인 조치에 지나지 않고, 병합을 전제로 한 준비라고는 할 수 없다.

실은 대한제국에서 1903년 당시의 경상세출 969만 7천 원의 약 43퍼센트에 해당하는 412만 3천 원을 군사비가 점하고 있었고, 이것이 재정 문란의 원인이 되고 있었다. 그럼에도 해산 당시의 병력은 1만 명도 되지 못하는 빈약한 것이었다. 군대는 통감부 설치 이전부터 개혁해야 할 부문으로 주목됐던 것이다.

일본 정부는 대한제국 군대가 용병에 의해 편성됐기 때문에 "의용봉공(義勇奉公)의 마음으로 충만"한 젊은 병사를 확보할 수 없고, 군사에 대한 소양을 습득한 사관이 육성되지 못한다고 분석하였다. 또 전술한 대로 이토는 경비 부담을 억제하면서 일본과 같은 국방을 실현하기 위해 우선은 대한제국의 자위력을 양성하고 그런 바탕 위에서 동맹을 맺는다는 구상을 갖고 있었다. 그런 까닭에 고종으로부터 순종으로 황위가 대체된 것을 기회로 삼아 징병제를 시행할 준비에 착수한 것이다.

순종황제도 조서에서 "현재의 군대는 용병으로 조직되어 국가를 완전하게 방위하는 데 충분하지 않으므로 (…) 일거에 이를 해산하고 후일 징병법에 의한 힘 있는 군대를 편성해야 한다"(『조선주차군 역사朝鮮駐箚軍歷史』)고 호소했다.

황태자 이은의 도쿄 유학

순종황제는 1907년 8월 2일에 고종태황제의 장수를 기원하여 처소인 경운궁을 덕수궁(德壽宮)으로 개칭하고, 원호(元號)를 융희(隆熙)로 정했다. 또 같은 달 27일에는 덕수궁의 돈덕전(惇德殿)에서 즉위식을 거행하고, 9월 7일에 아직 열 살이 되지 않은 배다른 동생 영왕 이은을 황태자로 책봉한다.

장유(長幼)의 질서에 따른다면 이은보다 스무 살이나 연장인 의왕 이강이 황태자가 돼야 했다. 그러나 이강은 품행 등 여러 측면에서 문제가 있었기 때문에 황위 계승자에서 제외됐다. 한글 제정으로 유명한 세종도 성격이 제멋대로였던 큰형 양녕대군을 대신해 세자(왕위 계승 1순위자)가 됐기 때문에, 꼭 특이한 사례만은 아니었다.[8]

이토는 9월 16일에 고쿄에 들어가 메이지천황에게 요시히토

8 저자는 맏이 아닌 이가 황태자나 세자가 되는 것에만 주목하고 있으나, 순종이 아들 아닌 이복동생을 '황태제(皇太弟)' 아닌 황태자로 삼은 것도 눈길을 끈다. 이전에 동기간을 세제(世弟) 대신 세자로 책봉한 예로 조선 2대 왕 정종이 동생 이방원(후의 태종)을 세자로 삼은 일이 있다.

이토 히로부미(왼쪽)와 황태자 이은(1908).

(嘉仁)친왕[9](뒤의 다이쇼大正천황)의 대한제국 방문을 요청했다. 이미 순종황제의 내락을 얻은 이은의 도쿄 유학을 순조롭게 실현하기 위해 우선 일본의 황태자가 대한제국을 방문하는 수순을 밟으려고 했을 것이다. 메이지천황은 대한제국의 치안이 아직 나쁘다는

9 구(舊) 황실전범에 따른 친왕이다. 구 전범은 천황으로부터 4세(현손)까지의 남자는 친왕, 여자는 내친왕(內親王)으로 하고, 5세째부터는 왕·여왕으로 했다. 이에 비해 현행 황실전범에서 친왕은 천황의 적출(嫡出) 남자에만 붙인다.

데 우려를 나타냈지만, 아리스가와노미야(有栖川宮) 다케히토(威仁)친왕이 동행하는 조건으로 허락했다.

10월 10일에 도쿄를 출발한 요시히토친왕은 가쓰라 다로 육군 대장과 도고 헤이하치로(東鄉平八郎) 해군 대장을 거느리고 16일에 인천에 도착해 숙소인 통감 관저로 들어갔다. 이튿날은 순종황제를 방문하여 메이지천황을 대신해 대훈위국화장(大勳位菊花章) 경식(頸飾, 목에 거는 장식)을 수여한다.

11월 19일, 순종황제는 통감의 말에 따라 이은에게 도쿄 유학을 명하는 조서를 내리고, 나아가 이토를 황태자의 교육을 담당하는 태자태사(太子太師)로 임명했다. 한국 병합을 '예정조화'로 파악하는 사람은 이 유학을 '인질'로 이해하는 경향이 있다. 그러나 조선총독부 사법부(副)장관과 왕공족심의회 총재(總裁)를 역임한 구라토미 유자부로(倉富勇三郎)는 당시 이토의 생각에 대해 다음과 같이 증언한다.

> 이토 공은 한국을 병합할 생각은 아니었던 모양이었고, 당초에는 [이은을—저자] 영구히 도쿄에 살게 할 생각은 아니었다. 단지 일본과 친선관계를 유지하는 한국 군주로 만들려는 취지였다고 생각한다. (『구라토미 유자부로 일기倉富勇三郎日記』 1922년 10월 28일)

이토가 주로 생각한 것은 대한제국의 궁중을 근대화하여 군주가 서구 열강이나 청나라에 접근해 일본의 장애가 되지 않도록 개혁하는 데 있었다. 대한제국을 일본에 병합해 버리면 불안을 없앨 수 있지만 경제적인 부담을 각오해야 했다. 그러한 딜레마를 해결하기 위해 황태자 이은을 도쿄에 유학시켜 다음 황제를 친일적이며 근대적 입헌주의를 이해하는 영명한 군주로 육성하고, 대한제국을 일본과 분리해 둔 채 일본의 '이익선'을 합리적으로 확보하려 했다고 보아야 할 것이다.

이은의 시중을 맡았던 고희경 또한 이토가 대한제국 궁중에서는 황태자가 적합한 교양을 습득할 수 없다는 사실을 우려하여, 총리대신 이완용의 찬동을 얻은 후 순종황제에게 아뢰어 유학을 실현시켰다고 증언하고 있다. 또 고희경은 이토가 이은을 장래의 군주로 내다본 이유를 다음과 같이 설명한다.

> 고(故) 이토 공이 한국 궁정에 출입하던 시기에 전하[이은—저자]가 공과 처음으로 만났을 때, 전혀 주눅 드는 바 없이 스스로 나아가 공과 악수했다. 그 악수가 굳세어 먼저 공의 마음을 움직이고, 이 아이의 교양이 그 마땅함을 얻으면 반드시 볼만한 사람이 될 것이라는 느낌이 몰래 싹트기 시작했다. 이것은 그때 공으로부터 친히 들은 바이다(『수양보감 메이지 양폐하 성덕기修養寶鑑明治兩陛下聖德記』).

원래대로라면 이토는 제2대 황제인 순종에게 기대했어야 했다. 그러나 순종은 1898년에 궁중의 정쟁에 말려들었고, 아편이 들어간 커피를 마셔 위궤양과 위축신(萎縮腎)이 발병했고 자식 또한 얻지 못하게 됐다. 민중의 눈에 비친 그의 모습은 도저히 건강한 사람이라고는 말할 수 없었고, '조선 근대문학의 시조'로 알려진 이광수(李光洙)는 순종황제를 '천치'로 표현하였다(이광수, 「나의 고백」). 이토의 눈길은 자연히 다음 세대로 향했고, 순종황제는 어린 황태자가 성장하기까지 그 사이를 중계하는 역할을 맡게 됐다.

이은은 1907년 12월 5일에 인천에서 군함 만슈마루(滿洲丸)를 타고 일본으로 향해 7일에 시모노세키에 상륙, 교토를 거쳐 15일에 도쿄로 들어갔다. 이때 메이지천황은 시모노세키에 이와쿠라 도모사다(岩倉具定) 시종직 간사를 파견하고, 요시히토친왕과 아리스가와노미야 다케히토친왕으로 하여금 신바시(新橋) 정거장에서 영접하게 했다. 이은이 18일에 고쿄로 들어갈 때는 천황이 황후와 함께 알현할 장소의 입구까지 몸소 맞으러 나오는 이례적인 대응을 보였다. 더욱이 천황은 그 이틀 뒤에는 이은이 임시 숙소로 이용하고 있는 궁궐을 방문해 황실 문양이 있는 금시계를 친히 선물했다.

메이지천황은 이은의 일본어 습득에 도움이 되게 할 요량으로 매주 일요일에 다케다노미야(竹田宮), 기타시라카와노미야(北白川宮), 아사카노미야(朝香宮), 히가시쿠니노미야(東久邇宮)를 교대로 아자부(麻布)의 도리이자카(鳥居坂)에 있는 이은의 저택으로 보냈다. 이것은 이은이 황족과 친교가 깊어지는 계기가 된다. 또 이은과 요시히토친왕은 관계가 대단히 좋아서 격월로 아카사카의 동궁(東宮) 처소와 도리이자카의 저택을 서로 방문하며 당구 따위를 즐겼다고 한다(『수양보감 메이지 양폐하 성덕기』).

순종황제의 전국 순행

이은은 1908년 8월 3일에 요코스카(横須賀) 군항을 시찰하고 8일부터 간사이(關西)로 들어가 오사카(大阪) 병기제조소와 오사카 조폐국을 순회했다. 이어 이듬해 8월에는 관민의 열광적인 환영을 받으면서 도호쿠(東北)와 홋카이도(北海道)에 행차해 기계농업 등을 견학했다. 이토는 이은이 영명군주로 성장하기를 기대하여 견문을 넓힐 기회를 많이 만들었던 것이다.

그러나 중계 역할을 하는 순종황제를 가만히 내버려만 둔 것은 아니었다. 이토는 메이지천황이 유신 직후에 각지를 행차하여 권력의 강화와 국민의 통합을 꾀했던 사례를 참고하여, 순종황제의 전국 순행(巡幸)을 총리 이완용에게 제안했다. 이완용의 주청을 받은 순종황제는 계획에 찬성했고, 1909년 1월 7일부터 13일까지 대구, 부산, 마산 등 남부, 1월 27일부터 2월 3일까지는 평양, 신의주, 개성 등 북부를 시찰했다. 이는 왕은 궁정에서 1리[일본의 1리는 조선의 10리, 약 4km—옮긴이] 바깥으로 나가지 않는다는 조선의 전통적인 인습을 깨는 획기적인 사건이었다. 남부 순행에서는 황제를 따라 단발(斷髮)하는 양반이 속출하는 등 호의적인 반응이 나타났다. 그러나 북부에서는 순행의 목적이 황제를 일본으로 데려가려는 것이라는 소문이 퍼져 폭탄 소동이나 이토 암살 계획 등이 발각됐다.

남북 순행이 끝난 직후에 이토는 통감에서 사임하겠다는 의사를 표명한다. 하지만 이것은 순행에서 배일(排日)의 분위기를 목격한 것과는 관계가 없다. 이미 1908년 말부터 사의를 넌지시 내비치고 있었기 때문이다. 이토는 1907년에 부통감 자리를 만들고 거기에 자신의 한국에 대한 방침에 이해를 보이는 소네 아라스케(曾禰荒助)를 임명했고, 적절한 때에 통감 지위를 넘겨주겠다는 생각을 갖고 있었다. 통감부 서기관과 참여관 등을 거쳐 조선 통치에 직접 종사한 고마쓰 미도리(小松綠)의 회고에 따르면, 부통감의 설치부터 이토의 사임까지 1년 반이나 걸린 것이 오히려 지나치게 느린 것이었다고 한다.

하라 다카시에 의하면, 사이온지 긴모치는 좀처럼 일본으로 돌아오지 않는 이토에게 "조선과 관련해서는 바람직하지만, 우리나라 헌정을 위해서는 내지(內地)에 있는 것이 좋다"고 설득했고 이토도 동의했다고 한다. 전술한 대로 시정 개선에서 가장 중요한 궁중 개혁의 전망이 밝아진 것은 1909년 초두인 이 무렵이었다. 따라서 어깨 위의 짐이 간신히 덜어져 국내 정치에 복귀하게 됐다는 것이 통감 사임 이유일 것이다.

덧붙여 말하면, 일본의 입장에서 볼 때 순종 순행 당시 조선 민중의 반응은 마음에 둘 정도의 것은 아니었다고 생각된다. 순종 황제를 비롯하여 구 대한제국 황실은 병합 직후에도 '여행'이라는 이름으로 경기도, 원산, 함흥 방면을 돌아다녔는데, 조선총독부 등이 난색을 표하지는 않았기 때문이다.

차기 통감을 둘러싼 공방

일본 정부는 그때까지 대한 정책을 통감 이토에게 일임해 왔는데, 시책이 너무 온건하다는 비판도 있어서 차기 통감은 정부의 훈령에 따르게 할 생각을 갖고 있었다. 그래서 이토의 사임이 현실로 다가오자 소네 아라스케 부통감의 의사를 확인하기 위한 자료로 「제1호 방침서」가 구라치 데쓰키치(倉知鐵吉) 외무성 정무국장에 의해 작성되었다. 방침서는 모두 2개조로, "한국을 병합하고 이를 제국의 판도의 일부로 삼는다"고 명기돼 있다. 총리 가쓰라 다로와 외무대신 고무라 주타로(小村壽太郎)는 이토와의 의견 대립을 피하기 위해 우선 「제1호 방침서」를 이토에게 제시하기로 했다. 두 사람은 "반대하는 말을 들을 것임에 틀림없다"(『한국 병합의 경위韓國併合の經緯』)고 경계했지만, 이토는 의외로 그에 대해 동의했다.

이토가 병합론에 굴했다거나 병합을 전제로 보호 정책을 시행했다고 평가되는 요인은 이 점에 있다. 그러나 그것은 연속적이지 못한, 조금 근시안적인 관점이다. 「제1호 방침서」는 병합을 언급하고 있지만, 실시에 관해서는 "적당한 시기"라고 애매하게만 말하고 있었고, 얼마든지 미뤄질 수 있는 계류중인 내용이었다. 여기서 중요한 것은 「제1호 방침서」가 차기 통감을 선정하기 위한 자료였다는 점이다. 이토는 자신이 병합에 완강히 반대함으로써 자신의 의지를 계승하는 소네가 차기 통감이 되지 못하는 사태만은 피해야 했다. 그런 까닭에, 승산 없는 싸움에 정면으로 응하지 않고 겉으로는 다른 의견에 따르는 모습을 보이면서 일단 후계자를 확보한다는 정치적인 판단 하에 「제1호 방침서」에 동의했다고 봐야 할 것이다.

이 회담 나흘 뒤인 4월 14일, 가쓰라는 이토를 배려하여 후임에 소네를 임명할 것을 야마가타와 의논하고, 야마가타도 소네를 통감으로 삼는 것 외에 다른 도리가 없다는 생각을 나타냈다. 이에 따라 이토는 2개월 뒤인 6월 14일에 통감을 사임하고 소네를 제2대 통감으로 세워 야심을 실현하게 됐다. 통감 교대에 즈음해 가쓰라, 이토, 소네가 만나 금후 대한 정책은 "명분을 버리고 실리를 취하며, 앞으로 7, 8년은 형세를 관망해야 한다"는 밀약을 맺었다. 그런 까닭에 7월 6일의 각의 결정 「한국 병합에 관한 건」에서도 병합의 기일은 명기하지 않고, 시기가 도래할 때까지 보호 정책을 계속 취할 것임을 확인했다.

이토는 사임과 동시에 야마가타의 뒤를 이어 추밀원 의장이 됐다. 추밀원이란 천황의 뜻에 따라 중요 법령과 조약을 심의하는 자문기관이다. 정부가 병합을 실시하려고 해도 조선총독부의 설치, 재정 처리에 관한 법률, 병합조약안 등을 인정하지 않고 그에 대해 브레이크를 걸 수 있는 지위였다.

소네는 이토의 보호 노선을 계승하고, 대한제국 내에서 '일한

합병론'을 주장하는 일진회(一進會)와도 일정한 거리를 유지했다. 그러나 후술하는 이토 암살에 의해 정세가 변화한다. 일본의 최고 실력자가 된 야마가타를 비롯해 데라우치 등 육군 군벌이 대한 정책을 주도하게 되었기 때문이다.

야마가타는 대한제국 민중에 대해 "진취적 기상이 부족하여 투안고식(偸安姑息, 눈앞의 안락을 추구하는 것), 포식하고 바로 잠드는 풍습"이 있고 "이런 나라를 도와서 독립의 이름과 내실을 완전하게 하는 것은 진실로 지난한 일"(「조선 정책 상주朝鮮政策上奏」)이라는 생각을 갖고 있었다. 따라서 이토가 지향한 일본 보호 하의 근대화 등 긴 안목의 정책이 아니라, 서구 열강이 조선을 취하기 전에 일본이 통치권을 완전히 장악하는 길을 선택했다. 보다 확실한 국방을 위해서 경제적 리스크가 묵살된 것이다.

왕공족의 탄생: '대공(大公)' 대신 '왕'

안중근을 "흉악한 무리"로

1909년 10월 26일, 이토 히로부미는 러시아 재무장관 코콥초프(Vladimir Kokovtsov)와의 회담을 위해 오전 9시에 도착하는 열차로 하얼빈을 방문했다. 처음 대면하는 두 사람은 열차 안에서 인사를 나누고, 플랫폼에 내려 러시아군 수비대를 사열했다. 이토가 안중근의 총격에 쓰러진 것은 그 직후였다.

이토의 죽음을 접하고도 세계의 한국계 신문은 대체로 평온했다. 그러나 하와이의 〈신한국보(新韓國報)〉만은 안중근을 고금에 비할 바 없는 "열사(烈士)"라고 찬양하고, 이토를 "한국을 병탄하려는 일본 야심의 대표"라고 날카롭게 비판했다. 두 사람의 이러한 지위는 오늘날도 한국에서 지지받고 있다.

사건을 안 순종황제와 고종태황제는 즉석에서 메이지천황에게 전보를 보내 이토가 "우리나라 사람의 독수(毒手)", "흉도(凶徒)"에 의해 쓰러진 것에 대해 애도의 뜻을 전했다(『한국 왕복 서류韓國往復書類』). 더욱이 순종황제는 이토에게 '문충공(文忠公)'이라는 시호를 내렸다. 메이지천황은 10월 26일자로 이토에게 종1위(從一位)를 수여하고, 11월 4일에 히비야(日比谷)공원에서 국장을 거행하게 했다. 이토가(家)에 온 추도시와 조가(弔歌)를 수록한 『이토공 국장 여운(伊藤公國葬餘韻)』의 글머리를 장식한 것은 순종황제와 고종태황제의 애도문이다.

일본 국내외에는 암살사건을 좋은 기회로 파악하여 한국 병합으로 연결시키려고 하는 자가 적지 않았다. 대아시아주의를 내건 고쿠류카이(黑龍會)의 영향 하에 있었던 친일 정치단체인 한국의 일진회가 이토 국장 1개월 뒤인 12월 4일에 통감부와 대한제국 정부에 '일한합병' 청원서를 제출한 것도 그중 하나라고 할 것이다.

하지만 일본 정부 내에서 병합의 즉시 단행을 계획한 자는 결코 많지 않았다. 「제1호 방침서」를 작성한 구라치 데쓰키치도 병합을 단행하는 데는 타이밍을 끝까지 지켜보고 결정할 필요가 있다고 생각하고 있었다. 그래서 외무대신 고무라의 명령에 따라 이토 암살의 진상 규명을 위해 뤼순(旅順)에 건너갔을 때 그는 관동(關東)도독부 민정장관 히라니 다케시(白仁武)와 함께 이 사건이 정략에 이용되지 않도록 엄정하게 대처했다고 술회했다.

이에 더해 12월 22일에는 총리대신 이완용이 국정을 걱정하는 이재명(李在明)의 칼에 찔려 중상을 입고, 이듬해 1월 상순에는 소네 통감이 위암으로 인해 요양 목적으로 도쿄로 귀경했기 때문에, 병합 교섭을 개시할 수 있는 상황이 전혀 아니었다.

병합 계획의 진전: 한국 황실의 처우

그러나 1910년 5월 30일에 전기가 찾아왔다. 병든 소네를 대신해 데라우치 마사타케 육군대신이 제3대 조선 통감을 겸임하게 된 것이다. 그는 병합 계획을 진전시키기 위해 6월 하순부터 7월 상순에 걸쳐 나가타초(永田町)의 총리 관저에서 병합준비위원회를 개최했다. 고마쓰 미도리와 구라치 데쓰키치가 원안 작성을 담당하고, 대한제국 황실과 각료의 처우, 병합 후 대한제국의 칭호, 일반 국민의 지위, 재한 외국인의 권리, 채권 채무의 처리, 관리의 임명 등에 관해 토론했다.

대한제국 황실의 처우에 관해서는 이미 1909년에 만들어진 「대한 세목요강 기초안(對韓細目要綱基礎案)」 속에 구체적인 안이 세워져 있었다. 이것은 같은 해 7월에 「한국 병합에 관한 건(韓國併合に關する件」)을 각의 결정한 직후에 고무라 외무대신의 지시

로 구라치가 작성한 것이다. 그 내용은 다음과 같다.

1. 병합과 동시에 대한제국 황실을 정치에 관여하지 않게 하여 민중이 모반을 품을 근원을 끊는다.
2. 황제의 지위를 폐하고 순종황제를 대공(大公)전하로 칭한다.
3. 고종태황제, 황태자 이은, 의왕 이강을 공(公)전하로 칭한다.
4. 대공전하와 공전하 및 그 일문(一門)을 도쿄로 이주시킨다.
5. 대공전하와 공전하 및 그 일문에게는 황족 및 화족의 예를 참작하여 특별히 예우한다.
6. 대공가와 공가에는 국고로부터 일정한 세비를 지급한다. 단, 대공가와 공가에 관한 일체의 사무는 궁내대신이 관리한다.
7. 병합에 즈음하여 대한제국 황실의 사유재산은 대공가와 공가가 인계하고, 사유가 아닌 것은 일본 정부에 이관한다.

구라치와 함께 병합 계획의 입안에 관여한 고마쓰에 따르면, 대공이라는 존칭은 병합 후에 순종황제를 일본의 황태자 아래, 친왕의 지위에 놓는다는 천황의 생각에 기초해 외무성이 특별히 고안한 것이라고 한다. 그는 대공에 대해 그랜드 듀크(Grand Duke)라고 부기하고 있어서, 서구의 신분 제도를 의식하고 있음을 엿볼 수 있다. 덧붙여 말하면 이토도 이 안을 보았고, 서류를 작성한 구라치가 의견을 물었을 때 "뭐 대강 그렇겠지"(『한국 병합의 경위』) 하고 냉담하게 반응했다.

당국은 왜 대한제국 황실을 후대하려고 했을까? 가장 큰 이유로는, 병합을 국제적인 '합의'로 성립시키기 위해 조약 체결권을 가진 황제와 그 일족을 회유해야 했다는 점을 들 수 있을 것이다. 무력으로 병합을 성립시키려면 저항 세력을 진압해야 하고, 그 혼란을 틈타 서구 열강이 개입하게 될지도 모른다고 걱정했기 때문이다.

또 군주를 어떻게 취급하는가가 지식인 계급의 자존심과 뗄 수 없는 관계라는 점도 중요했다. 예를 들면, 1907년에 와세다(早稻田)대학 변론부(辯論部)가 개최한 토론회에서 다부치 도요키치(田淵豊吉)라는 학생이 '조선 국왕을 화족과 나란히 세우는 것의 가부(可否)'라는 테마를 내걸어 대한제국 유학생으로부터 강한 비난을 받는 사건이 있었다. 항의의 표시로 10명 남짓이 퇴학하였고, 일부 학생은 다부치만 아니라 교장과 대학 사무원도 죽이라고 외쳤다. 최종적으로 경시총감이 개입해 다부치가 스스로 퇴학하는 것으로 겨우 수습한 큰 사건이었다.

이러한 전례에 비추어, 순종황제를 천황의 신하처럼 취급하면 대규모의 폭력을 초래할 수도 있음을 쉽게 추측할 수 있었던 것이다. 그래서 병합준비위원회에서는 「대한 세목요강 기초안」에 근거해 순종황제를 화족이 아니라 세습되는 대공으로 하고, 고종태황제는 1대에 한하는 대공으로 하려고 했다. 또 그들의 생활에 급격한 변화를 주지 않겠다는 데라우치 통감의 방침에 따라 대공가의 세비를 대한제국의 황실비와 같은 액수인 150만 엔으로 정했다. 이 처우에 대한 안은 1910년 7월 8일에 각의 결정되었다.

'적당한 시기'의 도래

1910년 7월 23일, 데라우치 통감은 병합준비위원회가 다듬은 병합안을 가지고 인천에 상륙했다. 그러나 7월 25일에 창덕궁과 덕수궁에 들어가 순종황제와 고종태황제에게 신임 인사를 했을 뿐이고, 그 후에는 그저 지켜만 보고 있었다. 그는 병합에 관해서는 침묵을 지키고, 야마가타 이사부로(山縣伊三郎) 부통감 이하의 막료에게조차 깊은 속마음을 보이지 않았다.

통감부가 조용했음에 반해, 대한제국 정부 내에서는 큰 변화가 있었다. 전년 말에 중상을 입은 뒤 요양하고 있던 이완용이 7월 29일에 한성으로 돌아와 그다음 날 박제순 서리를 대신해 다시 총리대신 자리로 돌아온 것이다. 이완용은 나아가 7월 31일에는 내부대신 박제순과 농상공부대신 조중응과 내밀히 협의했다.

다른 한편, 일본 국내에서도 움직임이 있었다. 도쿄에서 '일한합병' 운동을 전개하고 있던 송병준이 이 기회를 타고 대한제국으로 건너가기 위해 시모노세키로 이동했다. 세간에서는 이것을 두고 친일 내각이 성립하고 병합조약이 체결될 것이라고 수근거렸다. 그러나 데라우치는 송병준의 동향에 신경을 곤두세우고 있다가 그가 한국에 들어오는 것을 오히려 저지하는 움직임에 나서게 된다. 전형적인 친일파와 조약을 체결하면 자작자연(自作自演)이 되어 '합의'의 의미를 놓칠 것이라고 걱정했기 때문이다.

데라우치 통감이 노린 것은 어디까지나 현 이완용 내각과의 교섭을 통해 병합을 실현하는 것이었다. 그래서 무모하게 병합을 제기해 거절당하는 일이 없도록 반년에서 1년을 전망하면서 기회를 엿보고 있었다. 그런데 8월 4일에 이완용 총리의 사설비서인 이인직(李人稙)이 고마쓰 미도리 통감부 참여관을 방문함으로써 통감부와 대한제국 정부는 급속히 접근한다.

이인직이 고마쓰에게 이야기한 바에 의하면, 이완용 총리는 황실의 처우를 "어려운 문제"로 생각하고 있었고, 순종황제 자신이 스스로 물러날 의사를 표시하지 않는 상황에서 수천 년을 이어온 사직이 단절되는 병합을 신하인 자신이 건의할 수는 없다고 말했다고 한다.

이때 통감부에서는 "현[이완용—저자] 내각이 병합 담판에 응할 것인지 아닌지 확인하려는 것은 무리한 주문이고, 따라서 부질없는 노력으로 끝나 버릴 것이 틀림없다"고 인식하였고, 병합조약 체결의 확증을 갖지 않고 있었다. 그래서 고마쓰는 병합에 대한 이완용 내각의 최후의 결심을 재촉하려면 일본 측이 준비한 조건을 제시하는 것이 가장 좋고 또 유일한 방법이라고 생각했고, 그래서 구미의 식민지 정책을 비교하면서 대한제국 황실의 처우에 대한 방침을 전달했다. 즉, 프랑스가 마다가스카르 왕을 멀리 떨어진 섬으로 추방한 일이라든가 미국이 하와이 왕의 신분을 시민으로 떨어트린 일을 거론했고, 그와 달리 일본은 순종황제에게 황족의 대우를 보장하고 세비를 지금과 같은 액수로 지급하겠다고 설명한 것이다.

이인직은 이완용이 이 조건을 들으면 중압을 견디지 못해 내각을 내던지는 일 따위는 없을 것이라고 대답했다. 이에 고마쓰는 "우리 쪽의 병합 조건이 저쪽이 예상했던 것보다도 훨씬 관대했다고 생각하니 큰 쾌감을 금할 수 없었다"(『조선 병합의 이면朝鮮併合之裏面』)고 감상을 말하고 있다.

이날부터 3~4일 후에 이인직은 다시 고마쓰를 방문했다. 이완용 총리는 병합안에 대해 특별히 가부를 하달하지 않고, "너무 오래 끌면 의외의 장애가 생길지도 모르니 하루라도 빨리 시국을 해결 짓는 것이 좋은 방안일 것이다"고 단 한마디를 했다고 한다. 이완용으로서는 송병준이 조각(組閣)을 하여 병합에 무조건 동의해 버리는 것은 아닌가 하는 의심이 지나쳤던 나머지, 의외로 '관용'적인 병합안을 듣자 조금이라도 양보를 끌어낼 수 있는 상황에서 교섭을 개시하고자 했던 것으로 생각된다.

이인직이 이것만 말하고 퇴실하자, 고마쓰는 데라우치 통감에게 병합 교섭을 개시할 기회가 무르익었다는 취지와 함께 이완용의 발언을 보고했다. 데라우치는 이완용을 통감 관저로 부르기로 결단하고 8월 13일에 가쓰라 총리 앞으로 "미리 은밀히 명하신 시국의 해결[10]은 내주부터 착수하고자 한다. 특별한 지장

10 일본과 한국의 일부 세력이 당시 시국에서 한일관계라는 문제를 합방에 의해 해결하는 방안을 갖고 있었는데, 한일합방조약 체결을 전후한 짧은 시기에 이 조약을 성사시키는 것을 가리켜 "시국 해결"이라고 뭉뚱그려 말한 것으로 보인다.

없이 진행된다면 다음 주말에 모두 완료할 생각이다"(「한국 병합에 관한 서류: 착전韓國併合ニ關スル書類 着電」)라는 전보를 보냈다. 송병준의 동정이 계기가 되어 '적당한 시기'가 갑자기 눈앞에 닥친 것이다.

두 개의 조건: 한국 국호와 왕이라는 존칭

병합 교섭은 8월 16일에 시작되었다. 당시 일본에서는 도카이(東海)와 간토(關東) 지방을 중심으로 호우로 인한 대수해가 발생했기 때문에, 이완용과 조중응은 천황에게 위로를 전한다는 명목으로 기자들의 눈을 신경 쓰지 않고 당당히 통감 관저를 방문했다.

데라우치 통감은 우선 두 대신에게 인사하고, 불러들인 이유가 병합 교섭에 있다고 말했다. 그에 더해, 위압으로 시국을 해결하는 것이 아니라 "합의적 조약"의 틀을 갖추고 양국의 의사를 표명하는 것이 타당하다고 설명하고, 병합의 요지를 쓴 각서를 건네주었다.

이를 일독한 이완용은 병합의 형식에 대해 그저 추측할 수밖에 없었던 그때까지의 마음고생을 토로한 후, 유일한 희망으로서 '한국'이라는 국호와 '왕'이라는 존칭을 남기기를 바란다고 말했다. 특히 왕칭은 종실(宗室)에 대한 제사를 영구히 존속시킴으로써 민심을 누그러트리기 위해서라도 필요한 것이라고 강조한다. 그러나 데라우치는 일반적인 국제관계에 비추어 볼 때 병합 후에 왕위를 존속시킬 이유가 없고, 장래 화근을 남기게 된다고 거절했다. 또 일본이 준비한 '대공'은 서구에서는 왕칭보다 좋으면 좋았지 그보다 못하지 않은 존칭이라고 설명했다. 이것을 들은 이완용은 기밀 누설을 막기 위해 일단 조중응과만 협의하고, 그를 통해 정부의 의향을 전달하겠다고 말한 후, 겨우 30분 만에 물러갔다.

조중응이 통감 관저를 다시 방문한 것은 같은 날 오후 9시였다. 그는 대체로 이의가 없지만, 역시 국호만은 남기기를 원하며, 왕칭도 청에 '예속'되었던 시대에 가지고 있었던 것이기 때문에 그것을 답습하고자 한다고 주장했다. 그리고 이 두 가지에 대해 쌍방의 의사가 일치하지 않으면 조약 체결은 곤란하다는 이완용의 생각을 전달하고 일본 측의 타협을 촉구했다.

데라우치는 8월 13일 시점부터 다음 주말까지 "시국 해결"을 한다고 일본 정부에 밝혔기 때문에 여기에서 교섭을 결렬시킬 수는 없었다. 그래서 우선 국호에 관해서는 '조선'으로 고친다는 뜻을 밝혔다. 이것은 일본이 대만을 영유했을 때 옛 명칭을 남긴 예에 근거해 이미 병합준비위원회와 각의에서 결정한 안이었다. 조중응은 "조선의 이름을 남겨 준 것은 정말로 다행"이라고 말하며 이해를 표했다.

다른 한편 왕칭에 대해서는, 단지 '왕'만 인정하면 장래 '조선왕'이라는 이름을 내걸고 나설 위험이 있었다. 그래서 데라우치는 대한제국 황실의 성인 '이(李)'를 붙여 '이왕(李王)'을 제안했다. 조중응은 불만이 있었지만, 그 이상의 양보는 기대할 수 없다고 생각하고 마지못해 양해했다.

이완용은 조중응이 가져온 안을 살펴보고, 다음 날 17일에 통감부에 심부름꾼을 보내 만약 이 안을 일본 정부가 받아들이면 자기가 책임지고 각의에서 매듭을 짓겠다고 언명했다. 이로써 일본은 이완용 내각과 함께 병합을 실현하기 위해서는 국호와 왕칭을 대한제국 측의 요구에 따라 수정하지 않을 수 없게 된 것이다. 이완용과 조중응은 '합의'에 의한 병합의 실현을 교섭의 도구로 삼아 국호와 왕칭이라는 국가의 명분에 관한 문제에 대해 통감부 측의 양보를 교묘하게 이끌어 낸 것이다.

조선왕조는 일청전쟁 뒤에 체결된 시모노세키조약 체결 때까지 청나라의 책봉 하에 있었고, 중화 황제와 조선 왕은 군신의 관계에 있었다. 그것은 서구 근대의 주권국의 개념으로 보면 도저히 독립국이라고 할 수 없는 것이었다. 그러나 책봉 하에서 국가의 '자주'를 좌우하는 것은 주권이 아니라 명분이며, 그것을 체현하는 것이 사직이었다. 이완용은 전술한 것처럼 헤이그 밀사사건 때 "사직이 중하고 임금은 가벼운 것"이라며 고종을 퇴위하게 해서라도 사직에 제사 지내는 자의 지위는 지켜 내려고 했다. 그래서 병합에 의해 비록 주권을 빼앗기더라도 왕칭과 국호만은 유지함으로써 '자주'라는 명분을 남기려고 했던 것이라고 생각한다. 현대의 감각으로는 무의미한 행위로 볼 수 있지만, 그 직전까지 청나라의 책봉 하에 있었던 것을 고려하면 합리적인 판단이라고 할 수 있다.

간토대수해로 인한 일본 정부의 혼란

데라우치 통감은 8월 13일에 그다음 주말까지 "시국 해결"을 한다고 선언했고, 거의 예정대로 22일에 병합조약이 체결되었다. 그러나 일본 정부와 통감부의 협의가 결코 원활했던 것은 아니다. 이때 일본에서 도카이와 간토 지방이 호우로 큰 피해를 입었기 때문이다. 후에 '간토대수해'라고 불리는 이 참사는 슈젠지(修善寺)의 기쿠야(菊屋)여관에서 위궤양을 치료하고 있던 나쓰메 소세키(夏目漱石)[11]가 『생각나는 일들(思ひ出す事など)』에 자세히 기록하고 있는 것으로 알려져 있다. 그는 도쿄에 있는 부인이 보내온 편지를 통해 사람들이 배를 이용해 오가는 모습이나 처제가 재해를 당한 소식을 듣고 그 상황을 자신의 몸이 병에 잠식돼 가는 데 따르는 불안과 연결하면서, "집을 휩쓸어 가고 절벽을 무너트리는 무시무시한 비와 큰물 속에서 모든 것이 몇 번이나 가공할 외침을 울렸다"고 그 소감을 쓰고 있다.

수해는 각지의 교통을 단절시키고, 가루이자와(輕井澤)의 별장으로 피서 가 있던 가쓰라 총리 외 야마가타 추밀원 의장, 히라타 도스케(平田東助) 내무대신, 고토 신페이(後藤新平) 체신대신 등의 발을 지방에 묶어 놓았다. 8월 11일에 귀경할 예정이었던 가쓰라가 광차(鑛車) 따위를 이용해 간신히 도쿄에 이른 것은 17일 오

11 1867~1916. 메이지 말기부터 다이쇼 초기까지 활동한 소설가. 영문학자이며 일본 근대문학의 문호로 꼽힌다.

후 4시였다. 데라우치로부터 병합 교섭의 개시를 알리는 전보가 왔을 때 일본 정부는 수뇌부의 부재로 인해 혼란에 빠져 있었던 것이다.

다음 주말까지 "시국 해결"을 한다는 전보를 받은 시바타 가몬(柴田家門) 내각서기관장(內閣書記官長, 지금의 관방장관)은 14일 정오에 고다마 히데오(兒玉秀雄) 통감비서관에게 다음과 같이 답전(答電)한다. 1) 통감부가 중요 안건의 서류를 지참시켜 7일에 파견한 사자는 수해의 영향으로 아직 도착하지 않았다, 2) 내일 도착하여 정리한다고 해도 추밀원 의장이 귀경하지 못했기 때문에 해결까지는 며칠이 걸린다, 3) 특히 궁내성에 관계되는 안건에 대해서는 이쪽에 이견이 있고, 좀처럼 정리되지 않아서 쉽지 않다는 내용이었다. 그리고 전보의 마지막에는 "해결과 발표가 동시에 이뤄진다면 그 일시에 대해서는 신중한 고려가 필요하다"고 덧붙여, 은근히 조약 체결을 늦출 것을 요청하고 있었다.

시바타는 같은 전보를 도쿄로 귀환 중인 가쓰라 총리에게도 보내 "금주 중에 발표 실행은 곤란하지 않을까 생각한다"고 말했다. 그러나 가쓰라는 조약 체결과 공포가 같은 날이 아니라도 문제가 없다고 생각하고, 이 방침을 고무라 외무대신을 통해 데라우치 통감에게 전달하라고 명령했다. 이렇게 해서 병합조약은 8월 22일에 조인되고 29일에 공포된다.

일본이 메이지기가 되어 처음으로 조선왕조와 체결한 조일 수호조규는 일본 국내에서 조약 내용을 최종적으로 확인하는 비준

행위가 따랐기 때문에 공포까지 1개월이 소요되었다. 단, 조문 중에 조인일부터 효력을 발휘한다고 규정돼 있었다. 한국 병합 직전에 체결된 한일의정서와 한일협약은 조인과 동시에 발효되었다. 이렇게 보면, 비준을 수반하지 않았는데도 공포까지 1주의 간격이 생겼고, 제8조에서 의도적으로 "공포일로부터 이를 시행한다"고 정한 병합조약은 이례적인 것이라고 할 수 있을 것이다.

왜 조인과 공포를 다른 날짜로 해야 했을까? 가쓰라 총리의 명을 받고 통감부에 전보를 보낸 고무라 외무대신은 병합 사실을 미리 서구 열강에 통첩할 시간을 확보하기 위해 공포일을 늦출 것을 요청한다. 그러나 이것은 어디까지나 외무성의 입장에서 본 의견이었다. 일본 정부에는 보다 절실한 문제가 있었다. 앞의 시바타 내각서기관장의 발언에서도 알 수 있듯이, 궁내성에 관련되는 안건을 해결해야 했던 것이다.

존칭과 예우 준비

궁내성은 7월 8일의 각의 결정에 근거해 조서(詔書)안과 반위(班位)안을 작성하고 있었다. 조서안은 병합 후에 대한제국 황실에 부여할 존칭과 예우 등을, 반위안은 황족을 포함한 이들의 서열 등을 정하는 것이었다. 다음이 그 내용이고, 시바타 내각서기관장은 8월 16일의 시점에서 이것을 데라우치 통감에게 조회한다. 전보에는 '태공(太公)'이라고 돼 있지만 여기에서는 '대공'으로 바로잡아 표기한다.

조서안

현 황제는 대공으로 삼고 세습으로 한다. 그 세자는 공으로 삼고, 태황제는 역시 대공으로 칭하고, 각 비(妃)는 각 대공비(大公妃) 또는 공비(公妃)로 삼고, 그 어느 쪽이나 황족의 예로써 대우하고 전하로 칭하게 한다.

이강은 1대에 한하여 공으로 삼고, 비는 공비로 삼고, 황족의 예로써 대우하고 칭하게 한다.

반위안

(가) 공족의 반위는 아래의 순서에 따른다. (1) 이척(李坧) 대공 (2) 이희(李熙) 대공 (3) 이은 공 (4) 이강 공

(나) 우리[일본—옮긴이] 황족과 공족의 관계에 대해서는, 두 대공은 황태자와 황태자비 다음에, 두 공은 종래의 선하친왕(宣下親王)[12]과 그 비 다음에 둔다.

(다) 대공비, 공비의 반위는 그 남편의 뒤를 잇는다.

위 (나)에 대해 제2안으로서 두 대공은 선하친왕과 그 비의 다음에, 두 공은 왕과 그 비의 다음에 두는 안이 있다. (「한국병합에 관한 서류: 발전韓國併合ニ關スル書類 發電」)

12 천황이 뜻을 밝혀 황족에게 친왕이라는 지위를 부여하는 것을 '친왕선하(親王宣下)'라 하고, 이렇게 친왕이 된 자가 선하친왕이다.

이척은 순종, 이희(李㷗)[13]는 고종이다. 시바타는 조서안에 관해 "궁내성에서는 이 부분에 넣을 자가 분명하지 않기 때문에 의화궁(義和宮) 이강만 지목했지만, 그 외에 여기에 들어갈 자가 있으면 부가해야 한다"고 서술하고 있고, 이 시점에서 누구를 공으로 삼을 것인지는 정해져 있지 않았다.

또 반위안도 대공을 선하친왕의 위에 두는 제1안과 아래에 두는 제2안이 있어서 의견이 모아지지 않았다. 통감부에서조차 병합 교섭의 개시 시기는 반년에서 1년 뒤가 될 것으로 상정하고 있었기 때문에, 이것들이 초안에 머물러 있어도 이상한 일은 아니다.

이러한 상황에 더하여, 데라우치 통감은 바로 이날 국호와 왕칭을 남겨 두겠다는 의사를 대한제국 측에 알렸다. 궁내성은 간신히 '대공' 안으로 협의를 시작했는데, 근본적인 수정이 필요하게 된 것이다. 게다가 왕칭의 건은 그에 따라 조서안을 확정해 천황의 재가를 얻어야 했다

8월 17일 데라우치 통감은 시바타 내각서기관장에게 타전하여, 대한제국 측의 요청에 따라 궁내성 안의 '대공'을 '왕'으로 변경할 것을 요구했다. 가쓰라 총리는 이를 승낙했는데, 문제는 존칭을 고치는 것만으로 해결할 수 있을 만큼 그렇게 단순하지 않

13 㷗의 한자 독음은 '희'와 '형' 두 가지가 있다. 『열성어휘(列聖御諱)』는 독음을 '逈(형)'으로 달았으나, 이 책은 국사편찬위원회의 『고종태황제실록』「총서(總敍)」를 따라 '희'로 읽고 있다.

았다. 시바타는 이튿날 18일에 '대공'을 '왕'으로 하면 '공'은 어떻게 되는 것인지, 게다가 그 후보자나 세습의 가부에 대해 통감부에 의견을 문의한다.

이에 대해 데라우치 통감은 8월 20일에 "현 황제는 이왕으로 삼아 창덕궁으로 칭하고 세습으로 한다", "그 세자를 왕세자로 삼고, 태황제는 또 태왕으로 삼아 덕수궁으로 칭한다"고 고쳐 쓴 안을 보냈고, 그와 함께 공도 세습으로 하고 새로이 고종태황제의 실형(實兄)인 이희(李熹)를 추가하라고 지시했다.

이희가 갑자기 추가된 이유는, 그 직전인 8월 15일자로 그가 완흥군(完興君)에서 흥왕(興王)으로 격상되었기 때문인 것으로 추측된다. 대한제국에서 '○○왕'은 황실 계통 상 황제에 가까운 사람을 나타내고, 그다음이 '○○군'이었다. 영친왕(英親王)이나 의친왕(義親王)과 같이 대한제국에서도 '친왕'을 사용했지만 그것은 경의를 담아 '○○왕'을 호칭할 때 사용되는 것이고, 일본처럼 황제(천황)와 혈연적으로 가깝다는 사실을 표시하는 것은 아니었다. 즉, 이은과 이강의 정식 호칭은 영왕과 의왕이었다. 이희는 병합 직전에 의왕 이강과 동렬이 되었기 때문에 공으로 책립(冊立)된 것이고, 만약 완흥군으로 그대로 있었다면 사촌인 완순군(完順君) 이재완(李載完)과 동일하게 후술하는 조선 귀족의 신분이 되었을 것이다.

'왕'인가 '이왕'인가

일본 정부는 현 황제를 '이왕'으로 삼자고 하는 통감부의 조서안을 수정하며 "이제 여기에 더 수정할 여지는 없다"고 하고, 조약 조인과 같은 날인 8월 22일자로 송부했다. 수정 전 초안에는 황제를 '이왕'이 아니라 '왕'으로 한다고 쓰여 있고, 일부러 "(이왕이 아니라)"라고 주석까지 붙여 두고 있었다.

일본의 성씨는 천황이 신민에게 하사하는 것이다. 따라서 황실은 아키시노노미야(秋篠宮)나 미카사노미야(三笠宮)와 같은 궁호(宮號)를 갖지만 성씨는 없다. 이러한 원칙에서 궁내성은 "황족의 예"로써 대우하는 왕공족에게 신민과 마찬가지로 대한제국 황실의 성에 해당하는 '이'를 붙이는 것을 꺼렸을 것이다.

앞에서 말했듯이, 통감부에서는 단지 '왕'이라는 이름으로만 책립하면 장래 '조선 왕'이라는 이름을 내걸지 않을까 하는 걱정이 있었다. 그래서 데라우치는 이미 확정된 안을 고치는 것은 어렵다고 정부 측이 퇴짜를 놓자 초조해 했고, 그래서 가쓰라 총리에게 직접 장문의 전보를 보내 '이왕'으로 고치자고 강하게 요구했다. 가쓰라는 데라우치의 요청을 받아들였지만, 궁내성 안을 완전히 부정할 수도 없었다. 그래서 황제를 '왕'으로 책립하기는 하지만 부를 때는 '이왕'으로 한다는 절충적인 조서를 만들어 해결하기로 한다.

다음이 실제로 공포된 조서다(밑줄 인용자). 이하에서는 두 조서를 합해 '책립조서'라고 하겠다.

전 한국 황제를 책하여 왕으로 삼는 조서

짐이 영원무궁한 큰 토대를 넓게 하고 국가의 비상한 예의를 마련하고자 하여 전 한국 황제를 책(冊)하여 왕으로 삼아 창덕궁 이왕(昌德宮李王)이라 칭하고, 이후 이 융숭한 하사를 세습하여 그 종사(宗祀)를 받들게 하며, 황태자 및 장래 세사(世嗣)를 왕세자로 삼고, 태황제를 태왕으로 삼아 덕수궁 이태왕(德壽宮李太王)이라 칭하고, 각각 그 배필을 왕비, 태왕비 또는 왕세자비로 삼아 모두 황족의 예로써 대하여 특히 전하라는 경칭을 사용하게 한다. 대대로 따라야 할 도리에 있어서는 짐이 마땅히 법도와 의례를 따로 정하여 이가(李家)의 자손으로 하여금 대대손손 이에 의지하고 복록을 더욱 편안히 하여 영구히 행복을 누리게 한다. 이에 대중에게 널리 알려서 특별한 대우를 밝힌다.

이강 및 이희를 공으로 삼는 조서

짐이 생각건대, 이강 및 이희는 이왕의 의친(懿親)으로 명성이 일찍부터 두드러졌고 근역(槿域)이 우러러보고 있으니 마땅히 특별한 대우를 가석(加錫)하여 그 의칭(儀稱)을 풍부하게 해야 할 것이다. 이에 특히 공으로 삼고 그 배필을 공비로 삼아 모두 황족의 예로써 대하고 전하라는 경칭을 쓰게 하고, 자손으로 하여금 이 영광의 하사를 세습하여 영구히 아끼는 영광을 누리게 한다.

책립조서에 의해 왕족에게는 '전하'라는 경칭을 사용하게 되었다. 이왕은 대한제국 시대에는 '황제(폐하)'였기 때문에, 이는 격하된 것이다. 단, 대통령 등 국가원수나 대사 등 외교사절, 귀족과 장관에게 붙이는 경칭은 '전하'보다 격이 낮은 '각하(閣下)'이다. 따라서 왕공족에 대해 '전하'라는 경칭을 붙이는 것은 파격에 다름 아니다. 조선왕조 시대에는 중화 황제를 의식해서 비록 국왕이라고 해도 경칭은 '전하'였다.

덧붙여 말하면, 왕족과 공족의 대우에는 차이가 있어서, 공족의 아들에게는 '전하'를 사용하지 않고, 남자에게는 '님(樣, 사마)'이나 '공자님(公子樣, 고시사마)', 여자에게는 '아씨(姬, 히메)'를 붙여 호칭했다. 또 왕족에게는 황족과 동일하게 형법 제75조와 76조가 적용되어 그들에게 위해를 가한 자에 대해 불경죄(不敬罪)를 묻는 것이 가능했지만, 공족에게는 그러한 특권이 없었다(「조선형사령朝鮮刑事令」 제32조).

누가 왕공족을 감독할 것인가

통감부와 궁내성은 책립조서를 작성하는 작업과 병행하여, 어느 조직이 왕공족을 감독할 것인가에 대해서도 논의를 거듭했다. 궁내성은 왕공족이 '황족의 예'를 받기 때문에 궁내성이 감독한다는 취지를 담은 황실령을 발포해야 한다는 생각도 갖고 있었다. 그러나 이에 대해 고다마 통감비서관은 왕공족의 감독은 정치상 가장 중요한 안건이며 지금 가볍게 결정할 것이 아니라고 반론했다. 그리고 통감을 대신해 조선 통치를 담당할 총독의 감독 하에 당분간 잔무를 처리하고, 후일에 적당한 규정을 만들자고 시바타 내각서기관장에게 요청했다.

8월 26일에는 데라우치 통감이 스스로 가쓰라 총리에게 전보를 보내 대한제국 황실은 "전부터 정치적 소란의 원천"이었고, 총독이 그들을 감독할 권한을 갖지 않으면 "통치의 실(實)"을 거둘 수 없다고 호소한다. 가쓰라 총리는 왕공족이 황족 아래 놓이기 때문에 원칙적으로 궁내성의 관할이 됨에 지나지 않는다고 달래면서, 통감부의 반발을 막기 위해 "장래 조선에 거주하는 왕공족에 대한 직접 감독의 직권을 통감에게 위임함은 물론"이라고 답신한다. 조약 공포가 임박한 이 시점에서 일본 정부에게는 시간적 여유가 없었기 때문에, 어느 조직에게 감독권이 귀속할 것인지를 애매하게 하면서 궁내성 안에서 수습할 수밖에 없었던 것이다.

그러나 통감부로서는 비록 원칙적인 것이라고 해도 궁내성에 왕공족의 감독권을 넘길 수는 없었다. 데라우치 통감은 이튿날에도 가쓰라 총리에게 전보를 보내 황실령의 발포를 멈추라고 간곡히 요청한다. 최종적으로 통감부 측의 의지가 꺾인 것은 조약 공포 전날이었다. 왕공족의 사무 집행을 맡은 직원 가운데 조선에 거주하는 자는 총독이 감독한다는 조건 하에, 원칙적으로 궁내성이 해당 조직을 관리하는 것을 인정한 것이다.

조선총독부 지배 하의 이왕직

한국 병합 후, 조선 왕공족의 업무를 담당하는 이왕직이라는 조직이 궁내성에 신설되었다. 궁내성에는 황태자나 황태후에 관한 직무를 맡은 부국(部局)으로서 특히 동궁직(東宮職)이나 황태후직(皇太后職)이 있어서 그것을 답습했을 것이다.

대한제국 궁내부의 직원은 거의 그대로 이왕직 소속이 되었다. 궁중의 고례(古禮)를 알고 있는 인재의 확보나, 순종황제가 왕공족의 체면을 유지하기 위해 기존의 다수의 직원을 삭감하지 말 것을 데라우치 통감에게 요청했다는 사실이 그와 관계가 있다고 생각한다.

이토 통감의 궁중 개혁으로 궁내부 직원은 4,400명 정도가 해고되었지만, 1909년 시점에서 아직도 칙임관(勅任官) 33명, 주임관(奏任官) 76명, 판임관(判任官) 229명, 판임대우 3명, 촉탁(囑託) 33명, 고원(雇員) 10명 외에 추정 인원 4천 명 정도의 궁녀와 내시들이 재직하고 있었다. 이왕직은 궁내성 내 하나의 부국임에도 불구하고 개별 성청(省廳)이라 해도 손색이 없을 정도의 규모였던 것이다.

이왕직은 궁내성과 통감부 사이의 줄다리기와 같은 갈등을 그대로 체현한 조직이었다. 「이왕직 관제(李王職官制)」 제1조에는 이왕직이 궁내대신의 관리에 속한다고 돼 있었지만, 「조선에서의 이왕직의 사무 및 조선에서 근무하는 이왕직 직원에 관한 건(朝鮮に於ける李王職の事務及朝鮮に在勤する李王職職員に關する件)」 제1조에는 조선에 있는 직원은 총독이 감독한다고 규정돼 있었

기 때문이다. 직원의 태반은 조선에서 근무하고, 실질적으로는 총독의 지배 하에 있었다.

이왕직의 경비는 궁내성이 아니라 이왕가 세비에서 조달되었다. 그 세비는 3개월마다 4분의 1씩 조선총독부가 지급하여 조선은행에 예입되었다. 결국 이왕직은 예산 상으로도 조선총독부에 귀속하여, 총독의 의향을 무시하고 행동하는 것은 곤란했던 것이다.

조선총독부는 대한제국 정부와 통감부의 여러 기관을 통폐합해 설치한 식민지 조선의 통치 기구다. 천황에 직례(直隸)하는 총독은 조선에서 행정·입법·사법의 3권을 장악함과 함께, 내각 총리대신을 거쳐 천황에게 상주한다든가, 조선에 주둔하는 병력을 사용할 수 있는 등 절대적인 권력을 갖고 있었다. 이에 더해 궁내성에 속하는 이왕직의 직원을 감독하고 왕공족의 처우까지 관여한 것이다.

이왕가 세비는 대한제국 시대의 황실비와 동액인 150만 엔이었고, 4만~10만 엔이던 일본의 각 미야케에 지급되는 황족비와 대단히 큰 차이가 있었다. 그러나 이왕직이라는 거대 조직을 유지하는 데는 그것으로도 결코 충분하지 않았다. 그래서 당국은 「이왕직 관제」를 발포할 때 궁녀와 내시의 정원을 2,500명으로 감축하는 방침을 세워 1920년까지 1,450명 남짓을 도태시킨다. 또 1921년까지 칙임관, 주임관, 판임관의 정원도 268명을 감축하고, 같은 해에 세비를 180만 엔으로 20퍼센트 증액하는 조치를 취한다. 그러나 10년 전에 비해 물가가 크게 올랐기 때문에

[표 1-1] 역대 이왕직 장·차관

<table>
<tr><th>장관, 취임 연월</th><th>차관, 취임 연월</th></tr>
<tr><td>민병석(閔丙奭), 1911. 2~</td><td>고미야 미호마쓰(小宮三保松), 1911. 2~</td></tr>
<tr><td rowspan="2">이재극(李載克), 1919. 10~</td><td>고쿠부 쇼타로(國分象三郎), 1917. 1~</td></tr>
<tr><td>우에바야시 게이지로(上林敬次郎), 1921. 9~</td></tr>
<tr><td>민영기(閔泳綺), 1923. 3~</td><td rowspan="3">시노다 지사쿠, 1923. 2~</td></tr>
<tr><td>시노다 지사쿠(條田治策), 1927. 1~</td></tr>
<tr><td>한창수(韓昌洙), 1927. 3~</td></tr>
<tr><td>시노다 지사쿠, 1932. 7~</td><td>이항구(李恒九), 1932. 7~</td></tr>
<tr><td>이항구, 1940. 3~</td><td rowspan="3">고지마 다카노부, 1940. 3~</td></tr>
<tr><td>고지마 다카노부(兒島高信), 1945. 3~</td></tr>
<tr><td>장헌식(張憲植), 1945. 5~</td></tr>
</table>

재정적인 여유는 없었다.

또 구 대한제국 황실이 국가의 제사를 집행한 환구단(圜丘壇), 사직단(社稷壇), 공자묘(孔子廟), 둑신묘(纛神廟, 군기軍旗의 신에게 제사하는 사당) 등은 조선총독부가 인계하고, 이왕직은 단지 역대 조상의 신령과 분묘에 제사 지내는 책임을 담당했다.

환구단이란 조선왕조가 청나라의 책봉으로부터 벗어날 때, 고종이 황제에 즉위하며 독자적으로 하늘에 제사 지내는 의례를 위해 만든 시설이다. 중국의 천단(天壇)과 동일하게 남측에 제단, 북측에 신위를 모시는 황궁우(皇穹宇)를 설치해 하늘과 땅이 연결되는 세계관을 표현했다. 그러나 합병 후 얼마 지나 황궁우만 남기고 나머지는 철거되고, 그 자리에는 조선호텔(현 웨스틴조선호텔)이 세워졌다. 지금도 호텔의 부지 내에 위용을 과시하는 황궁

우의 천장에 일곱 발톱의 용이 그려져 있어 옛 황제의 권위를 후세에 전하고 있다.

이왕가는 병합 뒤에도 년 4회의 대제(大祭)와 1회의 청명제(淸明祭)를 행했다. 이러한 구관(舊慣)에 대응하기 위해 이왕직에서는 장사계(掌祀係)를 설치하고 사무관과 전사(典祀) 등 직원을 두어 사무를 관장하게 했다.

조선 귀족 창설

한국 병합 때, 대한제국 황실의 친족과 각료를 위해 조선 귀족이라는 신분도 만들어졌다. 「조선귀족령(朝鮮貴族令)」에 근거해 조선 귀족에게는 일본의 화족과 동일한 예우가 보장되고, 공·후·백·자·남의 작호도 수여되었다. 단, 공작이 된 사람은 없다.

1910년 10월 7일에 76명을 대상으로 작위를 수여하고, 1912년 12월 7일에 서위(叙位)가 행해졌다. 그런데 이에 대해 윤용구(尹用求), 홍순형(洪淳馨), 한규설, 유길준(兪吉濬), 민영달(閔泳達), 조경호(趙慶鎬) 등 6명은 작호를 반납했고, 김석진(金奭鎭)은 작위 수여 직후에 아편을 마시고 자결했고, 조정구(趙鼎九)는 두 차례 자결을 시도했지만 가족 때문에 실패하여 양주(楊州) 사능리(思陵里)에서 은둔 생활을 했다. 그래서 병합 직후에 실제로 조선 귀족이 된 사람은 68명이다(표 1-2).

조선 귀족 가운데 이완용, 송병준, 고희경(1916년에 고영희로부터 작위를 세습) 등 3명은 1920년에 작호가 1위씩 승격된다. 이해

[표 1-2] 조선 귀족 68명(1910)*

후작(6)	박영효(朴泳孝) 윤택영(尹澤榮) 이재각(李載覺) 이재완(李載完) 이해승(李海昇) 이해창(李海昌)
백작(3)	민영린(閔泳璘) 이완용(李完用) 이지용(李址鎔)
자작(22)	고영희(高永喜) 권중현(權重顯) 김성근(金聲根) 김윤식(金允植) 민병석(閔丙奭) 민영규(閔泳奎) 민영소(閔泳韶) 민영휘(閔泳徽) 박제순(朴齊純) 송병준(宋 秉畯) 윤덕영(尹德榮) 이근명(李根命) 이근택(李根澤) 이기용(李埼鎔) 이병무(李秉武) 이완용(李完鎔) 이용직(李容稙) 이재곤(李載崐) 이하영(李夏永) 임선준(任善準) 조민희(趙民熙) 조중응(趙重應)
남작(37)	김가진(金嘉鎭) 김병익(金炳翊) 김사준(金思濬) 김사철(金思轍) 김영철(金永哲) 김종한(金鐘漢) 김춘희(金春熙) 남정철(南廷哲) 민상호(閔商鎬) 민영기(閔泳綺) 민종묵(閔種默) 민형식(閔炯植) 박기양(朴箕陽) 박용대(朴容大) 박제빈(朴齊斌) 성기운(成岐運) 윤웅렬(尹雄烈) 이건하(李乾夏) 이근상(李根湘) 이근호(李根澔) 이봉의(李鳳儀) 이용원(李容元) 이용태(李容泰) 이위영(李胄榮) 이윤용(李允用) 이재극(李載克) 이정로(李正魯) 이종건(李鐘健) 이학진(李鶴鎭) 장석주(張錫周) 정낙용(鄭洛鎔) 정한조(鄭漢朝) 조동윤(趙東潤) 조동희(趙同熙) 조희연(趙羲淵) 최석민(崔錫敏) 한창수(韓昌洙)

* 본래 76명이었으나, 김석진(金奭鎭) · 민영달(閔泳達) · 유길준(兪吉濬) · 윤용구(尹用求) · 조경호(趙慶鎬) · 조정구(趙鼎九) · 한규설(韓圭卨) · 홍순형(洪淳馨) 8명은 수작(受爵) 거부 또는 반납

는 병합 10주년이고 왕세자 이은이 결혼한 해이기도 했기 때문에, 병합에 공헌한 이완용과 송병준 및 혼례를 위해 힘을 다한 고희경이 은사를 받은 것이다. 또 이완용의 아들 이항구(李恒九)는 1924년 2월 11일 기원절(紀元節)[14]에 천황이 친히 수여하는 종4위 훈2등(從四位勳二等)의 남작을 받았다. 작호는 개인이 아니라 가의 호주(戶主)에게 수여했기 때문에, 이항구는 이때 남작가로

14 일본의 건국기념일로, 진무(神武)천황(기원전 711~기원전 585 생존)이 즉위했다고 하는 날이다.

분가했다. 그래서 이완용이 1926년 2월 11일에 사망할 때는 손자인 이병길(李丙吉)이 후작가(侯爵家)를 계승했다(표 2-3 참조).

출세하는 조선 귀족이 있는 한편, 그중에는 유죄 판결을 받아 작위를 잃는 자도 있었다. 아편죄의 민영린(閔泳璘), 도박죄의 이지용, 3·1 독립운동 때 독립청원서를 집필해 보안법 위반을 추궁받은 김윤식(金允植)과 이용직(李容稙), 데라우치 총독의 암살을 기도했다는 '105인사건'에서 모살(謀殺)미수죄가 적용된 윤치호(尹致昊) 등이다. 조민희(趙民熙), 조희연(趙羲淵)은 범죄로 손을 더럽힌 것은 아니지만, 재산을 탕진하는 등 귀족의 체면을 유지할 수 없게 되자 작호를 반납했다.

조선 귀족은 병합 때 천황이 내린 2만 5천~50만 4천 엔이라는 거액의 은사금을 손에 넣었지만, 집안 살림은 결코 평탄하지 않았다. 1927년경에는 이미 20명이 재산을 잃었고, 그중 5명은 채무초과에 빠져 있었다.

5명 가운데 최대 거액을 빚지고 있었던 것은 이왕비 윤씨(尹氏, 순정효황후純貞孝皇后)의 아버지 윤택영(尹澤榮) 후작이다. 그는 조선 귀족 가운데 가장 큰 금액의 은사공채(恩賜公債)를 받았지만 가정 살림은 위태로워지고 말았다. 그 이유는 대한제국 시대에 황태자비의 선발에 즈음해 자신의 딸을 황태자비로 만들기 위해 막대한 운동 비용을 사용했고, 토지 매수에서 실패했기 때문이다. 윤택영 후작가는 병합 후에도 땅콩 농사와 미두(米斗) 거래에 손을 댔다가 큰 손실을 보아 부채가 팽창하여 총액이 284만 엔에 달했다. 윤택영은 자식인 윤홍섭(尹弘燮)과 함께 1920년에 중국으로 도피해 의식(衣食)마저 곤궁해졌지만, 이왕비의 송금으로 숨어 살다 1935년 10월에 사망한다.

구 대한제국의 각료에게 화족과 동일한 예우를 인정해 주었지만, 일본의 「화족령(華族令)」과 별개로 「조선귀족령」을 제정하여 그들을 분리한 이유는 참정권을 부여하지 않았기 때문이다. 그러나 제3대와 5대 조선 총독을 지낸 사이토 마코토(齋藤實)는 조선인도 제국의회에서 의석을 가져야 한다고 생각하고, 이 문제를 하라 다카시 내각의 각료와 의논했다. 이러한 움직임이 뒷받침되어 1932년 12월에 박영효(朴泳孝), 1939년 12월에 윤덕영(尹德榮)이 칙선(勅選), 즉 천황이 선임해 주는 방식으로 귀족원 의원에 임명된다. 또 1945년 4월이 되면 「귀족원령(貴族院令)」이 개정돼 조선에 거주하는 만 30세 이상의 남자로서 명망이 있는 자는 천황이 임명하는 칙임(勅任)의 귀족원 의원(조선칙선의원)으로 선출될 수 있게 되었다. 이때 조선 귀족인 이기용(李埼鎔), 송종헌(宋鍾憲) 외에 1913년 10월에 작위를 잃은 윤치호 등이 의원이 되었다.

이왕 책립: 서구 근대의 규칙을 중시

책봉이 아니라 책립

일본은 대한제국 황실을 배제하지 않고 그들을 왕공족으로 삼아 제국 내로 편입했다. 이 사실을 가지고 일본이 동아시아의 전통으로 회귀해 천황을 정점으로 하는 책봉 체제의 구축을 꾀했다는 의견도 있다. 하지만 이것은 책립조서에 있는 "전 한국 황제를 책하여 왕으로 삼아 창덕궁 이왕이라 칭하고"의 '책하여'를 '책봉'으로 오독했기 때문이고, 결코 실증적인 주장이라고 할 수 없다. 여기 '책하여'란 '책립'을 의미하는 것이고, 결국은 황태자나 황후와 같이 고귀한 신분을 칙명에 의해 정식으로 세운다고 선언하는 것이다.

일본은 대한제국 황제를 이왕으로 삼고, 책봉 체제 하의 황제·왕과 동일하게 천황·이왕이라는 관계를 창출했다. 그러나 일본은 본래 서구식의 대공(Grand Duke)을 존칭으로 준비했고, 왕칭을 바란 것은 대한제국 측이었다. 따라서 한국 병합이 동아시아의 전통으로의 회귀라고 간단히 결론 내릴 수는 없다.

병합을 실시함에 즈음해 일본이 중시한 것은 서구 근대의 주권국가 체제의 규칙에 근거하는 것이었다. 바로 그렇기 때문에 친일 송병준 내각을 수립해 안이하게 시국을 해결하는 것이 아니라 기존의 이완용 내각과 교섭해, 왕호와 왕칭에 관해 양보하더라도 조약 체결이라는 체계적인 틀을 마련하고 그에 의해 병합을 '합의'로써 실현하려고 한 것이다.

메이지기는 막말(幕末)에 서구 열강과 체결한 '불평등조약'의 개정에 고심한 시기라고 해도 과언이 아니다. 일본은 항상 열강의 안색을 살피고, 트집을 잡히지 않기 위해 입헌 제도를 정비하고, 대외적으로는 근대 국제법(만국공법萬國公法)에 입각해 행동하려고 했다. 중화 세계의 주변에 위치한 조선왕조가 명나라와 청나라보다 오히려 중화사상을 더욱 존중해 자신을 '소중화(小中華)'라고 칭한 것과 같이, 서구 근대의 주변에 위치한 일본은 서구 이상으로 근대 국제법의 규범에 충실하려 했다고 할 수 있겠다. 그렇기 때문에, 일본이 주권국가 체제에 반하는 책봉 체제로 회귀하려고 했다고 하기는 어렵다.

그러나 일본은 병합 시에 동아시아의 전통을 완전히 무시하지는 않았다. 메이지천황은 조약 공포 직후에 칙사를 창덕궁으로 파견해 '왕 책립(王冊立)'의 의식을 실시했기 때문이다. 그것은 마치 중화제국이 조선왕조에 책봉사(冊封使)를 파견한 것과 같았다. 단, 이것은 결코 책봉 체제의 실현을 목적으로 한 것이 아니다. 역설적이지만 일본은 전근대 예(禮)의 관념에 의한 왕 책립 의식을 실시함으로써 오히려 책봉 체제를 부정하고 한일이 주권국가로서 대등하게 조약을 체결한 듯이 연출한 것이다. 이 절에서는 병합조약 체결 전으로 시간을 돌려 그에 대해 살펴본다.

이왕을 정중히 책립

1910년 8월 19일, 데라우치 통감은 일본 정부에 전보를 보내 순종황제를 이왕으로 책립함에 즈음하여 칙사를 파견해 "상당한 의식"을 실시할 것을 요청했다. 가쓰라 총리는 와타나베 지아키(渡邊千秋) 궁내대신과 협의하고 이 제안에 동의했고, 천황의 하사품도 준비된다고 답했다.

일본 정부가 생각하는 "상당한 의식"이란, 일본의 입태자례(立太子禮)를 참조해 조약 공포 뒤 칙사를 조선에 파견하여 이왕에게 하사품과 조서의 사본을 직접 전달하는 것이었다. 입태자례란 황태자를 책립할 때 행하는 의식이다. 천황의 큰아들은 탄생과 동시에 황태자이지만 의도적으로 의식을 행하는 것이며, 황태자로 책립한 사실을 전 국민에게 주지시키는 것이다. 일본 정부가 입태자례를 참조해 왕 책립을 실시하려고 한 데는 대한제국 황제를 '이왕'으로서 제국에 편입한다는 사실을 일본의 민중에게, 그리고 해외를 향해 홍보하려는 의도가 있었다고 할 수 있겠다.

이때 데라우치 통감은 대한제국 황제에게 상당한 예우를 보장하고 그 종실을 영구히 존속하게 하면 천황의 "지인지덕(至仁至德)한 넓은 도량"을 표시함이 될 것이며, 민중을 "감읍(感泣)"하게 할 수 있다고 가쓰라 총리에게 진언했다. 따서서 왕 책립 의식은 대한제국을 회유하려는 목적으로 계획됐다고 보아 틀림없다.

병합조약이 공포된 8월 29일 오후 2시, 이나바 마사나오(稲葉正繩) 식부관(式部官)이 칙사로 도쿄의 신바시역을 출발, 시모노세키에서 부산으로 건너가 31일 오후 8시 10분에 한성의 남대문역에 도착했다. 이튿날 9월 1일, 창덕궁에서는 이왕이 일본의 대훈위국화대수장(大勳位菊花大綬章)과 국화장(菊花章) 경식을 아울러 착용하고 칙사를 맞으러 나갔고, 일행을 선도해 서행각(西行

閣) 복도에서 인정전(仁政殿)으로 들어간다. 여기에서 칙사가 이왕에게 우선 성지(聖旨)를 전하여 조서의 사본을 인도하고, 또 증여 물품 목록과 함께 오동나무 상자에 넣은 물품(이왕에게 단자緞子 7권, 이태왕에게 5권, 왕세자에게 3권)을 올렸다.

군신 주종(君臣主從)의 좌석 배치를 회피

왕 책립의 의식을 진행한 모습은 궁내청이 소장하고 있는 『칙사 조선 차견록(勅使朝鮮差遣錄)』을 통해 엿볼 수 있다. 이에 따르면, 인정전에서 칙사와 이왕이 중앙에 배치된 탁자를 끼고 각각 서면(西面), 동면(東面)해 착석했다고 한다(표 1-3 참조). 이나바 칙사는 왜 이 사실을 자세하게 기록한 것일까?

유교의 예 관념에서는 어느 쪽을 향해 앉는가가 중요한 의미를 갖는다. 남면(南面)과 북면(北面)은 군주와 신하의 관계, 서면과 동면은 주인과 손님의 관계를 나타낸다. 책봉 체제 아래서는 중화황제와 조선왕이 군신의 관계이므로, 황제의 조서를 가진 사자는 남면하고 국왕은 북면했다(표 1-4 참조). 부동의 북극성이 있는 북쪽이 세계의 중심이라고 생각했기 때문에 황제가 북쪽을 등지고 남쪽을 향하는 것이 특히 중시되었다.

그러나 책봉 의식 하에서도 석차(席次)에서 예외적인 부분을 찾아볼 수 있다. 11~12세기에 중국 대륙의 북방에서 요(遼)와 서하(西夏)라는 대국이 할거해 송나라의 세력이 약해지자, 고려는 거란족 요나라의 책봉 하에 들어갔다. 이때 요나라의 사자는 착

[표 1-3] 이왕 책립 때 석차

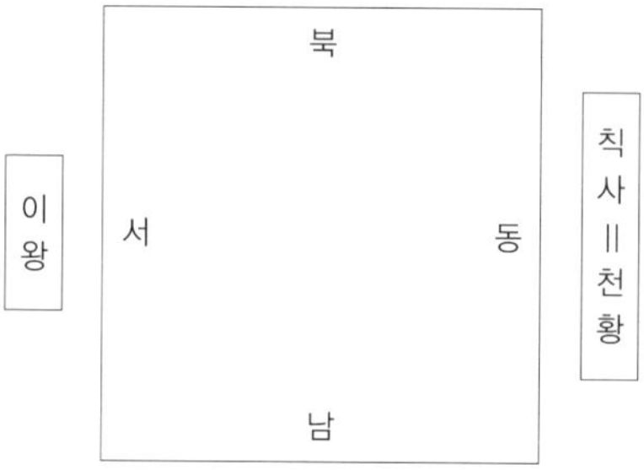

[표 1-4] 책봉 체제 하 일반적인 석차

[표 1-5] 책봉 체제 하 비스듬한 석차

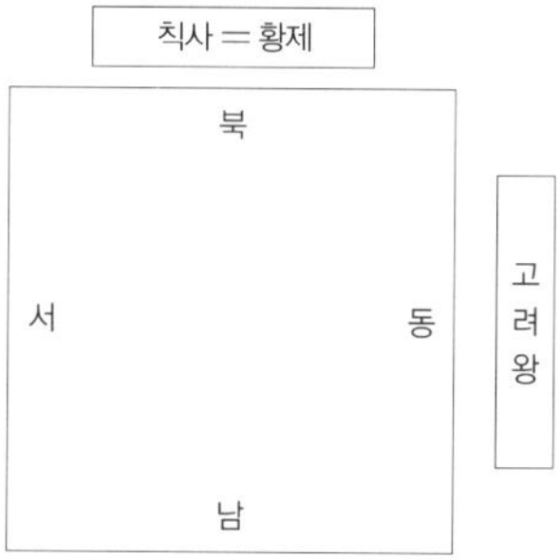

석할 때 종주국으로서 남면을 했는데, 고려 왕은 북면이 아니라 서면을 했다(표 1-5 참조). 고려는 요를 배려하면서도 자존의식을 만족시키기 위해 군신의 관계를 취하지 않고 이와 같이 비스듬한 좌석 배치를 취했다고 생각된다. 대국끼리의 싸움으로 동아시아 국제관계가 다극화하고 고려의 지위가 상대적으로 높아졌다는 바로 그 사실에 의해 북면(신하의 예)을 회피할 수 있었던 것이다.

방위와 관련된 석차 관념은 일본에도 남아 있다. 1908년에 도쿄 스모의 지방 순회가 규슈(九州)에서 벌어질 때, 스마이노쓰카사(相撲司)인 요시다 오이카제(吉田追風)는 심판의 대기소가 북방각(北方角)에 위치해 있는 것이 이상하다고 지적했다. '천자 남면'의 고사에 따라 북쪽은 천황이 관람하는 위치이기 때문에, 심판이 그곳에서 대기하는 것은 적절하지 않다고 생각한 것이다. 다음 해에 준공한 구 국기관(舊國技館)에서도 심판이 천황에게 등을 돌리지 않도록 천황 관람용 옥좌가 북측에, 심판 대기소가 남측에 설치되었다. 그 이래 스모에서는 북측이 정면이 됐기 때문에 지금도 TV 중계에서 동쪽이 좌(左), 서쪽이 우(右)라고 하는 것과 같이, 우리가 보통 보는 지도와 동서가 반대로 돼 있다.

왕 책립에 대한 이야기로 돌아가자. 의식을 위한 회장(會場)을 준비하는 통감부와 대한제국 궁내부 관료에게 칙사와 이왕의 석차는 결코 사소한 문제가 아니었다. 그들이 자세히 아뢰지 않으면 처음으로 창덕궁을 방문한 이나바 칙사가 인정전 내 방위를 헤아려 파악할 수 있을 리도 없고, 일부러 지면을 할애해 본국으로 보고할 리도 없기 때문이다.

동아시아의 전통에 근거해 생각하면, 일본은 대한제국을 식민지화한 것이기 때문에 왕 책립은 남북(군신 주종君臣主從)의 석차를 취해야 할 것이다. 그러나 아직 책봉 체제 하의 국가의식을 중시하고 있던 대한제국에게 그것은 굴욕이고 용인할 수 없는 일이었다. 한편 일본에게는 전근대적 예 관념 따위는 아무런 의미도 갖지 못했고, 중시해야 할 것은 서구 근대의 규칙에 준거한다는 사실이었다. 그래서 예 관념을 역이용하여 굳이 동서에 자리를 놓은 것이라고 할 수 있을 것이다. 이럼으로써 대한제국 측을 회유할 뿐만 아니라, 책봉 체제를 부정하고 대등한 주권국가끼리의 '합의'에 의해 병합이 성립됐다는 듯 연출할 수 있기 때문이다.

실은 고대 중국에서도 황제가 남면이 아니라 서면하는 관례가 있었다. 황태후와 상공(上公)을 대할 때다. 황제의 지위는 원칙적으로 황제 사후에 비로소 황태자에 의해 계승되기 때문에, 통상은 새로운 황제의 시대에는 전 황제가 이미 존재하지 않는다. 그러나 전 황제의 황후가 황태후로 아직 생존해 있는 경우도 드물지 않다. 황태자는 신하로서 황후를 따르기 때문에, 새로운 황제의 위(位)에 오른 뒤에도 황태후(전 황후)에 대해 서면해 대좌했던 것이다. 또 황제를 돕고 이끄는 지위에 있는 상공도 '불신지례(不臣之禮)'의 대우를 받기 때문에 황제가 서면해 대좌했다. 이 경우 동면은 연장자나 스승 등의 자리가 된다. 왕 책립에서는 이왕이 이와 같은 석차를 취하고 있었으며, 일본이 대한제국 측의 자존의식을 만족시키기 위해 얼마나 파격의 대응을 하고 있었는지 엿볼 수 있다.

대한제국 궁내부 사무관으로서 칙사를 접대한 곤도 시로스케(權藤四郎介)도 궁중의 모습을 기록한 『이왕궁 비사(李王宮祕史)』에서 석차가 동서였던 점을 언급하고 있다. 단, 그 의도에 대해서는 말하지 않는다. 한학(漢學)의 소양이 있는 당시 지식인에게 방위가 의미하는 바는 자명하여 굳이 설명할 필요조차 없었을 것이다. 곤도에 의하면 데라우치 통감은 왕공족에 대한 "친애(親愛)의 정(情)"을 표시하기 위해 왕 책립을 위해 황족이 직접 그곳에 오게 하는 방안까지 세웠다고 한다.

석차에 대한 한일의 관심 차이는 보도에서도 알 수 있다. 일본에서는 이것을 다룬 기사가 발견되지 않는다. 그러나 조선의 〈한성신문〉은 '창덕궁 책봉식'이라는 큰제목과 '서면하여 대하다(西面而對)'라는 소제목 뒤에 "[칙사의] 서면에 대좌하여 일본 천황폐하의 조서 및 증여품을 수령하셨다"고 보도했다. 이왕과 칙사가 남북이 아니라 서로 동서를 향하여 앉았다는 것이 주목할 만한 사실이었던 것이다. 또 이 기사에는 주어가 없다. 황제라고도 이왕이라고도 표기하지 않은바, 병합 직후의 긴장감과 기자의 심려를 엿볼 수 있다.

황족과 왕공족의 서열

병합조약과 책립조서가 공포됨으로써 대한제국 황실은 '황족의 예'를 받는 왕공족으로 제국 일본에 편입되었다. 그러면 왕공족과 황족의 관계는 어떻게 되는 것일까?

이 시점에서 통감부는 왕공족을 황족 내에 편입한다는 전제 하에서 반위안을 작성했다. 고다마 통감비서관이 8월 21일에 일본 정부에 보낸 전보에는 이왕과 이태왕이 황태자 요시히토친왕의 다음에, 그리고 왕세자 이은, 이강 공, 이희 공이 선하친왕의 다음에 놓인다고 쓰여 있다.

그런데 시바타 내각서기관장은 이튿날 통감부로 전보를 보내 반위안의 완성을 미뤄 달라고 요구했다. 일본 궁중에서 이를 중대한 문제로 인식하고 있었던 것이다. 도쿠다이지 사네노리(德大寺實則) 내대신 겸 시종장은 8월 23일에 와타나베 궁내대신에게 편지를 보내, 이왕의 서열을 정하면 감정을 상하게 할 우려가 있기 때문에 필요할 때까지 보류하라는 "어사태(御沙汰, 윗사람의 명령)"가 있었다고 전했다. 또 조약 공포 전날인 8월 28일에는 시바타가 고다마에게 전보를 보내, 반위의 결정을 피한 것은 윗사람의 "생각"이 있었기 때문이라고 말하고 있다. 도쿠다이지나 시바타도 확실하게 말하지는 않았지만, 메이지천황의 의향이 있었다고 보아 틀림이 없을 것이다.

이렇게 해서 왕공족의 법적 지위와 황족과의 관계는 병합 시에 규정되지 못하고 애매한 채로 남게 되었다. 책립조서에서도 왕공족을 "황족의 예"로 대우한다고 하면서, 규율에 대해서는 뒤따라 정할 것이라고 기록되었다.

왕공족의 법적 지위가 그 후 어떻게 확정되고, 누가 이 신분에 속하게 되었는가에 대해서는 다음 장에서 자세히 살펴보겠다.

한국 병합에 대한 민중의 생각

데라우치 통감은 이완용 내각과 교섭을 수행해 조약 체결이라는 형식을 갖추고 어쨌든 '합의'로 한국 병합을 실현했다. 그러면 한일의 민중은 대한제국의 멸망을 어떻게 보고 있었을까?

도쿄에서는 호치(報知)신문사와 요로즈초호사 주최로 8월 29일과 9월 1일에 제등 행렬이 열렸다. 그 모습부터 살펴보자.

8월 29일에 제등 행렬의 일단이 히비야공원에 집합해, 오후 7시 반의 호포(號砲)와 함께 정문을 출발했다. 2열의 대행렬은 만세를 부르면서 긴자(銀座) 4정목(丁目)으로 나가, 연도를 매운 많은 사람들을 밀어 헤치면서 교바시(京橋), 덴마초(傳馬町)에 이어 니혼바시(日本橋)를 거쳐 무로마치(室町)에 이르렀다. 긴다바시(新田橋)에서 왼쪽으로 꺾어 되돌아가면서, 일러전쟁의 승리를 기념해 만든 개선(凱旋)도로를 통해 니주바시(二重橋) 아래까지 가 거기서 만세삼창을 하고, 사쿠라다몬(櫻田門)으로 나와 관청가로 들어선 후 외무성을 지나 행진했다. 우치사이와이초(內幸町)를 거쳐 히비야공원에 다다르자 일단은 다시 만세삼창을 하고 해산한다.

월간지 〈조선(朝鮮)〉은 가로의 모습을 다음과 같이 보도하고 있어, 구경꾼으로 가득 메워졌던 것을 알 수 있다.

어디까지 가도 어디까지 가도 우리들이 걷는 길 양측에는 사람들이 울타리처럼 밀집하고, 그들은 조금도 움직이지 않고 줄지어 서 있었다. 그리고 어디까지 가도 우리들을 보고는 만세를 부른다. 날이 새도 또 그날의 밤이 와도 그들 사람들은 그대로 서 있을 것 같았다.

그러나 그들이 마음속으로도 만세를 부르고 있었는지는 의문이다. 위 기사를 쓴 기자는 돌아오는 전차 안에서 일본식 머리띠를 맨 남자들이 다음과 같이 이야기하는 것을 들었다고 한다.

"아 지쳤다. 그래도 오늘 같은 날에는 맥주 정도는 주는 거지."
"그거야 당연하지. 이렇게 힘든 행렬에 참가시키고."
"이봐, 그래도 내일은 쉬는 날이겠지."
"씨발. 쉬는 날이 아니라도 쉬어 줘야지." (「도쿄의 합방 축하東京の合邦祝ひ」)

이들은 제등 행렬을 협찬한 기업의 직원들이었을까? 정체는 모르지만, 이 이야기는 이벤트에 자발적으로 참가한 것이 아니라 동원됐다는 인상을 풍긴다. 성대한 행렬만 보면 나라 전체가 병합을 축하하고 있는 듯한 인상을 받지만, 그에 참가한(참가하게 된) 사람들은 "힘든 행렬"이라고 푸념하고 있었다. 기자 자신도 만세를 부르는 사람들을 보면서 "이것을 만약 조선인이 보고 있다면 하고 생각했다. 그리고 또 내가 조선인이었다면 어땠을까 하고 생각했다"라고 감상을 말했다.

이러한 차가운 시선은 일반적인 것이었다고 생각된다. 왜냐하면 정치가나 기자 이외의 의견을 찾으려고 해도 일기나 편지에서 거의 발견할 수 없기 때문이다.

도쿄 히노(日野)의 농민 이라코 게이사이(五十子敬齋)의 일기에는 "여기 이 시(市)에서는 한국 병합 축전(祝典)을 하지 않는다"라는 한 문장이 있을 뿐이다. 기독교도인 우치무라 간조(內村鑑三)도 친구인 D. C. 벨에게 보낸 간토대수해의 피해를 걱정하는 편지에서 "조선 병합도 그것을 보상할 수 없을 것입니다"라고만 썼다.

비교적 많은 지면을 할애해 감상을 적고 있는 것은 나카하마 도이치로(中浜東一郎)와 아시다 히토시(芦田均)[15]다. 의사인 나카하마는 8월 30일에 "천수백 년 전부터 오늘에 이르기까지 많은 파란을 빚은 이 문제도 이것으로 해결되었다"라고 기록하고, 조약과 조서의 공포를 전하는 〈호치신문〉을 스크랩해 일기에 붙여 두었다.

아시다 히토시의 병합 비판

다른 한편 아시다는 뒤에 외교관과 외무대신을 거쳐 총리가 되

15 1887~1959. 종전 후인 1947년 중의원 헌법위원회 위원장으로서 신헌법 제정에 참여했고, 일본민주당 총재로서 1948년 연립내각의 총리가 됐으나 7개월 만에 내각 총사퇴로 실각했다.

는 인물인데, 당시는 아직 도쿄제국대학 학생이었다. 그는 8월 29일에 "일본이 팽창한 것 같지만, 전혀 기쁘다고도 명예롭다고도 생각하지 않는다. 조선인이 불쌍하다고 생각할 뿐이다"라고 기록하고 있다. 게다가 9월 1일에는 제등 행렬의 불꽃 소리를 듣고 "짜증난다"고 분노를 드러내고, "까닭도 모르고 좋아하는 놈들, 머지않아 나라가 자멸한다는 것을 모르는지 하고 생각했다"고 글을 맺었다. 이시가와 다쿠보쿠(石川啄木)가 "지도 위 조선국에 새까맣게 먹을 바르며 가을바람을 듣는다"라고 읊은 것이 널리 회자되지만, 병합을 비판한 것은 그 한 사람만이 아니었다.

전술한 바와 같이 재계는 병합에 부정적이었다. 그러나 그것은 아시다와는 달리 더 건조한 이유, 즉 경제적 부담을 염두에 둔 것이었다. 니시하라 가메조는 병합을 "실로 무의미"하다고 썼고, 〈요로즈초호〉는 도리어 일본에 악영향을 미칠 것이라고 경종을 울리고 있다. 〈도쿄아사히신문(東京朝日新聞)〉은 조약 공포일에 조선이 대만보다 인구와 면적이 큼에도 경상수지가 절반밖에 안 된다는 사실을 소개하고, "면적이 쓸데없이 방대함에 비해 진가는 별로 없다"고 보도했다.

정계에서도 귀족원은 중의원이 제의한 공동축하회와 하표(賀表, 황실에 올리는 축하의 글)를 거절한다. 나라 전체가 하나같이 환호하고 있었던 것은 아니라는 것이다.

의외로 평온했던 조선

다른 한편, 조선 사람들은 어땠을까? 그들 가운데는 일부러 도쿄로 가서 천황에게 축하의 뜻을 표한 자가 있었다. 조선 13개도 사찰 승려의 대표자 71명을 대리해 일본에 온 해인사 주지 이회광(李晦光)이다. 그는 개운사(開運寺)의 전보륜(全寶輪)과 통역 김영기(金永基)를 수행원으로 하여 일본 조동종(曹洞宗) 대본산(大本山) 소지지(總持寺)의 오다 세쓰간(織田雪巖)과 함께 궁내성을 방문했다. 그리고 가와무라 긴고로(川村金五郞) 궁내차관에게 "삼가 한국 병합을 축하드리고, 아울러 천황에게 문후를 드린다"(〈덴도傳道〉)는 축하의 뜻을 올렸던 것이다.

물론 이러한 사례는 극히 일부이며, 특별히 강조할 필요는 없다. 단, 조선에서 폭동다운 폭동이 일어나지 않고 비교적 평온했던 것 역시 사실이다. 이에 대해 무장한 군대나 경찰의 감시가 심했다는 것을 이유로 드는 의견도 있지만, 동일한 조건의 보호국 기간에 의병 투쟁이 자주 발생했으므로 설득력이 없다.

수년에 걸쳐 조선왕조의 정치에 관여한 조중응, 유길준, 송병준 등은 전혀 다른 면에서 폭동이 일어나지 않은 이유를 분석한다. 그것은 1) 쓸데없이 불평을 하면 불행을 초래한다는 것을 자각했다, 2) 옛날부터 조선인은 정부와 관리를 호랑이나 이리처럼 두려워했다, 3) 시골 사람들은 병합이 무엇인지 이해조차 하지 못하고 있었다는 것이다. 단, 불온한 행동에 나서는 자가 없었다고 해서 병합을 기뻐한 것도 아니라는 점도 강조했고, 이후의 시정(施政)에 따라 어떻게 될지 모른다고 경고했다.

예를 들면, 조중응은 일본과 대한제국을 자비심 깊은 양부모와 잔인한 친부모에 비유하여, 양자(養子)가 빈곤한 고향을 추모하는 것은 흔히 있는 일이지만, 양부모인 일본은 인정(仁政)을 펴서 조선인이 고향을 잊도록 해야 한다고 말했다. 즉, 정부와 법률은 두려움의 대상이 아니라 생명과 재산의 보호자라는 것을 알게 하지 않으면 안 된다는 것이다. 유길준은 조선인은 대부분이 죽조차 못 먹고 다음 날 목숨에 대해서조차 알 수 없는 빈곤에 처해 있다면서, 우선은 백성을 풍요롭게 하라고 호소한다. 조선왕조 말기부터 압정으로 인해 고생해 온 일반 민중의 실태에 근거한 의견이라고 할 수 있다.

일본 정부는 병합에 즈음해 3천만 엔의 임시은사공채(臨時恩賜公債)를 발행해 그중에서 1,740만 엔을 실업자와 빈곤자 구제, 교육, 흉년 대비를 위한 자금으로 조선 13개도에 분배하고, 지세도 감면했다. 3천만 엔은 일본의 농상무성 1년 예산의 약 2배에 해당하는 금액이었다. 안온하고 편리하게 병합을 실현하기 위해, 모든 수단을 동원해 조선인을 회유하려고 한 것이다. 그리고 그 결과의 하나로 탄생한 것이 왕공족이었다.

제2장

제국 일본에 뿌리내리는 왕공족: 각자의 처세술

준황족 대우: 「왕공가궤범」을 둘러싼 분규

황실 제도의 여명기에 탄생한 왕공족

일본은 메이지유신에 의해 근대국가로서 출범했는데, 그 근간은 아직 애매한 상태였다. 특히 황실 제도는 메이지 중엽이 돼서야 겨우 정비가 시작되고, 전체가 정리되는 것은 다이쇼 말년, 즉 1920년대 중반이었다. 한국 병합에 의해 '황족의 예'를 받는 왕공족이 탄생한 것은 황실 제도가 아직 확정되지 않은 메이지 말년의 일이었다. 왕공족의 법적 지위를 어떻게 정할 것인가 하는 문제는 당연히 황실 제도 정비 사업의 일환으로서 중대한 과제가 되었다.

1889년 2월에 제정된 메이지헌법과 「황실전범」은 천황을 법률의 구속을 받지 않는 존재로 자리매김하고, 황위 계승의 원칙과 양위(讓位)의 금지 등도 규정했다. 그러나 황실 제도는 단지 그 근간이 되는 틀이 정해져 있었을 뿐이고, 그 나머지는 아직 내용이 없는 상태가 당분간 지속됐다. 1899년 8월에는 이토 히로부미의 주도로 황실제도조사국이 설치되고 「황실혼가령(皇室婚嫁令)」과 「황실탄생령(皇室誕生令)」을 제정했지만, 그 뒤에는 휴업 상태였다.

이토는 궁중과 부중을 분리하여, 정부와 의회가 황실의 사무에 간여할 수 없는 황실 제도를 구축한다는 생각을 갖고 있었다. 그 때문에 황실전범은 '국법'이 아니라 황실의 '가법(家法)'으로 제정됐고, 국무대신의 서명도, 공포와 관보 게재도 없었다. 황실을 법률과 칙령에서 동떨어진 곳에 두려고 한 것이다.

1903년에 황실제도조사국 부총재로 취임한 이토 미요지(伊東巳代治)는 이러한 황실전범의 성격을 문제시했다. 이토 총재에게 「조사 착수의 방침」을 제출하고, 황실을 국법 안에 자리매김하여 국가의 한 요소임을 명확히 해야 한다고 주장한 것이다. 그 결과 황실 제도는 대전환을 보게 되었다. 일반 신민의 법체계가 헌법 이하 개개 법률로 정해져 있듯이, 황족의 경우는 황실전범 하에서 개개의 황실령을 제정하도록 한 것이다. 나아가 황실령은 상유(上諭), 즉 천황의 재가를 표시하는 말을 모두(冒頭)에 붙여 공포하고, 부중에 관계되는 것은 그에 대해 책임을 지는 국무대신이 서명해야 했다.

이로써 황족의 법으로서 많은 황실령을 제정할 필요가 생겼다. 1907년 2월 11일에 황실제도조사국이 폐국(廢局)되자 이듬해 1월 22일에 궁내대신의 감독 하에 4명의 황실령 정리위원(오카노 게이지로岡野敬次郎 법제국장관, 오쿠다 요시토奥田義人 궁내성 어용괘御用掛[1], 모리 다이지로森泰二郎 궁내성 도서료圖書寮[2] 편수관, 구리하라 히로타栗原廣太 궁내대신 관방조사과장)이 임명되어, 제실제도조사국이 기초한 「황실재산령」과 「황족신위령(皇族身位令)」[3] 등을 제정하는 작업에 착수했다.

이로부터 2년여 지나 한국이 병합되었다. 이때 메이지천황의 명에 의해 책립조서와 「조선귀족령」을 기초하는 업무를 담당한 것이 이토 미요지, 오카노 게이지로, 오쿠다 요시토였다. 그러나 제1장에서 본 것과 같이, 왕공족을 창설했지만 법적 지위의 확정은 미뤄졌고, 그에 뒤따라야 할 규정도 정비되지 않았다. 황실의 국법 상의 위치 부여를 견인한 이토 미요지에게는 이 조치에 대해 부끄러운 생각이 있었을 것이다. 왕공족의 법적 신분을 명확히 하는 작업은 그의 숙원이 되었다. 이토 미요지는 1916년 9월에 「황실제도 재사의(皇室制度再査議)」라는 의견서를 기초해 오쿠마 시게노부(大隈重信) 총리와 하타노 요시나오(波多野敬直) 궁내대신에게 제출하여 왕공족의 법, 즉 「왕공가궤범(王公家軌範)」을 신속히 제정할 필요가 있다고 주장했다.

1 '괘(掛)'는 '계(係)'와 비슷한, 비교적 작은 범위 사무를 담당하는 단위.
2 '료(寮)'는 옛 궁내성(지금의 궁내청)의 부서. 도서료는 도서부(圖書部)쯤 된다.
3 황족의 지위에 관한 황실령. 1910년 공포되었고 1947년에 폐지되었다.

이은과 마사코 여왕의 혼약

1916년 당시, 왕공족의 법적 신분을 확정해야 하는 중요한 문제가 아직 남아 있었다. 이 문제가 제기되는 원인이 된 것은 같은 해 8월에 신문에 대대적으로 보도된 왕세자 이은과 나시모토노미야(梨本宮) 모리마사(守正)왕의 장녀 마사코(方子) 여왕의 혼약이다. 「황실전범」은 제39조에서 "황실의 혼인은 동족 또는 천황의 뜻에 의해 특히 인허(認許)된 화족에 한한다"고 정해져 있었다. 마사코가 이은에게 출가하려면 이 조문을 고치든가, 법적으로 왕공족을 황족 또는 화족으로 규정해야 했다.

이 보도는 왕공가궤범을 제정하려는 이토에게 유리한 상황이 되었다. 그는 「황실제도 재사의」에서 "왕세자 전하는 모(某) 여왕과 혼인의 약속이 이루어지고 이제는 내허(內許)를 기다리고 있는 듯하다. 이것이 사실이라면 결혼에 관해 따라야 할 규정을 새로이 제정하지 않을 수 없다"고 하여, 이 결혼을 실현하기 위해서라도 왕공족의 법적 신분을 확정할 필요가 있다고 주장하고 있다.

이리하여 1916년 11월에 제실제도심의회가 궁내성에 설치되고, 혼인의 실현을 시야에 넣고서 왕공가궤범을 제정하는 작업이 시작되었다. 총재는 이토, 위원에는 황실령 정리위원을 담당한 오카노, 오쿠다 외 법률 전문가인 아리마쓰 히데요시(有松英義), 이시하라 겐조(石原健三), 구라토미 유자부로, 스즈키 기사부로(鈴木喜三郎), 히라누마 기이치로(平沼騏一郎), 야마우치 가쿠사부로(山內確三郎) 등이 취임했다.

제실제도심의회는 우선 「왕공가궤범안 요강(王公家軌範案要綱)」을 작성하여 1) 왕공족은 황족에 준하여 일반 신민의 법규를 적용하지 않는다, 2) 왕공족은 황족도 일반 신민도 아닌 특수한 신분에 속한다, 3) 황족 여자가 왕공족에게 출가하는 것은 「황실전범」 제39조를 개정할 필요 없이 해석으로 가능하다는 골격을 구성했다. 이상에 기초하여 왕공가궤범안을 완성하게 하고, 12월 17일에 궁내대신을 거쳐 다이쇼천황에게 상주했다.

왕공가궤범안은 전문(前文)에서 왕공족은 국법상 황족에 준하기 때문에 일반 신민의 법을 적용하지 않는다고 선언하였고, 조문도 대부분 「황실전범」과 각종 황실령을 조금 고친 것이었다. 이러한 특성에 따라 제실제도심의회는 「왕공가궤범」을 법률이 아니라 황실령으로 제정하려고 했다.

추밀원의 반발

1918년 5월 14일, 왕공가궤범안은 자문을 받기 위해 추밀원으로 이송되었다. 5월 20일에는 추밀고문관 중에서 이토, 가네코 겐타로(金子堅太郎), 스에마쓰 겐초(末松謙澄), 난부 미카오(南部甕男), 하마오 아라타(浜尾新), 고마쓰바라 에이타로(小松原英太郎), 호즈미 노부시게(穗積陳重), 야스히로 반이치로(安廣伴一郎), 이치키 기토쿠로(一木喜德郎)가 심사위원으로 선출되고, 심사위원장은 이토가 맡았다.

왕공가궤범에 대한 추밀원의 평가는 엄정하고 가차없었다. 특히 이치키는 왕공가궤범을 황실령으로 제정하는 법적 근거를 캐물었다. 황족의 제규칙은 「황실전범」에 기초하여 황실령으로 제정할 수 있지만, 신민의 권리와 의무에 관한 것은 헌법상의 입법사항이어서 법률과 칙령으로 정해야 한다는 것이었다. 그래서 이치키는 왕공족은 황족이 아니기 때문에, 특별히 예외를 두지 않는 한 황실령이 아니라 법률을 적용해야 한다고 비판한 것이다.

단, 추밀원은 왕공족을 준황족으로 취급하는 것에 대해서는 동의했다. 하지만 그것은 제실제도심의회가 생각하는 준황족과는 다른 것이었다. 제실제도심의회는 황족의 범주 안에 구래(舊來)의 황족과 준황족＝왕공족을 놓고 있었지만, 추밀원은 준황족＝왕공족을 황족의 바깥에 두고 있었던 것이다(표 2-1 참조).

이러한 인식의 차이로부터 이치키는 왕공가궤범안에 왕공족과

[표 2-1] 준황족의 지위에 대한 이견

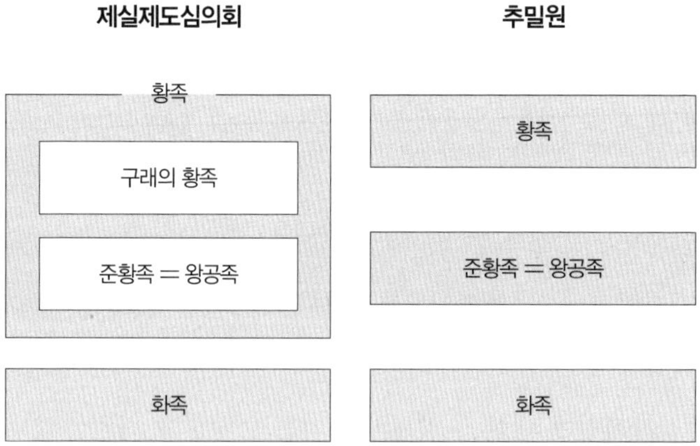

황족의 결혼을 전제로 한 조문이 있다는 점도 비판했다. 황족이 출가할 수 있는 신분이 「황실전범」 제39조에서 황족과 화족으로 한정되어 있는데도 왕공족을 그 범위에 포함되는 것으로 간주하는 것은 잘못이라고 지적한 것이다.

본래 제39조는 황족이 외국 왕실에 출가하는 것을 막기 위해 마련한 규정이었다. 만약 여기에 '해석'을 가지고 들어오면 이 규정은 장차 사문화되어 황족과 외국 왕실과의 혼담이 시도될지도 모르는 일이었다. 그래서 이치키는 왕공족을 황족의 일원에 준한다고 보아 결혼은 부당하다고 단정하였다.

제실제도심의회는 이러한 비판을 극복할 명확한 법적 근거를 제시하지 못했다. 세 차례 심사위원회를 거쳐 마침내 기요우라 게이고(清浦奎吾) 추밀원 부의장과 추밀고문관들은 회의를 종료하고, 왕공가궤범안을 반려하든지 조문을 수정하게 하라고 천황에게 요구했다. 여기에서 이토가 취한 방책은, 추밀원 측의 수정 의견이 결의되기 전에 심사위원회 자체를 해산시키는 것이었다. 그는 법안을 작성한 제실제도심의회 총재임과 동시에 추밀고문관으로서 왕공가궤범안을 심사하는 기관의 장이기도 했기 때문에 수정을 회피할 수 있었다.

이에 따라 심사위원회는 각 편 각 장에 대해 구체적으로 심의하지 않은 채 활동을 종료했다. 1918년 시점에서 「왕공가궤범」의 제정은 실현될 수 없었다.

전헌이원주의의 유일한 예외

이토가 이끄는 제실제도심의회는 준황족인 왕공족의 법을 황실령으로 제정하는 일에 매달렸다. 그러나 황족이 아닌 왕공족의 권리와 의무는 제국의회의 심의를 거쳐 법률로 정해야 했다. 정부는 이러한 딜레마 해결의 활로를 위임입법에서 찾는다. 즉, 왕공족의 권리의무에 관한 사항은 황실령으로 제정한다고 규정하는 법률을 별도로 제정 공포하고, 제국의회에서 입법권을 위임받아 이를 근거로 하여 「왕공가궤범」을 황실령으로 제정하려고 한 것이다. 이 법률이 「왕공족의 권리의무에 관한 법률(王公族の權義に關する法律)」이었다.

「왕공족의 권리의무에 관한 법률안」은 황실제도심의회가 정리하여 1926년 3월 1일에 이토 총재가 이치키 기토쿠로 궁내대신에게 제출했다. 기묘하게도 8년 전에 왕공가궤범안에 완강히 반대한 이치키 밑에서 왕공가궤범을 황실령으로 제정하는 작업이 재개된 것이다. 11월 30일에 「왕공족의 권리의무에 관한 법률」이 공포되고, 이 법률에 기초하여 그 뒤 12월 1일에 황실령으로 「왕공가궤범」이 제정되었다.

일본제국에서는 황실전범과 메이지헌법을 모두 국가의 최고 법규로 간주하고, 모든 법형식을 이 두 계통 아래로 분속시키는 전헌이원주의(典憲二元主義)를 취하고 있었다. 황실전범의 계열에 속하는 것을 궁무법(宮務法), 메이지헌법의 계열에 속하는 것을 국무법(國務法)이라고 하고, 황실에 관한 법은 전자, 그 외는 후자로 분류되었다.

그러나 「왕공가궤범」에 관해서는 이 장벽을 무시하고 국무법의 법률에 근거하여 황실령을 국무법으로서 제정하는 조치가 취해졌다. 그래서 「왕공족의 권리의무에 관한 법률」에 의해 전헌이원주의에 유일한 예외가 발생한 것이다.

그럼에도 「왕공가궤범」 제정에 의해 왕공족이 비로소 국법 안에 자리 매겨지고 그 권리와 의무가 명확히 되었다.

왕공족의 권리로는 1) 은거(隱居)[4]할 수 있다, 2) 천황의 허가가 없으면 구인(拘引)되거나 재판에 소환되지 않는다 등이 있었고, 의무로는 3) 양자(養子)의 관계를 맺을 수 없다, 4) 결혼 등으로 일단 신분을 벗어난 자는 왕공족으로 복적(復籍)할 수 없다, 5) 남자는 만 18세에 육해군 무관이 된다는 등이 있었다. 이 가운데 2)~5)는 황족과 동일하다. 1)에 관해서는 1918년의 왕공족궤범안 시점에서는 황족과 마찬가지로 그 권리가 인정되지 않고 있었다. 왜 갑자기 이것이 추가되었는가에 대해서는 다음 절 이강공가 항에서 설명하겠다.

「왕공가궤범」 제정에 따라 왕공족의 범위도 다음과 같이 정해졌다.

---

4 1898년 일본 민법 상의 제도로서, 호주가 생전에 상속인에게 가독(家督), 즉 호주의 지위를 양도하는 행위.

왕족: '왕가'에 속하고 다음 중 하나의 조건을 만족하는 자. 1) 왕과 왕비, 2) 왕의 아들, 3) 은거한 왕 및 그 아들, 4) 왕의 장자손(長子孫) 계통에 있는 자 및 그 아들, 5) 전항에서 언급된 자의 배우자

공족: '공가'에 속하고 다음 중 하나의 조건을 만족하는 자. 1) 공과 공비, 2) 공의 아들, 3) 은거한 공 및 그 아들, 4) 공의 장자손 계통에 있는 자 및 그 아들, 5) 전항에서 언급된 자의 배우자

'왕가'와 '공가'란 각각 왕과 공을 호주로 하는 가 제도라고 생각하면 된다. 한국 병합 시에 일본은 순종황제와 그 비 윤씨, 고종태황제, 황태자 이은 등 4명을 왕족으로 하고, 황제의 동생인 의왕 이강과 그 비 김씨, 태황제의 형인 흥왕 이희와 그 비 이씨 등 4명을 공족으로 책립했다. 그 가운데 왕족은 이왕가, 공족은 이강공가와 이희공가를 창립하였고, 이후 각각의 가에서 그 들고남에 따라 왕족과 공족이라는 신분을 득실하도록 규정했다. 왕공'족'궤범이 아니라 왕공'가'궤범이라고 명명된 이유는 여기에 있는 것이라 생각된다.

그러면 한국 병합 시에 8명이었던 왕공족의 구성은 그 후 어떻게 변화했을까?

「왕공가궤범」의 제정에 의해 왕공족의 아들은 태어나자마자 왕공족으로 간주되어, 1926년 이후 왕공족 수가 급증한다. 그러

나「왕공가궤범」제정 전에도 실제로는 새로이 왕공족이 되는 자가 근소하나마 존재했다. 책립조서에서 왕과 공의 배우자를 왕비, 태왕비, 왕세자비, 공비로 대우한다고 했고, 왕과 공의 존칭을 세습할 권리를 인정하고 있었기 때문이다.

다음 절에서는「왕공가궤범」의 제정을 기준으로 하여 그 전후에 어떠한 인물이 왕공족이 되었는지를 이왕가, 이강공가, 이희공가에 대해 각각 살펴볼 것이다.

왕공족 26명의 민낯: 공순(恭順)인가 반항인가

Ⅰ 이왕가: 대한제국의 적류(嫡流)와 황족 출신의 비

이태왕과 이왕의 일상

이왕가의 일원으로서 한국 병합 시에 왕족이 된 것은 고종태황제＝이태왕, 순종황제＝이왕, 황후 윤씨＝이왕비, 황태자 이은＝왕세자, 이 4명이었다.

이태왕은 1852년 9월 8일(음력 7월 25일)에 조선왕실의 방계였던 이하응(李昰應, 흥선대원군)과 민씨(閔氏) 사이에서 태어났으며 유명(幼名)은 명복(命福)이다. 1864년 1월에 조선 제25대 국왕 철종(哲宗)이 아들을 남기지 못하고 승하하자 명복은 제24대 국왕 헌종(憲宗)의 아버지 효명세자(孝明世子)의 양자가 되며 익성군(翼

덕수궁 이태왕(고종)

成君)에 봉해졌다. 이때 이름을 재황(載晃)으로 하였는데, 5일 후에 왕위에 오르며 재차 희(㷩)로 개명한다. 그 뒤 일청전쟁의 결과 조선왕조가 청의 책봉국에서 벗어나자 1897년에 원호를 광무(光武)로 하고 국호를 대한(大韓)으로 고치고 초대 황제에 즉위하였다.

이태왕의 생활 리듬은 일반인과 크게 달라, 밤늦게까지 자지 않다가 아침에야 잠들었다. 잠자리에 드는 것은 오전 3시경이었는데, 그것도 시중을 드는 가까운 자와 이런저런 얘기를 나눈 뒤에 취침했기 때문에 기상은 정오 무렵이었다고 한다. 따라서 아침 식사는 들지 않고 오후 2시경에 과자류와 죽을 먹었고, 오후

11시경이 돼서야 저녁 식사를 했다. 식사는 대부분 조선 요리였으며 일본 요리는 거의 먹지 않았고, 매주 수요일에는 서양 요리를 들었다. 주량은 만년이 되어 감소해 와인을 소량 즐기는 정도였다고 한다. 목욕은 일주일에 한 차례 정도이고 운동은 거의 하지 않았다.

이태왕은 1866년에 민치록(閔致祿)의 딸 민씨와 결혼하여 1874년, 후에 순종이 되는 아들을 얻었다. 1875년에는 아들의 이름을 척(坧)으로 지어 주었다. 이척은 1907년에 대한제국의 제2대 황제가 되었고, 그 3년 후 한일합방으로 통치권을 일본에 양도한 후 초대 이왕이 된다.

이왕(순종)은 한국 병합 시에는 이미 심신이 모두 쇠약하였고, 시종이 좌우에서 떠받쳐 주지 않으면 계단을 오르는 것조차 마음대로 할 수 없을 정도였다. 하지만 병합 후에는 보행이 가능해지고 사람을 만나는 데도 쾌활해졌다고 한다. 데라우치 마사타케는 그 이유를 어려운 국사(國事)의 근심으로부터 해방되었기 때문일 것이라고 적었다(『데라우치 통감 상주서寺內統監上奏書』). 병합 후에는 주말을 제외하고 매일 오후 2시부터 4시까지 취미인 당구를 즐기고, 밤에는 축음기에 귀를 기울이는 유유자적한 생활을 보냈다.

성격은 대단히 신경질적이었고, 스스로 시계를 보면서 시각을 엄수하여 기상, 취침, 목욕 등을 했다. 또 비범한 기억력을 갖고 있어서 알현한 사람의 성명을 잊는 일이 없었다고 한다. 이것은 이태왕도 마찬가지였는데, 옛 신하들의 가계에 대해 상세히 알고 있다든가, 인물의 성명과 나이나 과거 사건의 일시를 자세히 기억했다.

이왕은 첫 번째 황후로 민태호(閔台鎬)의 딸 민씨를 맞이했으나 1904년 11월에 사별했다. 그 뒤 1907년 1월에 윤택영의 딸 윤씨를 새로운 황후로 삼았기 때문에 그녀가 병합 당시에 이왕비가 됐다. 이왕비는 총명하고 학문에 재능이 있었다. 병합 전부터 고다마 히데오 통감비서관 부인에게 일본어를 배웠고, 시녀들에게도 학습을 장려했다. 그래서 일상적 회화 정도는 일본어로도 지장이 없었다고 한다.

이왕 부부는 주로 조선옷을 입고 생활했다. 단, 이왕이 위엄을

[표 2-2] 이왕가 가계도

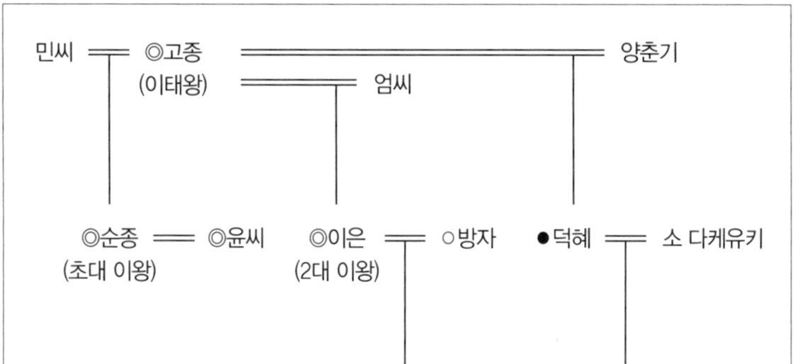

◎ 1910년 당시 왕족 ○ 1910~1926년 사이 왕족 ● 1926년 이후 왕족 △ 서류상 왕족)

창덕궁 이왕(순종, 오른쪽)과 윤비(순정효황후).

과시할 수 있도록 육군 대장으로 예우했기 때문에 외출 때와 의례 때는 군복을 착용했다. 식사는 데이코쿠(帝國)호텔의 초대 요리장을 지낸 요시가와 가네키치(吉川兼吉) 부자가 조리하는 프랑스 요리를 좋아하여 거의 매일 양식을 먹었다. 조리에 우유를 많이 썼기 때문에 이왕가에서는 궁내성에서 불하받은 최고급의 소를 사육하고 있었다.

주거는 덕수궁과 창덕궁

한국 병합으로 경복궁 등은 조선총독부가 인계했지만, 덕수궁과 창덕궁은 여전히 이왕가 소유였다. 그래서 병합을 전후해 이태왕과 이왕 부부의 거처에는 변화가 없었다.

이태왕이 상주한 덕수궁은 제9대 왕 성종(成宗)의 형 월산대군(月山大君)의 사저로 세워진 궁전으로, 경복궁과 창덕궁에 비하면 비좁았다. 조선왕조에서는 경복궁의 광화문(光化門)이나 창덕궁의 돈화문(敦化門)과 같이 궁전의 정문에 '화(化)'자를 사용하는 관습이 있었다. 덕수궁에도 남쪽의 작은 길에 면하여 인화문(仁化門)이라는 정문이 있었지만, 1904년에 화재를 입어 복구하면서 이 문을 없애고 동쪽의 큰길 옆에 장대한 대한문(大漢門)을 신축했다. 경성제국대학 교수를 역임하고 『덕수궁사(德壽宮史)』를 쓴 오다 쇼고(小田省吾)에 의하면, '대한'이라는 명칭을 작명한 것은 청에 대한 종속 관계로부터 벗어난 대한제국이 한(漢) 왕조의 흥륭(興隆)을 자임했음을 나타내는 것이라고 한다. 그 증거로 고종(이태왕)은 황제 즉위 조칙(詔勅)에서도 한나라의 창건을 언급하였다는 점을 들고 있다.

이왕 부부가 거소로 삼은 창덕궁은 덕수궁의 북동쪽에 위치하고 약 19만 6천 평(64만 6,800m²)에 이르는 광대한 면적을 가졌다.

궁전의 동쪽에는 동물원, 식물원, 박물관, 스케이트장을 갖춘 창경원(昌慶苑)이라는 시설이 병설되어 있었다. 이곳의 정비는 1907년에 순종(이왕)이 황제로 즉위했을 때로 거슬러 올라간다. 당시 황제의 거소를 덕수궁에서 창덕궁으로 옮기기 위해 수리공사가 진행되고 있었다. 그것을 시찰한 이완용 총리대신과 이윤용(李允用) 궁내부대신은 공사감독인 고미야 미호마쓰에게 황제가 새로운 거소에서 문화적인 생활을 할 수 있게 건설할 것을 제안했다. 이에 창덕궁에 인접한 창경궁(昌慶宮)에 동물원 등의 제시설이 만들어지게 된 것이다. 창경궁은 조선왕조 시대에 퇴락이 진행되어 주변 일대에는 풀이 무성하게 자라는 황폐한 상황이었기에 그곳을 효과적으로 이용한다는 의미에서도 최상이었다.

1908년 8월에 궁전정원사무국을 설치하고, 우선 시내의 사립동물원을 매수하여 동물을 확보하고, 그 경영자였던 유한성(劉漢性) 등을 직원으로 고용했다. 박물관에 진열할 고미술품은 고미야와 대한제국 궁내부의 사무촉탁이던 시모코리야마 세이이치(下郡山誠一)가 한성의 골동품 상인으로부터 구입하여 모아 들였다. 그러나 시모코리야마에 의하면 그 대부분은 일본인에게 고용된 한국인이 도굴한 물건이었다고 한다.

이렇게 정비된 창경궁은 1909년 11월 1일에 창경원으로 개원(開苑)했다. 이왕이 유람하는 목요일 외에는 일반에게도 개방하여 벚꽃이 필 때는 수만 명이 방문하는 명소가 됐다.

이왕 부부의 일상생활은 창덕궁 내 남쪽에 위치한 대조전(大造殿)에서 이루어졌다. 대조전 내 동쪽에 있는 흥복헌(興福軒)이 이왕의 거실, 북서에 있는 경훈각(景薰閣)이 이왕비의 거실이었다.

1909년에는 대조전 서쪽에 욕실이 설치되었다. 이것은 이왕의 뜻에 따른 것인데, 그는 이곳을 자주 이용했다. 원래 조선에서는 매일 목욕하는 관습이 없었는데, 일본인들이 들어오며 시내에 대중목욕탕이 증가하는 등 점차 목욕 문화가 정착되어 갔다. 창덕궁에 욕실이 없었을 때는 국왕의 침실에 기름종이를 깐 작은 방

정비 전의 창경궁(위)와, 정비 후의 창경원.

을 부설하고 거기에서 목욕을 했다. 큰 통나무의 속을 판 용기에 탕이 준비되고, 국왕이 그 속에 들어가면 유모가 팔비누와 부드러운 목면 타월로 이왕의 몸을 씻었다. 욕실이 생기고 나서도 조종응(趙鍾應)이라는 유모가 이왕의 목욕을 도왔다.

창덕궁 화재와 천황 진영

1917년 11월 10일, 창덕궁 전각의 대부분이 소실되는 대화재가 발생했다. 발화점은 대조전 경훈각에 근접한 여자 의복실의 온돌이었다. 오후 5시 15분경, 경훈각에 있던 이왕비는 회오리바람이 거칠게 부는 소리를 들었다고 한다. 시녀가 바깥을 확인하려고 창을 열었을 때 눈앞에서 불길이 몰려오는 것을 보았다. 오후 5시 반경이 되어 경보가 울리고, 상주하는 소방대가 출동했다. 그러나 수압이 낮고 바람이 강해서 진화에 어려움을 겪어, 불을 끄는 데 3시간이 걸렸다고 한다.

창덕궁 내의 건물들은 전통적인 가옥이기 때문에, 보험 가입은 했지만 방화벽 같은 것은 설치돼 있지 않았다. 소화 작업 중에 대조전과 다른 전각을 연결하는 복도를 허물어 인정전과 선정전(宣政殿)으로 불이 옮겨 붙는 것을 막는 조치가 취해진다. 이에 따라 피해는 일정 범위로 한정되었지만, 대조전과 그 남쪽에 인접한 희정당(熙政堂) 등이 전소됐다.

이왕이 피난할 때 가장 걱정한 것은 천황과 황후의 진영(眞影)들이었다(『왕공족록王公族錄』 다이쇼 6년[1917]). 천황의 진영은 이왕이 공부하는 곳인 양심각(養心閣)에, 황후의 진영은 강습소에 각각 봉안돼 있었는데, 양쪽 모두 발화점에 가까워 진영은 흔적도 없이 다 타 버렸다. 이튿날 이왕직 직원과 경무부 직원의 입회 하에 그 재를 상자에 쓸어 담아 비원(祕苑) 내 가장 청정한 땅을 선정해 봉납했다. 비원은 창덕궁 내 북측을 점하는 광대한 정원이다.

대조전을 복구하기까지 이왕 부부는 임시 전각으로 창덕궁 내 남동쪽에 있는 낙선재(樂善齋)에 들었다. 그러나 여기는 비좁아서 시종하는 신하들이 기거할 방을 내주기도 곤란할 정도였다. 따라서 이완용은 이태왕에게 문안을 드리면서 덕수궁으로 궁을 옮기는 게 어떨지 의논한다. 이태왕은 이에 동의하면서도 자기 말에 대한 책임은 피하고 싶다고 하여, 이왕에게 그 이야기가 전달되지 않았다.

그런데 윤덕영이 이 사실을 듣고 이왕에게 고해 버린다. 그러자 이왕은 불쾌감을 드러내며 "천황폐하로부터 받은 창덕궁이기 때문에 움직이지 않겠다"(『이왕궁 비사』)며 이완용을 질책했다. 이를 들은 곤도 시로스케 이왕직 사무관은, 이왕은 병합 시에 받은 창덕궁이라는 궁호(宮號)[5]에 의해 이왕가의 제사가 유지되고 있

5 천황이 황족 남자 개인에게 내리는 칭호이며 경칭. 예를 들어 이방자 여사의 아버지는 황족 나시모토노미야 모리마사왕인데, '나시모토노미야'가 궁호다. 전술한 것처럼 일본 황족과 조선 왕족의 관계는 일본의 입장에서는 독특한 것이었지만, 뒤 제4장에서 보게 되듯 조선 병합 후 조선 왕족에게도 궁호를 포함한 칭호가 주어졌다. 예를 들어 순종이 받은 칭호 '창덕궁 이왕'에서 '창덕궁'이 궁호다. 창덕궁 화재 후 순종의 말에는 이러한 배경이 있다.

다고 믿었기 때문에 이와 같이 발언했을 것이라고 설명한다. 결국 이왕 부부는 덕수궁으로 옮기지 않고, 대조전을 복구하는 약 2년 동안 불편한 낙선재에서 생활했다.

이은의 약혼자를 둘러싼 이야기

이왕의 배다른 동생 이은은 대한제국의 황태자였던 1907년에 도쿄로 유학을 가고, 거기에서 한국 병합을 맞고 이왕가의 왕세자(후계자)가 됐다. 공식적인 경우를 제외하고는 '창덕약궁(昌德若宮)'이라고 불렸다.

이은은 1911년 1월에 가쿠슈인(學習院)에 입학했지만 곧 육군유년학교(陸軍幼年學校)에 편입했다. 그 뒤 육군중앙유년학교, 육군사관학교, 육군대학교에 차례로 진학하여 황족과 마찬가지로 군인 엘리트의 길로 매진한다. 특히 언어 능력이 뛰어나서 일본어는 교관이 놀랄 정도의 성적이었고, 영어도 유창했다. 성인이 돼서부터는 「군인칙유(軍人勅諭)」[6]의 암송이 뛰어난 것으로 평판이 나 있었다고 한다.

앞 절에서 언급한 것과 같이 이은은 1916년에 나시모토노미야 모리마사왕의 장녀 마사코 여왕과 혼약했다. 그러나 그는 대한제국의 황태자일 때 약혼자를 선정하는 간택(揀擇)이라는 의식

6 1882년에 메이지천황이 선포한, 황군의 복무 규율을 담은 칙유. 내용은 군국주의적이며 천황에 대한 일방적인 충성을 강조하고 있다.

을 이미 치른 바 있다. 이에 대해서 민영돈(閔泳敦)의 딸 민갑완(閔甲完)은 자전(自傳) 『백 년의 한(百年恨)』에서, 최종직으로 선택된 것이 자신이라고 주장했다. 하지만 통상 3단계에 걸치는 전형은 1회로 끝나 버렸고 실제는 최종적인 약혼자 선정에 이르지 못했다. 대한제국의 공적 기록인 『승정원일기(承政院日記)』를 조사한 바에 따르는 한 민갑완은 이 첫 번째 전형조차 통과하지 못했다. 또 그녀는 간택 장소에 군복을 착용한 이토 히로부미 통감이 동석했다고 썼지만, 이때 이토는 교토에 있었다. 이와 같이 민갑완의 증언에는 이런저런 모순이 있기 때문에 『백 년의 한』은 사료적 가치가 낮다고 할 수 있다.

그러나 이은에게 약혼자가 있었을 가능성이 전혀 없는 것은 아니다. 예를 들어 이왕직의 왕세자부사무관(王世子附事務官) 고희경은 병문안차 온 이은에게 이태왕이 "이상하게 네게도 나와 같은 일이 생겼어"(『구라토미 유자부로 일기』 1921년 2월 18일)라고 말하는 것을 들었다고 한다. 이태왕은 김씨라는 여성과 결혼을 약속했지만 다른 사람을 비로 삼았기 때문에 그녀에게 독신 생활을 강요한 과거가 있다. 그런 까닭에 이태왕의 발언은 은근히 이은의 비가 될 후보를 이미 결정한 증거라고 고희경은 쓰고 있다.

이 밖에도 대한제국의 군인을 거쳐 일본 육군 소장이 된 어담(魚潭)[7]은 1907년, 양위하는 고종(이태왕)을 위로하기 위해 이은

7 1881~1943. 1896년 국비유학생으로 일본에 유학. 일본 육군사관학교를 졸업한 뒤

의 어머니인 엄씨가 이완용의 여식을 황태자비로 맞이하기 위해 혼담을 진행하고 있었다고 회고한다. 당시 이완용은 정부 수반으로서 일본과의 커넥션도 갖고 있었기 때문에, [이 혼담이—옮긴이] 대한제국 황실의 안정으로 이어진다고 생각했을지도 모른다.

하지만 이 혼담은 근대적 개혁을 추진하는 이토 히로부미가 조혼을 금지하는 바람에 실현되지 못하고, 이은은 도쿄 유학의 길에 올랐다. 이완용의 딸은 그 후 오랫동안 독신으로 지냈으며, 마사코가 이은의 약혼자로 내정되자 그때서야 겨우 다른 집으로 출가했다고 한다.

마사코가 약혼자가 되기까지

이은과 결혼하게 되는 마사코는 1901년 11월 4일 오전 7시 45분에 고지마치구(麴町區) 1번정(番町) 2번지의 저택에서 태어났다. 아버지는 나시모토노미야 모리마사왕, 어머니는 구 사가번주(佐賀藩主) 나베시마 나오히로(鍋島直大)의 둘째 딸 이쓰코(伊都子)였다.

이은과 마사코의 결혼은 조선인과 일본인, 왕족과 황족이라는 센세이셔널한 연결이었기 때문에, 국가 주도의 정략결혼이라는 인식이 일반에 정착되어 있다. 그것을 조장한 것이 이 결혼을 "일

1900년부터 대한제국 군인으로 근무하다가 1910년 이후 일본군에서 복무, 1930년에 일본제국 육군 중장이 되었고 1931~36년에는 조선총독부 중추원 참의를 지냈다. 소위 '친일파'의 한 명으로 유명하다.

선융화(日鮮融和)의 기초"로 묘사한 마사코의 자전『흐르는 대로(流れのままに)』이다.

자전에 의하면 마사코는 1916년 여름에 오이소(大磯)의 별장에서 지내고 있었는데, 생각 없이 펼친 신문을 통해 자신이 이은과 약혼한 사실을 알게 됐다고 한다. 마사코가 마음이 흔들려 울고 있는데 어머니 이쓰코가 가만히 다가와 혼담의 경위를 다음과 같이 설명했다. 마사코의 서술이다.

> 실은 일전에 궁내대신이 재차 와서, 폐하의 생각이기 때문에 아무쪼록—이라고 이야기가 있었습니다. 아버님과도 함께 이야기하여, 나라와 나라의 큰 문제로 중대한 일이기 때문에 대단히 사양하는 말씀을 올렸지만, "일선(日鮮)의 연결이 한층 더 굳어지고, 일반 인민의 본보기도 된다"는 폐하의 생각이기 때문에, 결국 받아들여야 했습니다.

그러나 이 기술로써 이은과의 결혼이 다이쇼천황과 궁내성의 명령이었다고 단정해서는 안 된다. 왜냐하면 혼담을 정리한 당사자인 어머니 이쓰코는 이와 전혀 다른 경위를 일기에서 고백하고 있기 때문이다.

> 궁내대신 하타노(波多野)가 오셔서 이쓰코를 만나고자 하는 이유인 고로 바로 대면한다. 다른 것이 아니라, 진작부터

> 여기저기 이야기가 있었어도 이리저리 어려워서 일이 순조롭게 잘 정리되지 않는 마사코 혼담 일로 아주 비밀리에 데라우치를 통해 청하고, 내실은 청하기로 정했어도 사정상 명목상으로는 폐하 생각에 의해, 말씀에 따라 마사코를 조선 왕족 이왕세자 은 전하에게 보내는 것으로 되었다. 마찬가지로 우쓰노미야(宇都宮)에 계신 모리마사왕 전하는 벌써 전했다고 함. 감사히 받아 둔다. 그러나 발표는 시기를 기다려야 한다고.

이에 따르면 여기저기로 마사코의 혼처를 찾았지만 딱히 결정이 나지 않았기 때문에, 데라우치 총독을 통해 "아주 비밀리에" 이왕가에 혼담을 청했다는 이야기가 된다. 그러나 이러한 사실을 감추기 위해, "사정상" 천황의 말씀＝명령에 의해 마사코가 이은에게 시집가는 형식을 취하고 있었다. 결국 이 혼담은 궁내성이 양가에 강요한 것이 아니라, 나시모토노미야케(梨本宮家)가 주도하고 있었던 것이다.

오하라 센키치 회고 속의 증거

이쓰코의 이 기술을 뒷받침하는 사료가 최근에야 궁내청 궁내공문서관(宮內公文書館)에서 발견됐다. 궁내성 종질료(宗秩寮, 황족과 화족의 사무를 담당하는 부서)의 사무관으로서 혼담의 중개자 역할을 한 오하라 센키치(小原駩吉)의 회고담이다(『남작 오하라 센키치 씨 이야기男爵小原駐吉氏談』).

일의 발단은 혼약에 대한 보도가 나오기 2~3년 전, 오하라가 나시모토노미야케를 방문했을 때로 거슬러 올라간다. 여러 가지 이야기 도중에 갑자기 이쓰코가 이은에 대해 이야기하기 시작했고, "만약 이루어질 수 있다면, 왕녀 마사코 여왕을 왕세자의 비가 되게 하는 것은 어떤가?" 하고 말을 꺼낸 것이다. 이쓰코는 이전부터 백부인 후지나미 고토타다(藤波言忠) 자작과 어머니인 나베시마 나가코(鍋島榮子)로부터 이왕가와의 혼인관계에 대한 권고를 받았고, 그녀 자신도 그것을 희망하고 있었던 것이다.

이튿날 오하라는 이쓰코의 말을 종질료 총재와 궁내대신에게 보고하고, 마사코의 체질과 가쿠슈인 여자부에서의 성적을 조사했다. 또 때마침 도쿄로 오고 있는 데라우치 총독에게도 의논하여 "지극히 타당한 혼담이다"라는 찬성을 얻는다. 단, 데라우치는 조선의 동향을 염려해, 좋은 시기가 오기까지는 이야기를 진전시키면 안 된다며 신중한 태도였다.

그 뒤 혼담은 데라우치에게 일임되었고, 한동안 답보한다. 그러나 모리마사왕이 고쿄에 들어갈 때, 다이쇼천황으로부터 갑자기 "마사코 여왕은 왕세자에게 출가하는 것이 확정되었는가" 하는 질문을 받아 답이 궁한 상황이 있었다. 어떻게 다이쇼천황이 알게 되었는지 확실하지 않지만, 오하라는 총독이나 궁내대신이 어떤 기회가 있어서 말씀드린 것 아닌가 하고 생각했다.

또 소문은 마사코의 귀에도 들어갔고, 나시모토노미야케의 궁내사무관 쓰보이 쇼(坪井祥)의 딸에게 "내가 왕세자에게 시집간다는 소문이 있는데 진짜 정말이야? 몰래 네 아버지께 여쭤 봐줘"라고 부탁하였다. 그래서 궁내성으로서는 그대로 내버려둬서는 안 될 상황이 된 것이다.

그러나 데라우치는 좀처럼 움직이지 않았다. 1916년 4월 경성에 출장 온 이시하라 겐조 궁내차관이 혼담을 진행하도록 부탁했을 때도 당분간 기다리라고 답했을 뿐이다.

그런데 그로부터 3개월 후인 7월 5일에 데라우치가 도쿄로 상경하자 상황은 급전한다. 궁내대신의 명을 받은 나시모토노미야케의 사무관이 보병 제28여단장으로 우쓰노미야에 재직 중인 모리마사왕을 방문하여 어떤 말을 전한 것이다. 내용은 이쓰코의 일기에 있는 것과 같이, 천황의 말씀이라는 명목으로 마사코를 이왕가에 출가시킨다는 것이었다. 그것을 들은 모리마사왕이 어떠한 반응을 보였는지는 알 수 없지만, 적어도 이쓰코는 "감사히 받아 둔다"고 쓰고 있다.

조금 지나서 이번에는 민병석(閔丙奭) 이왕직장관이 이왕가의 사자로 상경하여 데라우치와 함께 닛코(日光)에 체재 중인 다이쇼천황을 뵙게 되었다. 민병석의 사명이 무엇이었는지는 명확하지 않다. 다만, 그가 경성에 돌아가기 전에 모리마사왕이 있는 우쓰노미야에도 들렀으므로, 마사코의 결혼에 관한 이야기가 있었다고 봐도 틀림이 없을 것이다.

황족 예우의 매력

왜 나시모토노미야케는 이왕가와의 혼담을 원했던 것일까?

그 답은 「황실전범」 제39조에 있다. 이 규정에 의해 황족 여자는 황족 남자와 결혼할 수 없을 경우에는 신민에 속하는 화족에게 출가할 수밖에 없다. 외국의 왕실에 출가하는 것은 인정되지 않았던 것이다. 나시모토노미야케는 여아밖에 없었고 장래 폐절(廢絶) 가능성이 높았기 때문에, 가능하면 황족과 인척관계를 맺고 싶었을 것이다. 그러나 황족 남자는 그 수에 한계가 있는 데다가 화족의 딸을 배우자로 들이는 일도 있기 때문에, 황족 여자가 [황족에게—옮긴이] 출가하는 것은 쉽지 않았다. 이쓰코가 일기에서 마사코의 혼담이 순조롭게 잘 정리되지 않는다고 한탄한 것이 그 사정을 말해 준다. 그러한 절실한 상황에서 나시모토노미야케가 주목한 것은, 상대가 '황족의 예'로 대우받고, 천황가에 다음가는 거액의 세비를 받고 있으며, 구 대한제국 황실의 정통이기도 한 이왕가였다는 점이었다.

상류계급이 인척관계를 맺을 때 집안 사정과 혈통을 중시하는 예는 드물지 않다. 예를 들면 이쓰코는 아키히토친왕(현 상황)의 비로서 민간 출신인 쇼다 미치코(正田美智子)를 맞이한다고 발표했을 때, "정말로 아침부터 온통 혼약 발표 얘기다. 분개하거나, 한심하다고 생각하거나, 가지각색. 머릿속이 복잡하다. 일본도 이제 안 된다고 생각했다"(『나시모토노미야 이쓰코 비 일기梨本宮伊都子妃の日記』 1958년 11월 27일)고 쓰고 있다. 이 노골적인 표현에서 그녀가 신분에 얼마나 집착하고 있었는지 알 수 있다.

이은과 마사코의 혼례 발표로부터 1년 뒤인 1917년 6월, 이왕은 다이쇼천황에게 문안을 드리기 위해 모두 50명 남짓을 이끌고 도쿄로 상경한다. 그때의 대우는 다음과 같았다. 1) 시모노세키 도착부터 그곳을 출발할 때까지는 모두 황실 대우, 2) 시모노세키로부터 도쿄까지의 기차는 임시 황실용 열차를 준비한다, 3) 도쿄의 숙소는 가스미가세키(霞關) 이궁, 아이치(愛知)에서는 나고야(名古屋) 이궁(즉 나고야성)을 이용한다, 4) 도쿄역에 도착할 때는 황족, 총리대신, 궁내대신 외 각료와 친임관들이 출영한다, 5) 도쿄역에서 숙소까지는 황족의 공식 행렬을 편성한다, 6) 이궁에는 의장위병(儀仗衛兵)을 배치하고 구내는 황궁 경찰관이 경위(警衛)한다. 나시모토노미야케는 이러한 대응을 보고 이왕가와의 인척관계를 더욱 강하게 원하게 됐을 것이다.

민족이라는 틀까지 벗어나며 신분을 중시한 것은 나시모토노미야케뿐만이 아니다. 1931년 11월에 방일한 이디오피아 황제의 친족 리지 아라야 아베바 공(公)이 일본인과의 결혼을 희망했을 때 다수의 여성이 손을 들었기 때문이다. 최종적으로 화족의 딸인 구로다 마사코(黑田雅子)가 혼담을 얻어 내게 됐는데, 복잡한 국제 정세에 처한 이디오피아 측이 난색을 표하는 바람에 이 이야기는 당사자들이 한번 만나는 일도 없이 유야무야됐다.

피할 수 없는 「황실전범」 수정

나시모토노미야케의 발의에 의한 이은과 마사코의 혼담은 궁내성과 데라우치 총독을 끌어들여 이왕가에 전해지며 마침내 현실성을 갖게 되었다. 그러나 왕공족이 황족인가 화족인가 하는 분명한 구분이 없으면 이 계획은 황실전범 위반이 될 수도 있었다.

그래서 전술한 바와 같이 이토 미요지가 이 혼담을 실현시키기 위해서라도 「왕공가궤범」을 제정하여 왕공족의 신분을 법적으로 규정할 필요가 있다고 주장한 것이다. 하지만 궤범안은 추밀원의 비판을 받아 1918년 시점에서는 제정되지 못했다. 단, 추밀원은 결혼의 실행에 대해서는 찬동했고, 왕공족을 황족으로 간주하는 것이 아니라 「황실전범」을 증보함으로써 황족 여자가 왕공족에게 출가하는 것을 인정하는 대안을 제시했다.

그러나 왕공족을 황족의 범주 내에 있는 신분으로 법적으로 규정하고자 했던 제실제도심의회의 이토와 히라누마 등은 이 안에 완강히 반대했다. 황족 여자의 혼처에 일부러 왕공족을 추가하는 행위는 왕공족이 황족의 '동족'이 아니라고 명시하는 것과 같았기 때문이다.

이렇게 해서 혼담은 다시 정체됐다. 하지만 이 계획은 천황의 말씀이라는 형식을 가지고 있었고, 이왕가로서도 그것을 기쁘게 받아들였기 때문에, 이제 와서 그만둘 수는 없었다. 예를 들면 하타노 궁내대신과 하라 다카시 총리는 "생각을 이왕가에 전하시고, 이왕가에서 기쁘게 맞이한다는 뜻으로 응답했다면, 이제 와서 바꿀 수 없다", "이왕가에 생각을 전하신 이상에는, 이것은 절대적으로 변할 수 없는 것으로 실행하는 것이 마땅하다"(『하라 다카시 일기』 1918년 10월 8일)고 하고 있다.

그래서 정부와 궁내성은 제실제도심의회의 반대를 무릅쓰고 「황실전범」을 증보하는 길로 방향을 바꿨다. 그러나 황실전범은 메이지헌법에 견줄 국가의 최고 법규였다. 증보하는 것은 용이하지 않고, 복잡한 절차를 거쳐야 했다.

1918년 10월 26일, 「황실전범」 제39조에 "황족 여자는 왕족 또는 공족에게 출가할 수 있다"는 한 문장을 추가한다는 궁내성의 증보안이 자문을 받기 위해 우선 추밀원에 이송됐다. 이 안은 10월 28일의 추밀원 심사위원회에서도, 11월 1일의 임시 추밀원 본회의에서도 만장일치로 가결됐다.

황족회의 소집과 봉폐봉고제

다음으로 증보안은 황족회의에 상정됐다. 황족회의는 섭정의 설치나 황족의 처분, 「황실전범」의 개정·증보 등 황실의 중대한 안건을 심의하기 위해 천황의 칙명에 근거해 열리는 회의다. 성년 이상의 황족 남자가 구성원이고, 황실전범에 관해 논의하는 경우는 3분의 2 이상의 정족수가 필요했다. 따라서 구레(吳)에서 군함에 승조 중인 후시미노미야(伏見宮) 히로요시(博義)왕, 에타지마병학교(江田島兵學校) 재학 중인 야마시나노미야(山階宮) 다케히코(武彦)왕, 가나자와(金澤) 제7연대 대대장인 히가시쿠니노미야 나루히코(稔彦)왕 등 지방에 있는 황족을 소집하기 위해 급전(急電)이 내려갔다.

11월 2일 이른 아침에 후시미노미야 사다나루(貞愛)친왕, 간인노미야(閑院宮) 고토히토(載仁)친왕, 나시모토노미야 모리마사왕 등 다수의 황족을 비롯해 하라 총리, 야마가타 아리토모 추밀원 의장, 마쓰카타 마사요시 내대신, 요코타 구니오미(横田國臣) 대심원장(大審院長), 하타노 궁내대신, 구라토미 유자부로 회계심사국 장관 등이 궁중에 있는 히가시다마리(東溜)의 방으로 참내(參內)했다. 다이쇼천황도 오기마치 사네마사(正親町實正) 시종장과 우치야마 고지로(内山小二郎) 시종무관을 대동하고 나와 정면의 황좌(皇座)에 자리했다. 의장인 후시미노미야 사다나루친왕이 개의를 선포하자, 야마가타 추밀원 의장이 지금까지의 경과를 보고하고 증보안을 낭독했다. 천황, 황족 모두 이의 없이 만장일치로 가결됐다.

이어 다이쇼천황은 11월 28일에 궁중의 현소(賢所), 황령전(皇靈殿), 신전(神殿)에서 황실전범 증보를 알리는 봉고제(奉告祭)[8]를 거행하고, 동시에 장전(掌典)인 가와바타 긴아쓰(川鰭公篤), 나가타니 노부미치(長谷信道), 가라스마루 미쓰마사(烏丸光大)를 각각 이세신궁(伊勢神宮), 야마토(大和) 우네비(畝傍)의 진무(神武)천황 산릉(山陵), 후시미모모야마(伏見桃山)의 메이지천황 산릉에 칙사

8 신(神)이나 능(陵)에 특별한 사건을 고하는 제사.

로 파견해 봉폐봉고제(奉幣奉告祭)[9]를 행했다. 이리하여 비로소 「황실전범」의 증보가 실현되고, 이는 관보 호외판으로 일반에 전해졌다.

12월 1일, 도쿄에 체재 중인 고쿠부 쇼타로(國分象太郎) 이왕직 차관이 플록코트의 예장(禮裝)을 하고 아카사카 아오야마키타마치(靑山北町)의 나시모토노미야 저택을 방문해, 이왕을 대신해서 정식으로 혼인을 제의했다. 12월 3일에 교토에서 집에 돌아온 모리마사왕은 다음 날 아자부(麻布) 도리이자카(鳥居坂)의 왕세자 저택으로 특사를 파견해 수락의 뜻을 전달한다. 그 후 12월 5일에 칙허가 내려지고, 8일에 결납(結納)[10]을 하고, 13일에는 다음해 1월 25일에 식을 거행하는 것으로 정식으로 결정했다. 이때쯤이면 신문지상에는 "동화(同化)의 좋은 모범", "내선동화 상에 일대 자극"(〈경성일보京城日報〉 1918년 12월 7일, 18일)이라는 글귀가 춤추듯 기사로 올라온다. 단, 그러한 표현이 혼인 계획의 본질을 반영하고 있는 것은 아니었고 사후의 해석에 지나지 않는다는 것은 이미 앞에서 살펴본 그대로다.

부친의 복잡한 생각

이왕직 사무관 곤도 시로스케에 의하면, 이은의 아버지 이태왕

9 신이나 능에 예물[幣]을 바치고 특별한 사건을 고하는 제사.
10 약혼의 증거로 예물을 교환하는 일.

은 황족으로부터 신부를 맞아 인척관계를 맺으면 이왕가의 평안과 무사로 연결되기 때문에 하루라도 빨리 식을 거행하자고 고미야 미호마쓰 이왕직차관에게 독촉했다고 한다. 왕공족은 '황족의 예'로 대우받고는 있었지만 황족과 동렬에 있다는 법적 근거를 갖추고 있었던 것은 아니었기 때문에 이와 같이 발언했다고 해도 이상한 일은 아니다. 이 외에도 당시의 신문이나 잡지 등에서는 이태왕이 혼례 의식을 기대하면서 결납품이나 결혼 의장(衣裝)의 조달에 대해서도 몸소 지시하고 있다고 보도됐다.

그러나 이와 정반대의 의견도 있었다. 이왕직의 왕세자부사무관 고희경은 이번 혼담을 조선의 유생들은 그다지 기뻐하지 않고 있으며 그것은 이태왕도 마찬가지라고 왕세자고문인 구라토미 유자부로에게 말하고 있다. 구라토미는 이에 대해 이해를 표시하고, 일본에서도 황족을 왕족에게 출가시키는 것에 분개하는 자가 있다고 말했다. 제1장에서 본 것처럼 이태왕은 병합 이전에 항일적인 활동을 전개한 바 있다. 일본인을 혐오하는 것도 당연한 일일 것이다.

곤도와 고희경의 증언은 상반되지만, 양립할 수 없는 것은 아니다. 부친의 감정으로는 사랑하는 자식의 비를 일본으로부터 맞이하고 싶지 않지만, 제국 일본 안에 이왕가를 유지해 가기 위해서는 황족과의 혼담을 원했다고 볼 수도 있는 것이다.

가를 지킨다는 요인 때문에 생긴 이러한 상반되는 감정이 병존하는 마음은 나시모토노미야케도 같았을 것이다. 모리마사왕은

1920년 4월 결혼 당시의 이은(영왕, 왼쪽)과 마사코(이방자).

혼담이 성취될 경우 마사코가 조선에서 살게 될까 우려해, 그에 대해 궁내대신에게 질문했다. 이왕가와의 인척관계를 바라면서도 가능하다면 딸의 거처는 일본으로 하고 싶었던 것이다.

이은과 마사코의 혼담은 황실전범 증보라는 큰 장애물을 넘어 점차 현실화하는 것으로 보였다. 그러나 예식이 4일 앞으로 다가온 1919년 1월 21일에 갑자기 이태왕이 승하해 재차 진전이 미루어졌다.

이은이 상(喪)을 입는 기간에 대해 이왕과 조선 귀족, 유생들은 조선 전통의 3년상(햇수로 3년이고 실제로는 2년이 조금 넘는다)을 주장했다. 그러나 다이쇼천황이 빠른 기간 내에 결혼식을 치를 것을 소망했고, 그에 대해서는 이왕도 같은 생각이었다. 이러한 이유로 이은은 황족과 마찬가지로 1년간 상을 입고, 탈상하는 다음해 4월 28일에 혼례를 올렸다. 결혼과 동시에 마사코는 왕세자비로 왕족이 됐다. 단, 「왕공가궤범」의 제정 전이었으므로, 책립조서의 해석에 근거하여 왕족이 된 데 지나지 않았다.

왕세자 후사 이진 탄생

결혼 직후인 1920년 6월 9일, 예식 당일에 폭탄 투척 미수사건이 있었다는 사실이 신문에 대대적으로 보도됐다. 주범은 세이소쿠(正則)영어학교 4년생인 서상한(徐相漢)이었다. 그는 이 결혼이 조선 독립에 장애가 된다고 생각하여, 예식을 혼란하게 만들기 위해 폭탄으로 소동을 일으키려 했다. 이은과 마사코에게 위해를 가할 생각은 없었고, 제3대 조선 총독에 취임한 사이토 마코토를 표적으로 삼았다고 한다. 서상한에게는 폭발물단속벌칙 위반으로 징역 4년(추가로 금고 4년), 사정을 모른 채 폭약의 제조를 도운 미성년자 우에무라 긴사쿠(植村金作)와 이마이 이쿠로(今井幾朗)에게는 총포화약류단속법 위반으로 벌금형이 내려졌다.

그러나 왕세자 저택에서는 바깥의 소동과는 반대로 평온한 하루하루가 지속됐다. 마사코는 이 당시에 대해 "꿈같은 행운의 나날… 진부한 말일지도 모르지만 그렇게, 그렇게밖에 표현할 수 없는 신혼생활이 지나갔습니다"(『흐르는 대로』)라고 술회한다. 1920년 말에는 신체의 변화를 느끼고, 전의(典醫)의 진단으로 임신 사실을 알게 됐다. 임신 5개월과 9개월의 착대식(着帶式)[11]을 무사히 마치고, 1921년 8월 18일 오전 2시 35분에 남아를 출산한다. 8월 24일에는 이왕이 정한 이름이 이재극 이왕직장관에 의해 도쿄로 보내지고, 아이는 진(晉)이라고 명명됐다.

이진은 왕족의 아들로 탄생했지만, 태어나면서 왕족이 된 것은 아니다. 이때는 왕공족의 아들은 곧 왕공족이라고 규정한 「왕공가궤범」이 아직 제정되지 않았기 때문이다.

전술한 대로 책립조서에는 1) 왕공족의 비를 각각 왕비, 태왕비, 왕세자비 및 공비로 삼는 것과, 2) 왕과 공의 존칭을 세습할 권리가 명기되어 있었다. 이에 따라 마사코처럼 「왕공가궤범」이 제정되는 1926년 12월 이전에도 새로이 왕공족이 된 사람이 있기는 했다. 이진의 경우도 이왕과 이은이 차례로 사망해 왕의 존칭을 계승하게 되면 2)에 따라 왕족이 될 수 있었지만, 그렇지 않으면[아버지와 할아버지가 다 생존한 상태에서 왕족이 되려면—옮긴이] 「왕공가궤범」의 제정을 기다려야 했던 것이다.

따라서 이진은 왕세자 이은의 아들이라 해도 그에 대한 대우는 일반 신민과 동일하지 않을 수 없었다. 다이쇼천황은 이를 피하기 위해 이진의 탄생과 동시에 조서를 공포하여, 응급조치로써

11 임신 개월수에 맞는 복대(腹帶)를 두르고 이를 축하하는 의식.

"왕세자의 계사(系嗣)[12]에게 전하의 존칭을 사용하게 한다"고 선언했다. 이에 따라 이진은 경칭이 부여되고 고귀한 존재로 예우받게 되었다. 그렇다고 해도 결국 왕족으로 간주되는 것은 아니었으므로, 조서의 문장도 "왕세손(王世孫)"이 아니라 "왕세자의 계사"라 했다.

1922년 4월 23일, 이은 일가와 구라토미 유자부로 왕세자고문, 고희경 왕세자부사무관, 고야마 젠(小山善) 왕세자부전의(王世子附典醫) 등 이은 일행은 형인 이왕에게 결혼 보고를 올리는 근현식(覲見式) 등을 이행하기 위해 경성으로 향했다.

의식은 당초 양장 차림으로 실시할 예정이었지만, 조선 귀족들의 반대로 조선 전통 양식으로 행해졌다. 이은은 용포(龍袍)라고 하는 비색(緋色)의 상의와 관을 착용하고, 마사코는 대례복(大禮服)인 적의(翟衣)를 입고 머리에는 다른 사람이 떠받쳐 주지 않으면 걸을 수조차 없을 정도의 무거운 가체(加髢)를 썼다.

행사는 2주간에 걸쳐 진행됐고, 마지막 날인 5월 8일에는 창덕궁 인정전에서 만찬회가 개최됐다. 만찬회가 끝나고 이은 부부가 침전이 있는 덕수궁 석조전으로 되돌아가고 나서, 사쿠라이 류코(櫻井柳子)가 놀란 얼굴로 이진의 이변(異變)을 급하게 알려왔다. 그 자리에서 전의와 조선총독부 의원(醫院)의 시가 기요시(志賀潔) 원장이 이진을 진찰했다. 구토와 설사를 거듭하고 있었다. 하

12 후사(後嗣), 후계자.

지만 용태는 전혀 좋아지지 않았고, 다음 날 오전 4시에는 체온이 38.4도까지 올라갔다.

5월 11일, 왕세자고문 구라토미의 지시에 따라 배설물을 눈으로 검사했지만 중독 증상은 보이지 않았다. 뒤에 합류한 소아과 개업의 이케다 스에오(池田季雄)는 몸속에 수분이 결핍하여 간이 건조해지고 있다고 판단하고, 위 부위에 얼음주머니를 대서 토기를 진정시키고 수분을 공급할 것을 권했다. 그러나 시가는 이 요법에 반대하고 식염수를 주사하는 데 그쳤다. 이것이 원인인지 알 수 없지만, 같은 날 오후 3시경에 이진은 위독해졌고 이은 부부와 시녀가 지켜보는 가운데 사망했다. 만 한 살도 못 되는 짧은 생이었다. 진단서를 작성한 고야마는 병명을 "소화불량"이라고 적었다. 시가는 이케다가 멋대로 신체를 흔드는 따위를 했기 때문에 사망이 재촉됐다며 그의 요법을 비판하고 책임을 전가했다.

조선에서는 국왕의 형제일지라도 어려서 죽는 경우는 장례 의식을 치르지 않고 매장만 할 뿐이었다. 그러나 이왕의 정의(情宜)로 5월 17일에 이왕직 주관의 조선식 장의를 거행하고, 유해는 청량리에 있는 숭인원(崇仁園)의 숲속에 매장했다. 이은의 어머니 엄씨가 잠든 영휘원(永徽園)과 산줄기가 이어진 곳이었다.

구라토미는 이진의 호신용 장도(粧刀)와 장난감을 관에 넣지 말고 도쿄로 가지고 돌아가자고 이은 부부에게 제안했다. 신변 가까운 곳에 예배할 수 있는 시설을 만들고 거기에 그것들을 묻으면 어떨까 생각했기 때문이다. 이 마음 씀에 마사코는 크게 기빼했다고 한다.

8월 11일에 왕세자 지택 정원에 신사(神祠)가 준공되고, 이진의 탄생일인 8월 18일에 백일제(百日祭)를 행했다. 단, 장도는 신사에 어울리지 않기 때문에 집안에 보관하고, 이은 부부는 칼 대신 사진을 봉안하기로 했다. 신사의 건설 비용 4천 엔은 경성에 갈 때 황실에서 받은 1만 엔 중에서 남은 것과, 별도로 마사코가 가진 돈에서 절반씩 내 마련했다. 이왕가 세비에서 염출하지 않은 것은, 이왕직을 통하지 않고 구라토미와 이은 부부 독단으로 신사를 건설한 사실이 외부에 알려지는 것을 피하고자 했기 때문이다.

대망의 둘째 아들 이구

이진 사별 후 마사코는 1923년 봄에 유산을 경험한다. 이은의 형인 이왕도 신체에 장애가 있어서 아들을 얻지 못했기 때문에, 궁내성과 이왕가는 왕위 계승 문제로 고민했다. 「왕공가궤범」 제정 후에는 4대 이내의 공족에 한해 왕의 존칭을 이어 갈 수 있었기에 이왕가의 혈통이 끊기는 것은 일단 피할 수 있게 되었지만, 직계가 2대에 그치는 것은 아무래도 좋은 일이 아니었다.

1927년 1월, 쇼와(昭和)천황으로부터 이은에게 기오이초(紀尾井町)의 기타시라카와노미야 저택을 위한 택지가 증여됐다. 당초는 부지만 예정되어 있었지만, 이왕가 예산으로 저택을 건축할 여유가 없었기 때문에 그에 더해 100만 엔이 하사됐다. 이은 부부는 1930년 3월에 새로운 거처로 이사했다.

전년 10월 18일에 '후굴증(後屈症)'[13] 수술을 받은 마사코는 새 집으로 옮긴 뒤 곧 임신했다. 그러나 4월 19일에 '급성양수과다증'으로 대학병원에 입원해 4월 26일 오후 7시에 또 한 번 유산하고 말았다.

하지만 1931년 5월에 입덧이 나고, 12월 29일 오전 8시 22분에 남아를 출산했다. 출산처에 온 궁내성 사무관 이와나미 다케노부(岩波武信)가 이를 궁내대신에게 알리고, 궁내성 고시(告示)로 분만 결과가 일반에 전해졌다. 대망의 후계자는 다음 해 1월 4일 구(玖)로 명명된다. 「왕공가궤범」 제정 후에 탄생한 이구는 태어날 때부터 왕족이었다.

이태왕이 사랑한 딸 덕혜

이왕가에 속하는 인물로 이은 일가 외에 한 사람이 더 있다. 환갑을 맞은 이태왕이 1912년 5월 25일에 덕수궁 주방에서 일하는 하급 시녀 양춘기(梁春基)와의 사이에서 얻은 여아다. 이왕과 이은의 배다른 여동생에 해당하는 이 아이는 태어난 후 한동안 아지(阿只, 아기라는 뜻)라고 불리다 1921년 5월에 덕혜(德惠)[14]라는 이름을 얻었다.

덕혜는 일단 조선에서 살다가 학령기가 되자 조선에 있는 일본

---

13 자궁후굴증을 말한다. 자궁체의 종축이 자궁경부 종축보다 뒤로 굽은 증세로, 임신이 어렵고 임신하더라도 유산이나 조산하기 쉽다.

14 조선식 봉호는 덕혜옹주(翁主).

인과 소수 조선인 상류계급 자제들이 다니는 경성의 히노데(日の出)소학교에 다녔다. 그 후 1925년 3월에 도쿄로 와서 이은 일가가 사는 도리이자카의 저택으로 이사하고, 4월에 여자가쿠슈인(女子學習院) 본과(本科)에 편입했다. '헌정(憲政)의 신(神)'으로 알려진 정치가 오자키 유키오(尾崎行雄)의 딸 유키카(雪香)가 덕혜의 동창이었다. 유키카에 의하면 덕혜는 말수가 적고 운동회에서는 항상 꼴찌를 하는 딱한 모습이었다고 한다.

덕혜가 태어날 때 조선 총독이던 데라우치 마사타케는 와타나베 지아키(渡邊千秋) 궁내대신에게 보낸 전보에서, 이태왕은 1대에 한하는 특수한 신분이기 때문에 여아를 황실친족령에 준해 취급할 필요는 없을 것이라고 말했다. 그런 까닭에 덕혜는 「왕공가궤범」이 제정되고 나서도 왕족이 되지 못할 가능성이 높았다. 그러나 이태왕은 만년에 얻은 사랑하는 딸을 왕족으로 삼기 위해 고심했고, 이리저리 손을 쓰고 데라우치 총독에게도 로비를 했다. 그것이 성공했는지, 「왕공가궤범」에는 오직 덕혜 한 사람을 위해 "고(故) 이태왕의 자식으로서 왕가에 있는 자는 이를 왕족으로 삼는다"라는 특별한 규정이 마련됐다. 이렇게 해서 덕혜는 「왕공가궤범」의 제정과 동시에 왕족이 됐다.

단, 덕혜는 왕족의 직계가 아니었기 때문에 경칭은 '전하'가 아니라 '히메(姬)'였다. 이에 대해 일본인으로는 처음으로 이왕직장관이 된 시노다 지사쿠(篠田治策)는 "전하라고 말씀드리지 못하는 것이 심히 유감이다"(「왕공가궤범에 대하여王公家軌範に就て」)라고 불만을 토로한다.

덕혜의 어머니 양춘기는 왕족이 되지 못했다. 그 이유는 이태왕이 1대에 한하는 특별한 신분이며, 게다가 그의 정실이 아니었기 때문일 것이다. 이태왕의 측실 엄씨도 왕세자 이은의 어머니였지만 양씨와 마찬가지로 왕족이 되지 못했다.

양춘기는 유방암으로 1929년 5월에 조선 나이 48세로 세상을 떠났다. 그 이후 덕혜의 내향적인 성격이 더욱 심해지고, 마침내 학교에도 나가지 않는다. 밤에는 심한 불면증으로 갑자기 방 밖으로 달려 나가는 등 기행을 보였고, '조발성치매증(早發性痴呆症, 조현병)'이라는 진단을 받았다. 시동생으로서 그녀에게 도움을 주고 있던 마사코는 이미 진행되고 있던 쓰시마번주의 자손인 소 다케유키(宗武志) 백작과의 혼담이 무효가 되는 것은 아닌가 걱정했는데, 1931년 5월 8일에 예정대로 결혼식이 거행되어 덕혜는 왕족에서 화족이 되었다.

소 다케유키와의 결혼까지

이 결혼이 누구의 발의였는지는 알 수 없다. 예를 들면 마사코는 자신들의 결혼과 마찬가지로 "총독부로서는 왕공족을 일본에 힘껏 동화시킴과 함께, 순수한 왕가의 피에 일본인의 피를 섞는 것을 통치의 요체로 삼는 것이었습니다. (…) 이번에는 단 하나뿐인 시동생 덕혜 씨에게 손을 뻗쳐 온 것입니다"(『흐르는 대로』)라고 말하고 있다. 그러나 마사코와 이은의 경우가 그러했듯이, '일

결혼 후인 1931년 가을 소 다케유키(왼쪽)와 함께 시가가 있는 쓰시마를 찾은 덕혜.

선융화'를 목적으로 한 국가 주도의 정략결혼이라는 결론을 내리기는 좀 섣부르다.

마사코는 동화 정책이라고 추측하면서, 다른 한편에서는 병의 악화로 혼담이 백지화되려 할 때는 "경삿날이 언제 오는 것일까…"라고도 썼다. 내심으로는 소 백작가와의 결합을 원하고 있었음을 엿볼 수 있다. 그 이유는 가의 연결이라는 측면에서 볼 때 이왕가에게 이 혼담이 반드시 나쁜 것이 아니었기 때문이다.

조선에서는 일족의 발상지를 본관(本貫)이라고 하고, 본관과 성이 같은 자는 부계 혈연관계로 연결된 동족으로 간주한다. 동족끼리의 결혼은 유교 전통에 따라 금지됐고 그것은 왕공족도 마찬가지였다. 그러므로 전주이씨로만 구성된 왕공족의 경우 여성의 혼처는 반드시 다른 신분, 즉 황족, 화족, 조선 귀족, 일반 신민 중 어느 쪽이어야 했다.

단, 황족이 왕공족을 비로 맞이할 가능성은 낮았다. 사실 「황실전범」 제39조를 증보할 때 궁내성이 당초 작성한 안에는 황족이 왕공족에게 시집은 가더라도 장가는 가지 못한다는 주석이 붙어 있었다. 이 문구는 최종적으로는 삭제됐지만, 조선인의 피를 황족에게 집어넣지 않는다는 생각이 궁내성에 있었다고 봐도 틀림이 없다(『스이우소 일기翠雨莊日記』).

그렇다면 덕혜의 혼처로 가격(家格)이 가장 높은 것은 화족 아니면 조선 귀족이었다. 조선 귀족 중 1931년 시점에서 소 백작가와 동등하거나 그 이상의 작호를 가진 가는 10개가 있었다(표 2-3 참조). 이 가운데 이달용(李達鎔), 이재각(李載覺), 이해창(李海昌), 이해승(李海昇), 이영주(李英住)는 이왕가와 같은 전주이씨이므로 혼인의 대상이 될 수 없다. 그 외에 덕혜의 배우자로서 연령상 적당한 것은 이병길[15] 정도였을 것이다. 그러나 그는 이미 이인영(李仁榮)의 장녀와 결혼했고, 1929년까지 적어도 3명의 딸을 두고 있었다.

15 1905~1950. 이완용의 차남인 남작 이항구의 장남으로, 이완용 장남 이승구(李升九)가 사망하자 1914년 이승구의 사후 양자가 되고 1926년 2월 이완용 사망 후 후작 작위를 이어받았다.

[표 2-3] 백작 이상의 조선 귀족(1931년 현재)

작호	당주
공작(0)	「조선귀족령」에 규정은 있으나 수작자 없음
후작(7)	이달용(李達鎔, 1883년생, 전주이씨)
	이재각(李載覺, 1874년생, 전주이씨)
	이해창(李海昌, 1865년생, 전주이씨)
	이해승(李海昇, 1890년생, 전주이씨)
	윤택영(尹澤榮, 1876년생)
	박영효(朴泳孝, 1861년생)
	이병길(李丙吉, 1905년생)
백작(3)	이영주(李永住, 1928년생, 전주이씨)
	송종헌(宋鐘憲, 1876년생)
	고희경(高羲敬, 1873년생)

후계자로 눈을 돌려 보면 어떨까? 후작 윤택영은 집안이 파탄 났을 뿐만 아니라(제1장 참조), 자식인 윤홍섭이 독립운동에 관여하는 등 가정 환경이 복잡하고, 박영효 후작가의 박일서(朴日緖), 송종헌(송병준의 아들—옮긴이) 백작가의 송재구(宋在龜), 고희경 백작가의 고흥겸(高興謙)은 기혼이었다. 결국 덕혜의 결혼 상대는 조선 귀족 중에서는 자작 이하밖에는 가망이 없었다.

다른 한편, 소 백작가 입장에서 봐도 이 혼담은 나쁜 것이 아니었다. 소 다케유키는 1908년에 구로다 요리유키(黑田和志)와 레이코(鏻子)의 막내아들로 태어났다. 구로다가는 어머니의 친정이며, 지바(千葉)현의 구루리(久留里)번주로서 화족이 된 가문이다.

당주인 레이코의 오빠가 은거한 후에 쓰시마의 소가(宗家)의 요리유키가 데릴사위로 들어와 구로다 자작가를 잇고 있었다.

다케유키가 15세 때 소 백작가의 당주 시게모치(重望, 요리유키의 조카)가 사망했다. 이때 소가에는 막대한 빚이 있었기 때문에, 유복한 다른 집에서 양자를 맞아들여 호주의 지위를 물려주고 재산을 정리해야 한다는 의견이 있었다. 그러나 나가토메 고타로(永留小太郎)라는 쓰시마 출신의 독지가가 옛 번주들이 주장하는 혈통 존중설에 찬동하여 사재(私財)를 제공한 덕에, 시게모치의 사촌에 해당하는 다케유키가 백작가를 계승하기로 결정되었다. 이와 같이 소가는 백작가였지만 파탄의 위기를 간신히 피한 상황이었다. 게다가 다케유키는 아직 중학생이어서 기울어진 집안을 지탱하기에는 너무 어렸다. 도쿄제국대학을 졸업함과 동시에 결혼이라는 방편으로 재정적인 후원자를 얻는 것은 자연스러운 흐름이었다고도 할 수 있다.

다케유키는 결혼 직후인 1931년 10월부터 11월에 걸쳐 덕혜를 데리고 쓰시마에 귀성(歸省)한다. 이때 덕혜는 관계자 앞에서 기이한 소리를 내거나 자지러지게 웃는 "병적인 거동"을 보였다. 이것을 목격한 다케유키의 양부 히라야마 다메타로(平山爲太郎)는 "백작의 마음속이 실로 어떨까. 극히 한탄스럽다"(『덕혜 히메德惠姬』)고 일기에 적었다.

전술한 대로 마사코는 덕혜가 발병하자 결혼이 수포로 돌아갈까 걱정했다. 이로부터 소가에도 덕혜의 질병이 알려져 있었음을 엿볼 수 있다. 그럼에도 다케유키는 혼담을 깨지 않았다. 히라야마도 일기에 원통함을 기록했지만 인연을 끊어야 한다고 하지는 않았다. 소 가문을 지키기 위해서 당주가 감당하지 않으면 안 되는 일이며, 그것은 관계자 사이에서도 공유된 생각이었을 것이다.

덧붙여 말하면, 1931년의 이왕가 예산 요강에는 "소가 가계비에 대해서도 특별히 원조할 생각이 있으므로 정례 보급금(補給金) 가운데 상당액을 계산하여 올린다"고 명기돼 있다. 이왕가의 예산에서 정례 보급금은 오랫동안 9만 엔 수준을 이어 갔는데, 1927년부터 감액되어 1930년에는 8만 6,620엔이 됐다. 하지만 덕혜가 결혼한 해에는 9만 9,220엔으로 증가하고, 그 후 4년간은 9만 2,180엔을 유지한다. 이 차액의 일부 또는 전부가 이왕가가 소가에 지급하는 '원조'였다.

Ⅱ 이강공가: 품행 불량한 초대 당주, 빈궁한 후계자

왕비 민씨 암살사건 후 일본으로 도피

이강공가의 일원으로서 한국 병합 시에 공족이 된 것은 의왕 이강과 그 비 김씨다.

이강은 1877년 3월 30일에 고종(이태왕)과 측실 장씨 사이에서 태어났고, 유명은 평길(平吉)이라고 했다. 한국 병합에 의해 이왕이 된 이복형 이척(순종)과는 세 살 차이다. 조선왕조의 관례로는 국왕의 서자는 세자가 10세가 될 때까지는 궁중을 방문해 문

[표 2-4] 이강공 가계도

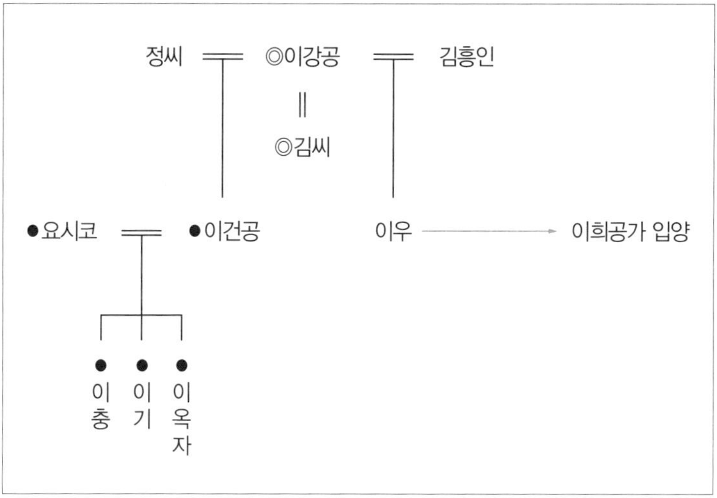

◎ 1910년 당시 공족 ● 1926년 이후 공족

후를 드릴 수 없었다. 고종의 증언에 의하면 그 때문에 이강은 제25대 국왕 철종의 사위인 박영효 아래서 양자처럼 길러졌다고 한다.

이강은 이척이 10세가 되고 나서도 조부 이하응의 반대로 인해 좀처럼 왕자로 책봉되지 못한 채 평민 생활을 해야 했다. 그러면서 이강은 마음이 거칠고 소행이 어지러워져 "시정의 무뢰"와 교제하게 됐다. 간신히 의화군(義和君)이라는 봉호를 얻어 궁중에 들어가 문후를 드릴 수 있게 된 것은 조선 나이로 열여섯 살 된 1892년 1월 28일의 일이었다.

1895년 10월 8일에 고종비 민씨가 암살되는 사건이 발생한

이강(의왕, 오른쪽)과 부인 김씨.

다.[16] 이강은 그다음 날 릴리어스 호튼 언더우드의 집을 찾아가 숨겨 달라고 부탁했다. 릴리어스는 명문으로 이름난 연세대학교의 전신에 해당하는 연희전문학교(延禧專門學校)를 세운 호레이스 그랜트 언더우드의 부인이다. 이강은 한동안 이 치외법권 구역인 미국인 선교사 집에서 지내다 10월 27일 오전 10시 반에 아사히마루(朝日丸)에 승선, 출국했다. 이강은 실은 그 2개월 전에 이미 독일, 러시아, 프랑스 등 유럽 각국을 돌아보는 특파대사로 임명돼 있었지만, 암살사건 직전인 10월 2일에 자원하여 관

16 을미사변(乙未事變). 2년 뒤 대한제국이 성립하며 민비는 명성황후(明成皇后)로 추존(追尊)된다.

직에서 물러났다. 하지만 사건 5일 후에 다시 특파대사 신분으로 구미(歐美)를 순회하라는 명을 받아, 우선 일본을 향한 여정에 오른 것이다.

이 출국의 배경에 대해 아버지인 고종은 다음과 같이 설명한다. 즉, 이강은 불우한 유년기를 강요한 이하응과 그 일가(아들 이희李熹와 손자 이준용李埈鎔)에 대해 증오를 품고 있었고, 민씨가 살해된 것도 그들의 음모라고 생각하고 있었다. 그래서 복수를 생각하고 있었지만, 계획이 세상에 드러나 거꾸로 이하응이 보낸 수십 명의 경찰에 쫓기고 궁지에 몰리고 말았기 때문에 국외로 도망했다는 것이다.

11월 8일, 조선 정부는 이강에게 전보를 보내 귀국하라고 명령했다. 그러나 이강은 황제의 칙명이 아니면 응할 수 없다고 거절하고 시바산나이(芝山內, 시바공원)의 여관으로 들어갔다. 이로 인해 11월 19일에 특파대사 직에서 해제되고, 그 뒤에는 유학생 신분으로 체류했다.

도쿄에서 이강의 생활은 결코 모범적인 것이 아니었다. 세관취조(稅關取調)의 직임으로 요코하마(橫浜)에 체재하고 있던 신재영(申載永)이 귀국 전에 그에게 인사하기 위해 방문했을 때는 그의 상투를 베어 내는 방약무인한 행동을 보였다. 이강의 주변에는 단발하고 양장을 한 게이오의숙(慶應義塾)에 적을 둔 유학생이 많았다. 그래서 이른바 '모던'한 스타일에 감화된 듯하다. 조선 전통의 복장으로 나타난 신재영에 대해 이강이 "저들(유학생)과 같은 모습으로 고치는 것이 어떤가?" 하고 물었다. 귀국하기 전이므로 다음에 올 때는 산발을 할 것이라고 신재영이 대답하자 이강은 웃음을 지으며 "귀국한다고 해서 무슨 지장이 있는가?" 하며, 왼손으로 상투를 쥐고 가지고 있던 일본도를 쥔 오른손으로 상투를 단번에 잘라 버렸다(〈요미우리신문讀賣新聞〉 1895년 12월 10일).

이 직후인 1896년 1월 28일, 고종의 부탁으로 후쿠자와 유키치(福澤諭吉)가 이강의 감독 역을 담당하게 됐다. 그러나 이강의 태도는 고쳐지지 않았고, 밤에는 놀러 다니고 낭비도 극심해 후쿠자와의 골치를 썩였다. 그로부터 시간이 조금 지나 이강은 고종에게 미국 유학의 명을 받는다. 이는 난봉을 그만두게 하려는 의도도 있었겠지만, 중요한 목적은 정권 전복 모의에 왕실 관계자가 이용되는 것을 막기 위한 것으로 생각된다.

이 시기의 조선왕조는 친일파와 친러파가 격렬하게 대립하는 혼돈 상태였다. 재 조선국 특명전권공사 미우라 고로(三浦梧樓)와 친일 개화파가 결탁해 러시아 쪽에 선 왕비 민씨를 살해하자, 고종은 러시아 공관으로 도망했다(아관파천俄館播遷—옮긴이). 그 후 친러파가 정권을 잡고 친일 개화파는 살해되거나 일본으로 망명했다. 이강은 일본으로 도망한 친일 개화파, 특히 박영효와 친했기 때문에 고종과 친러파 각료는 그를 달갑게 여기지 않은 것이다.

분방한 미국 생활

이강은 1897년 5월 22일에 요코하마를 떠나 미국으로 출발했다. 연말에는 요코하마에 있는 친구에게 "미국에는 나를 아는 친구가 없어서 매일 불쾌하고, 조금이라도 빨리 일본으로 돌아가고 싶다"(〈요미우리신문〉 1897년 12월 25일)는 전보를 보낸다. 다음 해 5월에 일단 요코하마로 돌아온 후 다시 미국으로 건너갔고, 1901년에는 버지니아주의 로노크 칼리지에 재학했다.

미국에 와서도 이강의 분방한 생활 방식에는 변화가 없었다. 알려진 것만도 3명의 여성(앤디 그레이엄, 클라라 본, 메리 보분스)과 연애했다는 이야기가 현지 미디어에 보도됐다. 또 1903년 3월 1일자 〈뉴욕 헤럴드〉지에는 이강이 발표한 "미국의 자유와 미국의 독립에 매료되어 조국의 왕관을 포기한다"는 성명이 게재됐다. 놀랄 만한 발언이지만, 한국 병합 후 그의 행동을 보면 충분히 수긍할 만하다. 후술하는 바와 같이 이강은 '자유'를 위해 공족의 신분조차 버리려고 했기 때문이다.

미국 생활을 마친 이강은 1905년 2월 이래 모국으로 돌아가지 않고 요코하마에 살았다. 일본 정부에게 이강의 존재는 대한제국의 의심을 살 수밖에 없기에 귀찮은 존재에 다름 아니었다. 그래서 주한 특명전권공사인 하야시 곤스케를 통해 고종황제에게 은밀히 알려, 일본 정부와 이강 사이에는 어떠한 관계도 없고, 진퇴에 대해서는 어떻게든 황제의 희망에 따라서 대처하겠다고 말한다.

이에 대해 고종황제는 이강이 미국 유학 중에 평판이 나빴고 학업도 전혀 열심히 하지 않은 것이 유감이라면서, 이노우에 가오루의 감독 하에 3~4년의 유학 생활을 계속 하게 해 달라고 이토 히로부미에게 부탁했다. 단, 이 발언의 진의는 다른 데 있었다고 생각된다. 당시 고종황제의 측실 엄씨는 친자식인 이은이 황태자가 되게 하기 위해 이강의 귀국을 방해하려 하고 있었다. 고종황제가 엄씨의 뜻을 받아들여 이강을 본국에서 멀리 떼어놓았을 가능성이 결코 작지 않다.

그러나 이강은 다음 해 4월에 대한제국으로 귀국한다. 그는 유학 중인 1900년에 의화군에서 의왕으로 격상됐기 때문에 동생인 영왕 이은과 지위 차이는 없었다. 그런데 앞 장에서도 언급했듯, 1907년에 고종이 황위를 넘겨주어 순종이 황제에 즉위했을 때는 이은이 황태자가 됐다. 그 배경에는 이은에게 기대를 품은 이토 통감의 의향이 작용했을 것이다.

일본은 아시아 다른 나라들에 비해 선구적으로 입헌군주제를 실현한 나라이고, 이토는 그 주역이었다. 이웃 나라에 같은 제도를 이식하려 해도 근대적 제도와 사상을 이해하는 군주가 없으면 의미가 없다. 이토가 장유의 순서를 깨면서까지 어린 이은을 황위 계승자로 삼은 것은, 이강이 영명군주가 되리라고 생각하지 않았기 때문일 것이다. 이강은 공부에 열심이 아니었고, 주색을 탐했고, 다액의 부채를 안은 채 몹시 게으른 생활을 하고 있어서, 황위 계승자는커녕 대한제국의 품위를 손상시킬 존재로 간주하고 있었던 것이다(「한국 황족 의화궁 및 이준용에 관한 건韓國皇族義化宮及李埈鎔ニ關スル件」).

그리고 이강의 그러한 생활은 한국 병합 후에도 달라지지 않았다.

거듭되는 상식 밖 행동들

한국 병합과 동시에 이강은 공이라는 존칭을 얻어 이강공으로 공족이 되었다. 이강공가에는 세비가 지급되지 않고 대신에 천황이 내리는 은사공채 84만 엔이 주어졌다. 일가의 경비는 이 공채에서 발생하는 이자 외에 경상남도와 함경남도에 소유한 어업권을 민간에 대여해 마련했다.

이강공은 여전히 조선왕조 시대의 전근대적인 가치관을 갖고 있어서, 고귀한 신분에 있는 자는 멋대로 무엇이든 해도 된다고 생각했다. 그러나 병합 후에는 이왕직에 의해 재정이 관리되고 세부적인 예산이 수립되었기 때문에, 공가의 돈을 그가 자유로이 사용할 수 없었다. 그래서 공족 신분을 거북하게 느낀 이강공은 공가의 고문인 이완용과 조중응에게 이왕직이 자신에게 간섭하지 못하게 해 달라고 요청했다. 조선총독부의 자문기관인 중추원의 고쿠부 쇼타로 서기관장은 이러한 거동을 보고 "이강공의 비상식적인 행동은 거의 고질이고, 도저히 개선의 희망이 없다고 볼 수밖에 없다"(「이강공에 관한 서류李堈公に關する書類」)고 혹평했다.

이강공이 공가의 자금을 사용할 수 없다고 해서 그저 가만히 있었던 것은 아니다. 이왕직의 승낙을 얻지 않고 돈을 빌려 유흥비에 충당하든가, 사기 행각을 벌여 돈을 모으기도 했다. 그 예로 어업권의 이중 임대를 들 수 있다. 이강공가는 경상남도의 어업권을 1906년부터 20년 계약으로 후쿠오카(福岡) 출신의 가시 겐타로(香椎源太郎)에게 대여해 주었다. 그런데 1914년 11월에 이미 반환을 받은 것처럼 위장해 또다시 부산 변천정(弁天町)에 거주하는 히라노 쓰네사부로(平野常三郎)와 대부계약을 맺고 보증금으로 3천 엔을 받은 것이다.

이러한 이강공의 범죄행위는 그가 거칠고 포악한 무리와 결탁함으로써 풍기가 문란했던 사실과 관계가 있다. 그는 이강공부사무관이 출장으로 경성을 비운 틈에 저택으로 기생을 불러 연회를 개최한다든가, 마음에 들지 않는 사무관에게 총구를 겨누고 위협하는 등 멋대로 행동했다.

또 첩을 각처에 만들어 두었기 때문에 이왕가와 달리 자식이 대단히 많았다. 전후 1958년에 이루어진 조사에 의하면 부인은 18명, 자녀는 28명에 달했다고 한다. 하지만 공족이 된 사람은 2명밖에 없었다. 그 외 다수는 법적으로 자녀로 인지하지 않아 이강공가의 일원이 될 수 없었던 것이 그 이유일 것이다.

이강공을 은거시키기 위한 모색과 좌절

이강공의 거동에 위기감을 느낀 고미야 미호마쓰 이왕직차관은 1914년 12월 3일에 이완용, 민병석, 조중응, 고쿠부 쇼타로 등과 '이강공가 취급 문제'를 협의할 협조자회의를 이완용의 저택에서 개최했다.

우선 고미야가 이강공이 받아들여야 할 사항으로 다음을 제안했다. 1) 야간 외출 금지, 2) 외출 때는 일본인 순사가 동행한다, 3) 첩의 수를 가능한 한 줄인다, 4) 이강공부사무관이나 경찰관이 승인하지 않은 자와 회합 금지, 5) 극성(劇性)의 알코올 섭취 금지, 6) 집안의 운영과 관련하여 협조자회의의 결정에 따른다, 7) 물품을 구입할 때는 이강공부사무관을 통한다. 그리고 이상을 지키지 않을 때는 공의 존칭을 박탈하는 등 최후의 처분을 내리겠다는 의견을 표명했다.

이에 대해 이완용, 조중응, 고쿠부 3명은 그와 같은 "시험적인 방법"으로는 이강공가가 파산할 것이라고 비판했다. 결국 회의의 결론은 이강공의 "병적"인 낭비벽을 바로잡을 전망이 없기 때문에 은거 조치를 취해야 한다는 의견으로 정리됐다.

그러나 이 방침은 법률의 벽에 부딪혀 좌절된다. 이때는 아직 「왕공가궤범」이 제정되지 않아, 이강공의 은거는 일반 신민과 동일하게 민법에 의거해야만 했다. 하지만 민법이 규정한 은거의 조건은 만 60세 이상이었기 때문에, 40세도 채 되지 않은 이강공에게는 적용할 수 없었던 것이다.

섭정 히로히토친왕에 직소

이강공은 건강이 좋지 않은 형 이왕이 이왕가의 제사를 대행하라고 부탁해도 병을 칭하여 거절하고, 게다가 이왕과 이왕비의 탄신 축하연, 신년 연회, 오찬회 등에도 빈번히 결석했다. 그런 반면에 1912년의 메이지천황 장례, 다음 해의 메이지천황 1주기

제, 1916년의 천장절(天長節)[17]과 입태자례(立太子禮)[18] 등 황실에 관계되는 행사에는 이왕의 대리인으로서 적극적으로 참가했다. 메이지천황이 사망했을 때는 왕공족 중에서 단 한 명, 그 혼자 1년간 상복을 입고 상장(喪章)을 달고 생활했다.

이러한 요령 있는 행동은 곧바로 효과를 발휘했다. 이강공은 1919년 11월에 독립운동 단체인 대동단(大同團)의 사기에 걸려 상하이(上海)로 납치될 처지에 놓였다. 그는 압록강 북방에 있는 중국 안둥(安東)현에서 경찰의 보호를 받게 되었고, 사건은 결국 미수로 끝났다. 하지만 공의 존칭을 박탈해도 이상하지 않을 만한 추태였다. 그럼에도 당국은 이강공을 총독 관저 가까운 남산 밑 녹천정(綠泉亭)에 머물게 하는 정도의 조치밖에 취하지 않았다. 하라 다카시 총리대신이 지금까지 이강공이 황실에 대해 취해 온 태도와 "일한병합을 지당하게 생각하는 굳은 결심"(『하라 다카시 일기』 1919년 10월 9일)을 품은 것 등을 높이 평가해, 상당한 대우를 하는 쪽이 조선 통치에 보탬이 될 것이라 판단했기 때문이다.

그러나 이강공은 이전보다 강화되고 엄격해진 감시를 참을 수 없었다. 대동단사건으로부터 겨우 1개월이 지난 뒤에 사이토 마코토 총독에게 진정서를 제출하여, 자신의 생활을 보장해 준다면

17 천황 탄생일.
18 황태자 책봉을 내외에 천명하는 의식.

은거하여 공의 존칭을 버릴 것을 청했다. 이왕직과 이완용 등이 이강공의 은거를 계획하고 있던 같은 시기에, 이강공 자신도 공족으로부터 이탈하기를 희망하고 있었던 것이다.

'자유'를 구하는 이강공의 행동은 서서히 증폭되고, 또다시 사건을 일으킨다. 이강공은 다이쇼천황의 은혼식(銀婚式)에 참석하기 위해 1925년 5월에 도쿄로 상경해, 15일 오전 11시경에 도쿄를 떠나는 작별인사를 하기 위해 아카사카에 있는 동궁의 거소로 들어갔다. 그때 핫토리 마사히코(服部眞彦) 시종무관을 통해 섭정인 히로히토(裕仁)친왕에게 "공을 폐하고 평민이 되고 싶다"(「이강공전하 동정보고李堈公殿下動靜報告」)라는 취지의 진정서를 제출한 것이다. 하지만 섭정은 처리가 곤란하다고 판단해 서류의 처리를 궁내대신에게 맡겼다.

이왕은 사태를 수습하려는 이왕직의 의사를 받아들여 이강공에게 시말서를 쓰도록 명했다. 그러나 이강공은 시종에게 "나는 섭정 전하보다 하위지만, 나도 황족의 말석이므로 배알하는 기회에 이왕직의 불공평한 처사를 말씀드린 것이 무엇이 나쁜가? 시말서를 누가 쓰겠는가?"(위의 문서) 하며 불만을 표출하고 명령에 응하지 않았다. 이강공은 공족이 된 것을 어렵게 여기고 조선 귀족이나 평민이 되고 싶다고 호소하면서도, 황족의 일원으로서 전하라는 경칭을 보유하고 있는 상황을 한껏 이용하고 있었던 것이다.

12월 4일, 사이토 총독은 시말서의 작성에 응하지 않는 이강공을 총독 관저로 호출하여 진정서를 취하하라고 재촉했다. 이강공은 그때까지의 강경한 태도에서 일변해 그에 응했고, "경솔한 태도를 취하여 아무리 생각해도 몹시 황공하고 죄송합니다"(「총독·이강공 회견 시말總督李堈公會見始末」) 하며 솔직하게 잘못을 인정한다. 이렇게 해서 진정서는 은밀하게 처분되고 이강공의 행위는 불문에 부쳐졌다.

그러나 이강공이 당주로서 앉아 있는 동안 공가의 집안 살림은 악화일로였다. 1925년경에는 7명의 첩을 위해 매년 9,200엔이나 되는 경비를 지출해야 하는 상황이었다. 1927년에는 마침내 이왕가로부터 무려 8만 엔에 이르는 보조금을 원조로 받지 않으면 살림을 유지할 수 없는 처지가 됐고, 채무 정리를 위해 병합 시 받은 은사공채를 모두 내다 팔았다.

당국은 이강공의 낭비와 경솔한 행동을 살펴보면서 은거를 위한 법률 정비를 진행했다. 1926년에 은거를 인정하는 조항을 추가한 「왕공가궤범」을 제정하여 이강공을 배제할 수 있는 지반을 다지고, 1930년 6월 12일에야 간신히 은거를 실현시킨다. 단, 은거해도 신민으로 강등하지 않고 공족의 신분과 전하의 경칭은 그대로 유지되게 했고, 이왕가 세비로부터 매년 12만 엔의 생활비를 지급했다.

아버지로부터 부인당한 이건

이강으로부터 공을 승계한 것은 장남 이건(李鍵)이다. 그는

1909년 10월 28일에 이강과 시녀 정(鄭)씨 사이에서 태어나, 용길(勇吉)이라는 유명을 쓰다가 1924년 3월 17일에 건으로 개명했다.

이건은 친모를 만난 기억이 없고, 아버지가 사진을 보여 주며 "이것이 모친이다"라고 하는 걸 들은 일밖에 없다고 한다. 그래서 그는 여하간 자신의 출생을 의심하고 있었다. 이건은 아버지 이강이 대한제국 시대에 일본 여성과 관계를 갖고 아이를 얻었다는 소문을 듣고, "내가 조선인인지 일본인인지조차 분명하지 않다"(「운명의 조선왕가運命の朝鮮王家」)고 말했다.

이건이 그와 같이 생각하는 데는 이유가 있었다. 이강이 자신의 아들 형제 가운데 이건만 조선인을 접하지 않게 기르고, 완구도 옷도 일본 것을 주고, 어릴 때부터 일본어를 배우게 했기 때문이다. 게다가 이강은 이건에게 이상하게 차가웠고, 술에 취하면 언제나 "빨리 일본으로 가 버려", "조선에 오래 있지 마" 하는 폭언을 토해 냈다. 그와 같이 아버지와 사이가 멀어졌기 때문에, 경성에 있는 동안은 금전적으로 어려운 일은 없었지만 "정신적으로 불행했다"(위의 글)고 회고하고 있다.

이건은 1917년에 경성의 히노데소학교에 입학하여 2년 후에는 도쿄로 건너가 가쿠슈인에 편입했다. 「왕공가궤범」 제정 전이므로 아직 공족이 되지 않았기 때문에, 아자부 미나미히가쿠보마치(南日ヶ窪町)의 작은 방을 빌리는 처지였다. 이강공가로부터 송금이 두절되는 일도 많아서 금전적으로 고생했고, 요쓰야(四谷)

에 있는 가쿠슈인까지 가는 전차비를 절약하기 위해 편도는 자주 걸어 다녔다고 한다.

다른 한편, 뒤에 상술하겠지만 동생인 이우(李鍝)는 이희(李熹)공가의 양자가 되어 공을 계승했기 때문에 이미 공족 신분이었다. 이우공이 1922년에 가쿠슈인에 입학하기 위해 도쿄에 왔을 때는 정장을 한 사람들이 출영을 나오고 궁내성에서 보낸 황실용 차량도 준비돼 있었다. 공족인가 여부에 따라 대우에 역력한 차이가 있었던 것이다. 일개 평민에 지나지 않는 이건은 학교에서 이우공을 만나면 경례를 해야 했다.

단, 이왕직이 이러한 처우의 격차를 용인하고 있었던 것은 아니다. 예를 들면, 1922년도 이왕가 예산 서류에서는 "형제간에 하나는 셋방에 거처하고 하나는 자가 저택에 거주한다. 아무리 [이강공가의—저자] 경비가 곤란하다는 사정이 있다고 해도 도저히 그것을 간과할 수 없는 상황"(『왕공족록』 다이쇼 11년[1922])이라고 지적하였다. 이에 따라 이왕직은 이우공의 저택을 요요기(代々木)에 신축함에 맞춰 이건의 집을 그 부지 내에 부설하고자 했다. 하지만 이 계획은 실현되지 못했고, 이건은 1923년에 일단 니시오쿠보(西大久保)로 이사한다. 그 후 1927년에 이강공가의 별저(別邸)가 시부야(澁谷) 도키와마쓰(常磐松)의 황실지에 세워지자 이건도 같은 곳에 살게 됐다. 이우공은 그보다도 2년 전에 같은 곳에 저택을 지어 두고 있었기 때문에, 이때부터 형제가 같은 부지 내에 거주하게 된 것이다.

이강 장남 이건.

히로하시 요시코와의 결혼

가쿠슈인을 졸업한 이건은 1923년 4월에 육군유년학교에 입학하여 육군사관학교 예과(豫科)를 거쳐 1928년 10월에 육군사관학교 본과에 진학한다. 이사이에 「왕공가궤범」이 제정되어 공족이 됐고, 사관학교를 졸업하기 직전인 1930년 6월 은거한 아버지로부터 '공'의 존칭을 계승하여 이건공이 됐다.

그다음 해 10월에 이건공은 히로하시 요시코(廣橋誠子)와 결혼했다. 이 혼담도 외면만 보면 '일선융화'를 목적으로 한 국가 주도의 정략결혼으로 볼 수 있지만, 내실은 그와 다르다. 이건공 자신이 고백하고 있는 것처럼, 실연의 상처를 치유하기 위해 계획

된 결혼이었다.

이건공은 쇼와 초에 어느 일본인 여성을 부인으로 맞이하려고 생각하고 있었지만 끝내 승낙을 얻을 수 없었다. 이 때문에 고민하고 그때까지 마시지 않던 술을 마시게 되었다고 한다. 유소년기부터 이건공을 도와 온 이왕직의 호리바 류타로(堀場立太郎)는 그가 술에 빠진 모습을 보고 걱정이 되어 마쓰다이라 유타카(松平胖) 해군 대좌의 딸 요시코(誠子)와의 혼담을 추진했다. 요시코의 어머니 히로하시 도시코(廣橋俊子)는 나베시마 나오히로의 딸이며, 마사코(이방자)의 어머니 이쓰코의 이복여동생이다. 그런 관계에서 나시모토노미야케의 추천도 있어서, 이은의 조카에 해당하는 이건공에게 요시코가 소개된 것이다(「잡초 속에서 살며 사랑

[표 2-5] 이건의 처가 계보도

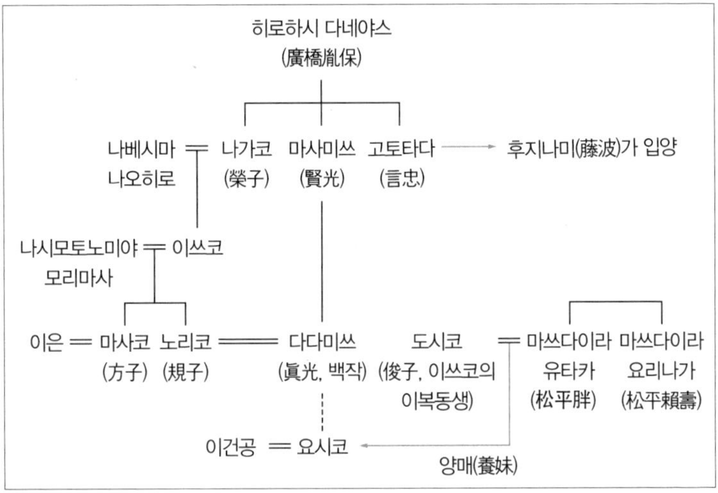

하며雑草の中に生きて愛して」).

마쓰다이라가(松平家)는 구 다카마쓰(高松)번주의 집안으로, 메이지유신 후에 화족으로 백작 작호를 가지고 있었지만, 요시코의 집은 분가했기 때문에 작호가 없었다. 이 혼담이 실현되기 위해서는 양가가 균형을 이룰 필요가 있었고, 마쓰이라 유타카는 요시코를 일단 본가의 당주인 마쓰다이라 요리나가(松平賴壽) 백작의 양녀로 만들 생각이었다. 그런데 요리나가는 "요시코가 행복해진다고는 도저히 생각할 수 없다"며 혼담에 크게 반대하며 좀처럼 동의하지 않았다. 그러자 기다림에 지친 나시모토노미야케는 "왜 결정하지 못하는 것인가" 하면서 마쓰다이라 유타카를 재촉했고, 요시코를 히로하시 다다미쓰(廣橋眞光) 백작의 양녀로 만들어 결혼을 실현시키는 절차를 밟아 버린다. 히로하시가는 이쓰코의 어머니 나베시마 나가코의 친정이다.

덧붙여 말하자면, 요시코는 평소 자신의 이름 요시코를 '佳子(요시코)'로 표기하고 있었다. 이것은 역학(易學)과 성명학을 취미로 삼았던 아버지의 영향에 의한 것이며, 호적에는 '誠子'로 돼 있다.

멀리서 고향을 그리워하다

이건공은 자포자기 상태에서 결혼을 결정했기 때문에 당시에는 "여자라면 아무라도 상관없다"고 생각하고 있었고, 요시코를 한 번도 만나지 않고 결혼했다고 한다.

그러나 이것은 요시코의 증언과 조금 엇갈린다. 그녀에 따르면 혼약 발표는 1931년 5월경이며, 그 전 어느 봄날에 두 사람은 이왕가 도쿄 저택에서 개최된 차 마시는 모임에서 대면했다. 요시코는 동석한 부모가 그의 인상을 묻자 "훌륭한, 다정할 것 같은 분이셨습니다…" 하고 대답했는데, 실제로는 이건공의 얼굴은 전혀 보지 않았고, 그가 신은 기병 소위의 군화가 이상하게 길고 검게 반짝이고 있었다는 것밖에 기억하지 못했다고 한다.

혼약 발표가 있은 후로는 상대의 집을 오가며 두 사람은 하이든이나 베토벤의 레코드를 들으면서 지냈다. 이때 요시코는 이건공이 고향에 대해 품은 복잡한 생각을 접하게 된다. 요시코가 조선어를 배우고 싶다고 솔직하게 이야기하자, 이건공은 강한 어조로 "아니, 그러지 마세요. 그런 건 배울 필요 없습니다" 하고 막았다는 것이다. 게다가 아버지인 이강에 대해서는 성격적으로 친해질 수 없다고 말하기도 했고, 요시코에게 "당신은 조선으로부터도, 모든 인연으로부터도 떨어져 있는 것이 좋습니다"라고 말했다. 이 말을 들은 요시코는 "이 10년간 불화로 가득했음에 틀림없는 전하의 마음을 따뜻하게 채워 드려야지 하고 생각하기 시작했습니다"(「잡초 속에서 살며 사랑하며」)라고 그때의 감상을 기록하였다.

두 사람이 결혼한 것은 1931년 10월 5일이다. 당일 오전 8시 30분에 요시코는 궁내성에서 보낸 말 여섯 마리가 끄는 의장 마차로 이건공의 저택으로 향했다. 마쓰다이라가가 상을 입고 있는 중이었기 때문에 천황과 황후를 뵙는 의식과 피로연은 훗날로 미루고, 이날은 이은공 부부와 요시코의 부모가 나란히 앉는 간소한 예식을 진행했다. 요시코는 결혼과 동시에 히로하시가에서 제적되고 이건공비(妃)가 됐다.

이건공 부부는 신혼여행과 결혼 보고를 겸하여 10월 26일 이세신궁과 후시미모모야마의 메이지천황 산릉을 참배하고, 다시 이강의 정처(正妻)인 이강비 김씨에게 인사하기 위해 11월 1일부터 9일까지 경성에 가 체류했다. 이건공은 결혼 전에 김씨에 대해 "어머니는 좋은 사람이에요. 잘된 사람이란 말이겠죠. 나에게는 생모와 마찬가지입니다. 허용되기만 한다면 결혼식에도 나오고 싶으시겠지만…"(위의 글)이라고 말했다. 이로부터 아버지 이강과는 대조적으로 김씨와는 좋은 관계였음을 엿볼 수 있다.

김씨는 벼락치기로 배운 조선어로 안부를 묻는 요시코가 마음에 들어 "당분간 슬하에 두고 함께 지내고 싶다"(『왕공족록』 쇼와 6년[1931])고 말할 정도였다. 게다가 그녀는 몸소 미술품 제작소에 명하여 제작한 경대와, 산호와 진주를 박아 만든 머리 장식, 조선 옷장 등을 선물했다. 그러나 일부 조선 귀족은 왕족인 덕혜가 화족이긴 해도 신하에게 출가한 반면에 신민인 요시코가 공족이 된 데 불만을 품고 있었다.

이건공 부부는 1932년 8월 14일에 장남 충(沖), 1935년 3월 4일에 차남 기(沂), 1938년 12월 19일에 장녀 옥자(沃子), 이렇게 삼남매를 얻었다. 이들은 탄생과 동시에 공족이 됐다.

요시코는 이건공의 성격을 고스란히 이어받은 것은 이충이고, 그는 신경질적이며 사람과 어울리는 것을 싫어하고 혼자서 자기가 좋아하는 자동차 사진을 본다든가 하는 아들이었다고 회상한다. 그러나 이충은 요시코가 불륜을 저지르고 낳은 아들이고 이건공의 피가 섞이지 않았다는 설도 있다. 이를 뒷받침이라도 하듯 이건공은 회고록에서 이충을 "불쌍한 아이"로 표현하고, "자신에게는 그를 포용할 만한 도량이 부족하다"(「운명의 조선왕가」)고 적고 있다.

Ⅲ 이희공가: 쿠데타를 계획한 음지의 계보

간신히 공족이 된 이태왕의 형 이희

이희공가의 일원으로서 한국 병합 시에 공족이 된 것은 흥왕 이희＝이희공과 그 비 이씨다.

이희는 1845년 8월 22일(음력 7월 20일)에 이하응과 민씨 사이의 장남으로 태어났다. 오랫동안 이름을 재면(載冕)이라고 했는데, 한국병합조약 체결 직후인 1910년 8월 24일에 희(熹)로 개명한다. 조선왕조에는 항렬자라는 중국의 전통문화가 남아 있어서, 일족 가운데 같은 세대는 이름에 같은 한자나 또는 같은 부수를 사용해 왔다. 일반적으로는 오행설에 따라서 목(木), 화(火), 토(土), 금(金), 수(水)의 순서로 이름을 붙였기 때문에, 이왕(순종 이척) 세대는 이강과 이은같이 '土'를, 그 아래 세대는 이건과 이우같이 '金'

부수를 쓴다. 이희의 경우는 동생인 이태왕(고종 이희李㷩)과 같은 항렬임을 나타내기 위해 '火'가 들어 있는 이름으로 고친 것이다.

이희는 유소년기에 아버지의 작은형으로 일찍 죽은 흥완군(興完君) 이정응(李晸應)의 가독(家督)을 잇기 위해 양자가 됐다. 그래서 친가인 운현궁의 후계자는 동생인 고종 이희가 된다. 그런데 전술한 대로 1864년에 철종이 아들을 얻지 못하고 승하하자 동생 이희가 헌종의 부친 효명세자의 양자가 되며 제26대 국왕에 즉위했다. 그래서 운현궁을 계승하는 자가 없어졌기 때문에 형 이희는 국왕의 특지(特旨)에 따라 친가로 돌아가고, 흥완군 이정

[표 2-6] 이희공(완흥군) 가계도

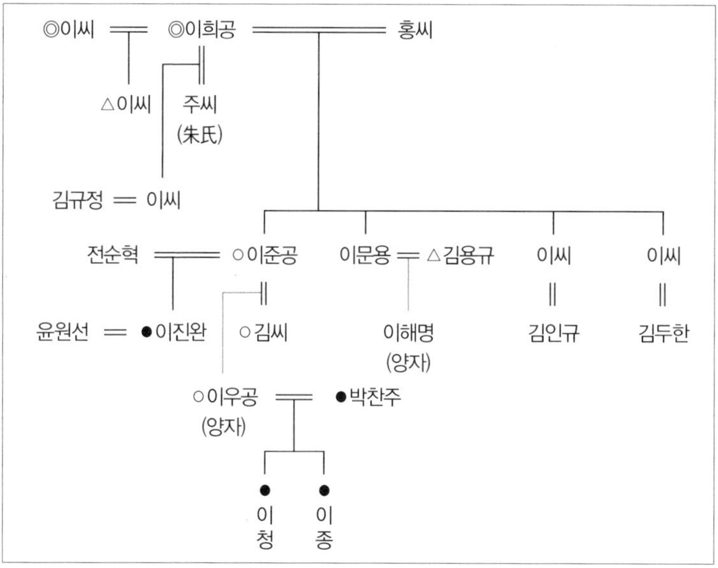

◎ 1910년 당시 공족 ○ 1910~1926년 사이 공족 ● 1926년 이후 공족 △ 서류상 공족

이희(오른쪽)와 부인 이씨.

응의 가독은 뒤에 조선 귀족이 되는 이재완이 대신 양자로 들어가 계승했다.

운현궁으로 돌아간 형 이희는 1900년에 완흥군에 봉해지고, 한국병합조약을 조인하기 일주일 전인 8월 15일에 흥왕이 됐다. 이 '군'으로부터 '왕'으로의 승격에 의해 병합 시에 조선 귀족이 아니라 공족이 된 것이다.

이희공은 1902년 이인구(李麟九)의 딸 이씨를 부인으로 맞았다. 그래서 그녀도 병합 시에 이희공비로 공족이 됐다. 이씨는 1883년에 태어났고, 부부의 나이 차는 38년이나 됐다.

이강공가와 동일하게 세비가 지급되지 않았던 이희공가는 병합 당시 이희공과 장남 이준용에게 하사된 합계 100만 8천 엔의 공채 외에 원래 이희공이 소유하고 있던 부동산의 수익으로 생계를 꾸리고 있었다. 그러나 집안 살림에 여유가 없어 부족분을 이왕가의 원조로 보전했다. 원조 금액은 매년 증가했지만, 이강공가에 비하면 아직 양호한 편이었다.

공을 계승한 장남 이준용

이희공과 이씨 사이에는 1911년생 딸 이씨가 있었지만 이듬해 8월에 뇌수종으로 요사(夭死)했다. 「왕공가궤범」 제정 전이었기 때문에, 이희공의 딸이라고 해도 실질적으로는 공족이 되지 못했을 것이다.

이희공에게는 홍씨와 주씨 두 명의 전처가 있었고, 홍씨와의 사이에서 2남 2녀, 주씨와의 사이에서 1녀를 얻었다. 이 가운데 장남인 이준용은 병합 시에 이희공가에 속해 있었지만, 「왕공가궤범」이 제정되기 전이었으므로 공족이 되지 못했다. 그러다 1912년 9월 9일에 이희공이 사망하자 이준용공으로 공의 존칭을 계승하고 공족이 된 것이다. 같은 날 그는 아버지의 유언에 따라 이름을 '준(埈)'으로 고치고 싶다는 뜻을 천황에게 올리고 칙허를 얻어 20일부터 이준공이 됐다.

이준공은 1895년에 김재정(金在鼎)의 딸 김씨를 처로 맞았기 때문에, 김씨도 이준공비로서 공족이 됐다. 이왕직 사무관 곤도 시로스케는 이준공비 김씨에 대해 "내가 아는 조선 귀부인 중에서 기품이 뛰어나고 여성적 미덕이 높다는 것, 자태가 아름답고

이준(이준용, 오른쪽)과 부인 김씨

태도가 잘 갖추어진 것, 드물게 보는 여성이었다"(『이왕궁 비사』)라고 평하고 있다.

이희공의 차남인 이문용(李埈鎔)은 1901년에 요절했고, 세 딸은 병합 전에 출가했으므로 공족이 되지 못한다. 이문용은 1894년에 김용규(金鎔圭)와 결혼했다. 김용규는 「왕공가궤범」 제정까지 공가에 머물러 있었다면 공족이 될 가능성이 있었지만, 양자를 들여 분가하기를 희망했다. 이 생각에 공가 사람들과 민병석 이왕직장관이 동의해 1917년 12월 21일, 죽은 남편의 제사를 올리기 위해 겨우 일곱 살인 이해명(李海明)을 양자로 들였고, 그다음 날 두 사람이 공가를 나와 새로운 가와 호적을 세운다. 그래서 실질적으로 공족이 되지 못한다. 그런데 이해명은 이희를 대신하여 흥완군 이정응의 가독을 이은 이재완의 손자다.

조선왕조 말기의 쿠데타 계획

이희로부터 공을 계승한 이준용은 1870년 7월 23일(음력 6월 25일)에 태어났다. 유소년기부터 체격이 좋아 당당했고, 노는 것을 좋아하지 않고 함부로 이야기하지 않는 성격이어서 조부 이하응은 그를 무조건적으로 사랑하며 키웠다.

이하응은 왕실에서 태어났지만 방계였기 때문에 인생 전반(前半)을 불우하게 보냈다. 그러나 어린 차남(고종 이태왕)을 국왕으로 즉위시키고 자신은 대원군(大院君)이 됐고, 그 후 10년에 걸쳐 조선왕조의 실권을 장악한 걸물이었다. 만년이 되어 고종과 왕비 민씨와 치열한 권력투쟁을 전개하고, 집요하게 왕권의 찬탈을 획책했다. 그 이하응과 결탁하고 있었던 것이 이준용이다. 이준용은 공족으로서 각광을 받는 일은 거의 없었지만, 사실은 조선왕조 말기에 쿠데타를 기도하여 어쩌면 고종을 대신해 조선국왕이 됐을 수도 있는 인물이었던 것이다. 그 경위를 개관해 보자.

때는 1894년으로 거슬러 올라간다. 이해 조선에서는 '갑오농민전쟁'이라는 대규모 반란이 일어났다. 동학당(東學黨)의 전봉준(全琫準)이 폐정 개혁(弊政改革)을 요구하며 봉기하고, 평상시 관리의 가렴주구로 고통받아 온 농민들이 호응한 것이다. 동학은 19세기 중엽에 창시된, 인간 평등을 교리로 하는 조선 독자의 종교다.

반란군에게 왕가의 발상지인 전주를 점령당한 조선 정부는 난과 동시에 청국에 출병을 요청했다. 이를 받아들여 청군이 6월 8일에 충청도 일대에 병력을 진출시켰고, 이를 조선 진출의 호기로 파악한 일본군도 6월 12일에 인천에 상륙했다.

그러나 이미 조선 정부와 반란군 사이에 화약(和約)이 성립하여, 일청 양쪽 군대가 주둔할 이유가 사라졌다. 그래서 일본군은 조선왕조에 내정 개혁 등 무리한 난제의 해결을 요구했고, 그것이 받아들여지지 않는다고 간주하여 계획한 대로 7월 23일에 경복궁을 점령했다. 이것이 일청전쟁의 불씨가 된다.

경복궁을 점령한 일본군은 왕비 민씨와 대립하다 실각한 이하응을 다시 옹립하고, 김홍집(金弘集)을 수반으로 하는 개화파 정권을 조각(組閣)했다. 이 시점에서 이하응과 개화파 정권은 민씨를 폐할 방침을 확인했고, 의견이 일치하고 있는 것으로 보였다. 그러나 배외주의를 취하는 이하응이 일본의 영향 하에 있는 개화파 정권 밑에서 조용히 있을 리가 없었다.

이하응과 이준용은 1) 평양에 밀사를 파견하여 청군을 대거 남하하게 하는 동시에, 2) 동학당을 선동해 반란군을 한성으로 끌어들여서 일본군을 협공해 쫓아내려고 했다. 1)은 밀서를 가진 사자가 평양에 주둔한 청군 장수 위여귀(衛汝貴)를 대면하는 단계까지 진행됐다. 그러나 청군은 평양에서 일본군에 대패하는 바람에 남하하지 못했다. 2)와 관련해, 재차 봉기할 움직임을 보인 동학군에게 밀서를 보내 일본군을 토벌하도록 선동했다. 동학 반란군에 의해 공주와 청주가 차례로 점령되자, 조선 정부는 일본군의 힘을 빌려 진압할 것을 결정했다. 이에 대해 이하응과 이준용은 동학당이라 해도 우리나라 백성이라고 호소하며 고종이 진압 방침을 재가하는 것을 방해한다. 결국 근대적 병기로 무장한 일본군과 조선군이 진압에 나서고, 반란군은 패주했다.

밀서는 평양 함락 후에 일본군에 의해 발견되어 조선 주차 특명전권공사 이노우에 가오루의 손에 들어간다. 진퇴가 막힌 이하응과 이준용은 일본 공사관을 방문해 이노우에 공사에게 사죄했다. 이에 대해 이노우에 공사는 사건을 수사하여 추궁할 생각은 없다고 말한다.

그러나 다음 해 1월 하순에 조용승(曺龍承)이라는 인물이 내무대신 박영효와 법무대신 서광범(徐光範)의 암살을 기도한 혐의로 체포된 것을 계기로 사태가 급전한다. 사건의 연루자로 이하응의 부하들이 잇따라 체포되고, 앞의 1)과 2) 이외에 3) 개화파의 주요 인물을 암살하고, 사변에 관계한 공로자를 중심으로 신정부를 수립한다, 4) 고종을 폐하고 이준용을 왕위에 오르게 한다는 계획이 있었음이 새로이 발각된 것이다.

이준용을 국왕으로 추대하는 쿠데타 계획이 명백해지자 조선 정부로서는 이제 불문에 부치기가 어렵게 됐다. 원래 조선왕조에서는 왕위의 찬탈을 꾀한 자는 극형에 처하게 된다. 설사 국왕이 주저해도 각료가 죄를 추궁하고 형을 집행하는 것이 상례였다. 따라서 이준용에게도 같은 절차가 취해져야 했다. 하지만 이노우에 공사가 "공평하게, 또 관대한 조치"를 취할 것을 요청했기 때문에 사건은 재판소에 회부되었다.

이준용의 재판은 4월 25일에 시작되어 다음 달 13일에 결심(結審)했다. 판결을 둘러싸고 김홍집은 관대한 조치를 주장한 반면, 왕비 민씨의 지시를 받은 박영효는 극형을 고집함으로써 논란이 됐다. 민씨는 개화파인 박영효와 원수 사이였지만, 아직은 이하응 일파를 배제하는 것이 더 중요했다. 그래서 박영효를 잘 구슬려 이준용 등을 매장하려고 한 것이다.

그러나 그들을 극형에 처하는 것은 일본으로서는 불편한 일이었다. 국왕이 '보복' 같은 조치를 취하면 조선왕조의 법제도가 구래(舊來) 그대로이고 일본이 주도한 시정 개혁이 아무런 성과도 거두지 못한 것으로 열강의 눈에 비치기 때문이다. 또 명망이 있는 이준용을 처벌하면 민중의 감정을 상하게 할 것이라는 우려도 있었다. 그래서 이노우에 공사는 조선 정부의 논의에 간섭하며 박영효의 의견을 억제했다.

이준용은 본래라면 모반죄로 처형될 터인데, 정상 참작과 특사(特赦)에 의해 강화도 북쪽에 있는 교동도(喬桐島)에 10년간 유배된다. 그러나 8월에 석방되고 10월에는 황제의 특지로 징계가 면제되고, 그 후 국외 추방이나 다름없는 유학의 명을 받게 된다.

목숨 건 골육상쟁

이준용은 1895년 12월 말에 궁내부 특진관이라는 신분으로 도쿄 유학길에 올랐다. 같은 시기에 이강과 함께 일본에 체류했고, 조선인 망명자들은 이 두 사람과 어울리면서 두 개의 파벌로 분열하게 된다. 이준용파는 자유당의 마쓰다 마사히사(松田正久) 등 유력자와 연계를 유지하면서 이하응으로부터 송금받은 자금을 뿌려 80명 유학생 중에서 50명 정도를 자기 진영에 끌어들여 세력을 확대했다. 일본 경시청은 송금을 도운 영국인 선교사로부터 사정을 청취하고, "[이준용은—저자] 훗날 이를 이용하여 크게 권세를 넓힐 계획에 나선다는 복선(伏線)이다"(『이준공실록 자료李埈公實錄資料』)라고 분석했다.

일본 정부는 이준용의 행동이 조선왕조의 의심을 불러일으켜 양국 국교에 영향을 끼치지 않을까 우려했다. 그래서 이준용이 그전부터 희망하고 있던 영국 유학을 미끼로 그를 국외로 내보내기로 했다. 여비 4천 엔은 메이지천황이 하사한다.

1897년 8월 25일에 일본우편선주식회사(日本郵便船株式會社)의 도사마루호(土佐丸)를 타고 도쿄를 출발한 이준용은 홍콩, 싱가포르를 거쳐 10월 27일에 런던에 도착했다. 그 직후인 다음 해 1월 8일과 2월 22일에는 조모와 조부, 즉 이하응 부부의 부고를 접하게 된다. 이준용은 귀국을 원했지만, 재영(在英) 특명전권공사인 가토 다카아키(加藤高明)가 "신상이 위험할 우려가 있다"고 설득해 단념하고 만다.

영국 체재에 싫증 난 이준용은 1899년에 도쿄로 돌아왔다. 그 전해 대한제국에서는 안경수(安駉壽)가 고종황제의 퇴위를 획책하다가 실패하고 망명하는 사건이 일어났다. 이와 관련해 이준용도 혐의를 받아, 대한제국 정부는 일본 정부에 그의 인도를 요구했다. 하지만 일본 정부는 응하지 않았다. 국제 예규에 의해 정치범의 인도는 인정되지 않고, 설령 정치와 관계가 없더라도 한일 간에 범인 인도에 관한 조약이 맺어지지 않았다는 이유였다.

이에 고종황제는 자객을 일본에 파견해 이준용을 죽이려 했다. 그러나 경계 중이던 이시와다 다미고로(石和田民五郎) 순사부장이 자객을 체포해 암살은 미수로 끝난다. 고종(이태왕)과 이준용(이준공)은 숙부와 조카 사이였지만, 한국 병합 전에는 이렇게 서로 목숨을 노리는 관계에 있었던 것이다.

이준용은 이토 히로부미 통감의 주선으로 1907년에 간신히 대한제국으로 귀국한다. 같은 해 9월에는 영선군(永宣君)에 봉해졌다.

이우가 양자로서 가독을 상속

전술한 대로 이준용은 병합 후에 이희공으로부터 공의 존칭을 승계하여 이준공, 즉 공족이 됐다. 그러나 1917년에 조선 나이 48세로 일찍 사망한다. 이때 공비 김씨와의 사이에 후사가 없었기 때문에 이희공계의 공가는 대가 끊길 위기에 빠졌다. 불안에 사로잡힌 김씨는 민병석 이왕직장관을 불러 "이 고귀한 운현궁의 장래와 대원군(이하응)의 영예로운 직위를 백 년 후까지 전하는 것은 오로지 경 등의 성의를 믿을 수밖에 없다"(『이왕궁 비사』)고 도움을 청했다고 한다.

이왕은 며칠 지나지 않아 이재각, 이해승, 이해창, 조동윤(趙東潤) 등 가까운 친척과 중진 조선 귀족들을 인정전 동행각(東行閣)에 소집해 회의를 열고, 이강공의 차남 이우를 이준공의 양자로 하여 공의 칭호를 계승하게 하는 방침을 결정했다. 한국 병합 전에는 골육상쟁을 벌였던 이태왕도 동의했기 때문에, 이왕직장관이 하타노 궁내대신에게 회의의 결과를 보고하며 천황의 칙허를 주청하도록 의뢰했다. 하타노 궁내대신은 대략 다음과 같은 의견서를 작성해 5월 25일에 칙허를 청원한다.

> 고하귀천(高下貴賤)에 관계없이 가격(家格), 제사, 재산 등을 오래 존속시키는 것은 일반의 정리(情理)다. 황실전범은 황위 계승의 범위에 천황의 형제, 천황의 백숙(伯叔) 그리고 그 자손만 아니라 일반 황족도 포함하고 있다. 민법은 양자에게 가독을 상속하는 것을 인정하고 있고, 화족령도 일부 제한은 있지만 양자에 의한 상속을 용인하고 있다. 그러므로 책립조서에 있는 세습이라는 문언은 직계에 한정되어 있다고 볼 것이 아니다. 황족은 양자 관계가 불가능하므로, 왕공족도 마찬가지라는 비판은 분명히 있다. 하지만 왕공족을 황족의 예로써 대우하는 것은 존엄의 등급을 정한 것이며, 황위 후계자 문제와는 전혀 관계가 없다. 왕공족은 각각이 특별한 은전을 받은 일가를 형성하고 있는 것이고, 이 점에서 오히려 화족과 비슷하다. 화족은 양자가 인정되고 있기 때문에, 왕공족도 적어도

이씨의 계통으로서 왕공족인 자를 양자로 맞이해도 되는 것
이다.

이와 같은 하타노의 후원도 있고 하여 양자의 건은 칙허를 얻었다. 그 결과 이우는 여섯 살 나이에 이희공계의 공 존칭을 계승하여 이우공으로 공족이 된다. 다만, 이우공은 아직 어리기 때문에 이왕직장관이 후견인이 되었다.

이우공은 1912년 11월 15일에 이강공과 시녀 김흥인(金興仁) 사이에서 태어나 1922년 7월에 도쿄로 와서 형 이건이 다니는 가쿠슈인 초등과에 편입했다. 이 도쿄행은 이우공의 희망에 의한 것이었다(『구라토미 유자부로 일기』 1922년 7월 11일). 도쿠가와 요리미치(德川賴倫) 종질료 총재와 구라토미 유자부로 궁내성 어용괘는 그가 조선어를 잊어버리는 것 아닌가 등등 걱정을 하면서도, 특별한 조치는 취하지 않고 통상적인 면학에 전념하게 했다. 이우공은 도쿄에 온 후에도 장기 휴가를 이용해 빈번하게 경성을 왕래했고, 1923년 9월 1일의 관동대지진 때도 덕분에 재난을 피할 수 있었다.

박영효의 손녀딸과 결혼

이우공은 1935년 5월 3일에 박영효의 손녀딸 박찬주(朴贊珠)와 결혼했다. 그녀는 결혼과 동시에 공비로서 공족이 되었다.

형인 이건공은 동생 이우공이 무슨 일이 있을 때마다 반항적이

이우(왼쪽)와 부인 박찬주.

고, 일본인과의 결혼도 "민족의 피가 더럽혀진다"(「조선왕조의 후예 朝鮮王朝の末裔」)며 받아들이지 않았다고 서술하고 있다. 이로부터, 이우공은 정략결혼에 이용되는 것을 싫어하여, 궁내성이 일본인의 딸을 결혼 상대로 내정하고 있었음에도 그 전에 조선인과의 결혼을 단행했다고 설명하는 전기들도 있다.

예를 들면 1982년에 한국에서 출판된 이기동(李基東)의 『비극의 군인들』[19]에서는, 이우공은 육군사관학교 본과에 진학할 즈음에 후견인인 한창수(韓昌洙) 이왕직장관에게 자신이 비밀리에 박찬주와 혼약했다고 말한 것으로 씌어 있다. 이우공이 육군사관학교 본과에 진학한 것은 1931년 1월, 한창수가 이왕직장관이었던 것은 1932년 7월까지다. 따라서 이우공은 그 기간에 박씨가의 승낙을 얻어 혼약을 기정사실로 만든 셈이 되는 것이다.

그러나 박찬주의 아버지 박일서가 1931년 3월에 사망했기 때문에, 이때 박씨가는 상중이었다. 이은과 마사코의 결혼 시에 상을 입는 기간을 둘러싸고 조선 귀족과 일반 민중이 반발한 사실을 박영효도 기억하고 있을 터였다. 그럼에도 불구하고 세간에서 비판을 받을 위험을 무릅쓰고 이 시기에 이우공의 혼인 요청을 받아들였다고 생각하기는 어렵다.

또 『비극의 군인들』에 의하면, 궁내성은 한창수 이왕직장관의 연락을 받고 유감의 뜻을 표하고, 이왕직으로 하여금 이우공을 설득하여 혼인을 철회하게 하라고 지시했다고 한다. 그러나 이와 같은 중대사가 『왕공족록』이나 『이우공 전하 결혼 서류(李鍝公殿下御結婚書類)』 등의 공문서에 일절 기록돼 있지 않다는 것은 아무래도 자연스럽지 못하다. 게다가 이우공은 1931년 말의 겨울 휴가 중에는 예년과 마찬가지로 경성으로 돌아갔고, 그 후에도

19 이기동, 『비극의 군인들: 일본육사출신의 역사』(일조각, 1982). 2020년 같은 출판사에서 『비극의 군인들: 근대한일관계사의 비록』이라는 제목의 개정증보판이 나왔다.

당국이 귀향을 저지하는 일 따위는 하지 않았다. 실제로 소동을 일으키고 있었다면, 너무나도 온건한 조치라고 해야 한다.

『비극의 군인들』에서는 한창수 이왕직장관이 이우공을 설득하기 위해 나서는 장면도 묘사하고 있다. 여기서 한창수는 박일서가 박영효의 서자이기 때문에 그의 딸과 결혼하는 것은 안 된다고 말하고 있지만, 마찬가지로 서자인 이우공에게 과연 그런 이야기를 했을까? 이미 보아 온 것처럼 이은, 덕혜, 이우공, 이준공 등 왕공족 대부분이 서출이었다. 따라서 이우공이 당국의 뜻에 반해 조선인과 결혼했다는 에피소드는 창작일 가능성이 높다.

그런데 이우공 자신이 일본인과의 결혼을 피했다고 하는 것은 형 이건공의 증언도 있기 때문에, 실제로 그랬음직하다. 그러나 그 이유만으로 조선인인 박찬주를 고른 것이라고 봐야 하는 것은 아니다. 오히려 박영효와의 관계에 주목해야 한다.

덕혜는 이왕가 사람이라지만 특례로 왕족이 된 데 지나지 않음에도 소 백작가에 출가했다. 또 이강공가 제2대 당주가 된 이건공은 히로하시 백작가의 딸을 부인으로 삼았다. 그렇다면 이희공가의 제3대 당주인 이우공으로서는 그 이상의 가격을 가진 집의 딸을 맞아들이게 하고 싶다는 생각을 갖는 것이 당연하다. 이 조건을 만족시키는 일본인, 즉 황족이나 백작 이상의 화족과 결혼하는 것은 쉽지 않았다.

그런데 조선 귀족으로 눈을 돌리면, 병합 전에 친일 개화파로 활약한 박영효가 후작이 돼 있었다. 그는 이우공의 친부인 이강과 아는 사이일 뿐만 아니라, 1872년에는 철종의 서자인 영혜옹주(永惠翁主)를 부인으로 삼았기 때문에 구 대한제국 황실과의 연고도 갖고 있었다(단, 영혜옹주는 결혼한 해에 사망했다). 그에 더해 손녀딸 박찬주가 매우 좋은 나이라는 조건도 갖추고 있었다. 이러한 이유로 당국의 뜻에 따르는 형식으로 이우공과 박찬주의 결혼이 추진됐다고 봐야 할 것이다.

당국의 뜻에 따랐다는 것은, 이 결혼이 「왕공가궤범」에 기초해 칙허를 얻은 위에 실시되었기 때문이다. 만약 조선총독부와 궁내성이 이우공에게 일본인의 딸을 출가시킨다는 방침을 세우고 있었다면, 이강공은 박찬주와의 결혼에 대해서 칙허를 청원하는 일은 차마 하지 못했을 것이다.

다른 한편, 박영효로서도 공족과 인척관계를 맺는 이 혼담은 하나의 발판이었다. 전술한 바와 같이 장남인 박일서가 1931년에 죽어 20세도 아직 되지 않은 손자 박찬범(朴贊汎)에게 가독을 계승하게 해야 하는 상황에 처해 있었기 때문이다. 조속히 뒷배를 얻지 못하면 집안이 몰락할 가능성이 있었던 것이다.

어쨌든 이우공은 박찬주와 결혼했고, 1936년 4월 23일에 장남 청(淸), 1940년 11월 9일에 차남 종(淙)을 얻었다. 두 아들은 태어나면서부터 공족이었다. 1945년 8월 7일에 이우공이 사망하자 장남인 이청이 공의 존칭을 계승하여 이청공이 되었다.

이준공의 유복자 이진완

이우공이 이희공계의 공을 계승할 때 이준공의 피를 잇는 자식이 실제로 없었던 것은 아니다. 이준공은 죽기 바로 전해인 1916년 5월 18일에 시녀 전순혁(全順爀)과의 사이에서 진완(辰琬)이라는 여자아이를 얻었다(법적으로 그 사실을 인지한 것은 다음 해 2월 16일). 그러나 조선 전통에서는 남계에 의해 혈통이 계승되기 때문에, 진완이 당주로 공을 계승하게 하자는 의견은 나오지 않았다. 그녀는 1926년에 「왕공가궤범」이 제정되고 나서야 비로소 이준공의 자식으로서 공족이 됐다.

진완은 1929년 3월에 경성의 종로소학교를 졸업할 당시 "발육이 불충분하며 연약하다"는 진단을 받았다. 왕공족은 황족과 마찬가지로 가쿠슈인에 진학해야 했지만, 특별한 사유가 있으면 다른 학교도 상관없었다. 그래서 허약한 진완은 조선을 떠나지 않고 경성공립여자고등보통학교에 진학했다.

그 후 1934년 12월 20일에 윤치소(尹致昭)의 6남 윤원선(尹源善)에게 출가하여, 공족의 신분을 벗어나 일반 신민이 된다. 이희공가의 가독이 이강공계의 이우공 아래로 옮겨지며 진완은 공가 내에서는 식객에 가까운 입장이 됐다. 이렇게 연고가 약했다는 것이 그녀가 조선 귀족이나 화족에게 출가하지 못한 하나의 이유가 된 것이 아닐까 생각된다.

그렇다 해도 윤씨 집안은 조선에서 몇 손가락 안에 드는 부호였다. 그러니까 윤원선이 이른바 '보통의' 일반 신민이었던 것은 아니다. 큰형인 윤보선(尹潽善)은 히노데소학교를 거쳐 도쿄의 세이소쿠예비학교와 영국의 에든버러 대학에 유학했고, 둘째 형인 윤완선(尹浣善)은 경성제국대학을 졸업했다. 윤원선 자신도 도쿄고등조원학교(東京高等造園學校)를 졸업하고 조선총독부 농림국 임정과(林政課)에 근무하는 엘리트였다.

그런데 큰형인 윤보선은 영국에 건너가기 전에 상하이에 세워진 망명정부인 대한민국 임시정부의 일원으로서 독립운동에 관여한 과거가 있었다. 그러나 신원조사서에는 "(윤씨 집안에) 한 사람의 불량자, 낭비자가 없고, 타에 모범을 보이고 있다"(『공족 이진완 전하 혼가 서류公族李辰琬殿下御婚嫁書類』)라고 씌어 있어서, 당국이 특별히 신경을 쓰지 않았음을 엿볼 수 있다.

윤보선은 제2차 세계대전 후에 서울시장을 거쳐 한국의 제4대 대통령이 됐고, 윤원선도 경기도지사에 취임했다. 제4장에서 보는 바와 같이 많은 왕공족이 겨우 연명하는 빈곤한 상황에 빠졌다는 점에 비추어 진완의 인생은 '새옹지마'가 현실로 옮겨진 셈이었다.

궁내성의 『왕공족보』 편찬

서류에 등록

1926년에 「왕공가궤범」이 제정되어 왕공족의 범위가 법적으로 정해지자, 그다음 해부터 궁내성 도서료의 주도로 왕공족의 등록부인 『왕공족보』를 편찬하는 작업이 시작됐다. 왕공족으로 간주되는 자는 여기에 등록됐다.

『왕공족보』의 체재는 천황이나 황족의 계보를 정리한 『대통보(大統譜)』나 『황통보(皇統譜)』와 매우 비슷하다. 왕족·공족별로 대가 바뀔 때마다 편찬됐기 때문에 현재 궁내청에 소장돼 있는 것은 모두 9종이다(표 2-7 참조). 단, 이희공계 제4대 이청공 족보가 2책이어서 책수로는 10책이 된다. 『왕공족보』는 정·부(正副) 2책을 작성하여, 부본은 경성의 이왕직에서 보관하게 돼 있었다. 그러나 이청이 공을 계승한 것이 종전 임박해서의 일이라 공족보를 만든 것은 1945년 11월 19일이었다. 그 때문에 부본은 바다를 건너가지 못하고 그대로 궁내성에서 보관하게 됐을 것이다. 그 증거는 아홉 책의 뒤표지는 자주색인데 중복되는 한 책만 물색으로 돼 있다는 사실이다.

궁내성은 『왕공족보』를 편찬하기 위해 도서료 사무관을 경성으로 파견해 이왕직에 조사를 의뢰하고, 또 조선 왕실의 역대 계보와 근거자료를 도쿄로 보내 달라고 요청했다. 이왕직은 이 요청에 따라 1931년 8월까지 초대부터 23대까지의 계보를 발송한다.

『왕공족보』를 편찬하는 과정에서 특히 문제가 된 것은, 왕세자 이은의 장남 이진, 이희공의 딸 이씨, 이준공의 동생으로 병합 전에 일찍 죽은 이문용의 미망인 김씨, 이 3명을 등록할 것인가 여부였다. 이들은 「왕공가궤범」 제정 전에 사망하거나 제적되어 실

[표 2-7] 『왕공족보』 일람

<table>
<tr><td rowspan="3">왕족</td><td colspan="2">제1세 왕족보</td></tr>
<tr><td colspan="2">제2세 왕족보</td></tr>
<tr><td colspan="2">이태왕 왕족보</td></tr>
<tr><td rowspan="6">공족</td><td rowspan="2">이강공계</td><td>제1세 이강공족보</td></tr>
<tr><td>제2세 이건공족보</td></tr>
<tr><td rowspan="4">이희공계</td><td>제1세 이희공족보</td></tr>
<tr><td>제2세 이준공족보</td></tr>
<tr><td>제3세 이우공족보</td></tr>
<tr><td>제4세 이청공족보</td></tr>
</table>

질적으로 왕공족이 될 수 없었기 때문이다.

그러나 그들은 『왕공족보』에 기재됐다. 이진에 관해서는 탄생일에 다이쇼천황이 조서를 발하여 황족의 예우와 전하라는 경칭을 사용할 것을 약속했고, 게다가 궁내성이 탄생, 명명, 사망 사실을 공시하였다. 그런 까닭에 왕족으로 간주하지 않으면 안 된다고 생각한 것이다. 다른 한편 이씨와 김씨에 대해서는 신분과 대우가 궁내성에 의해 공시된 적이 없었다. 하지만 만약 병합 당시에 「왕공가궤범」이 제정돼 있었다면 이 두 사람도 의심할 여지 없이 공족이 됐을 것이라는 판단에서 공족보에 추가됐다. 서류상이나마 3명 모두 왕공족으로 간주된 것이다.

이름 독음과 자획 문제

『왕공족보』를 편찬하기까지 왕공족의 이름 독음과 자획은 확

정돼 있지 않았다. 예를 들면 이태왕의 이름 '희(㷩)'는 '희(熙)'와 같은 글자로 생각해 당초에 일본어로는 '기(き)'로 읽었다. 그러나 이에 대해 이왕직장관 한창수는 『강희자전(康熙字典)』을 전거로 '㷩'는 '熙'와 다르고 '게이(逈)'와 같은 발음이라고 주장했다. 이 의견이 인정되어 이태왕의 이름 독음은 '게이(けい)'가 됐다.

또 이은의 '은(垠)'에 대해서도, 한국 병합 시 궁내성 공시에서는 '리콘(李垠)' 전하로 돼 있었지만, 1932년 3월 4일에 이르러 본인의 희망에 따라 '곤(こん)'에서 '긴(ぎん)'으로 고쳐졌다. 이때도 『강희자전』에서 '垠'이 '은(銀)'과 독음이 같다는 것이 확인됐다.

자획에 관해서는 이우공비 박찬주와 그 부모의 이름이 문제가 됐다. 구체적으로, 박찬주의 '찬(贊)', 그녀의 아버지 박일서의 '서(緒)', 그리고 어머니 박원희(朴元熙)의 '희(熙)'이다. 1) 박씨가의 호적 원본에 의하면 친족으로서 '찬(贊)'을 쓰는 사람이 있다는 것, 2) '박일서'라고 하기 전 이름은 길서(吉緒)이고, '日' 위에 점이 있는 '緖'를 쓰고 있다는 것, 3) '熙'는 '熙'의 오자로 생각된다는 점 등을 종질료 총재 기도 고이치(木戸幸一)가 지적했기 때문이다. 최종적으로 '熙'는 '熙'로 고쳐졌지만 '贊', '緖'는 그대로 기재됐다.[20]

이렇게 궁내성과 이왕직은 왕공족과 그 친족을 제국 내에 자리

20 박찬주는 '贊'이냐 '賛'이냐, 박일서는 '緖'냐 1획 적은 '緒'냐가 문제였고, 박원희는 '熙'가 '熙'의 속자여서 문제가 된 것으로 보인다. 결국 '贊'과 '緖'는 집안에서 쓰던 대로 기재하고, '熙'만 본자인 '熙'로 바로잡은 것이다.

매기기 위해 매우 세심한 주의를 기울여『왕공족보』를 편찬했다.

성(姓)의 취급

1927년에 제정된「왕공족보 규정(王公族譜規程)」에 따라『왕공족보』에는 이름밖에 기재되지 않았다. 천황이나 황족의『대통보』나『황통보』와 마찬가지로 왕공족은 황족과 똑같이 등록부 상 성씨를 갖지 않은 것이다. 단, 한국 병합 시에 책립조서를 작성하는 과정에서 궁내성과 통감부의 갈등이 있었고, 순종황제를 '왕'으로 책립했지만 그를 칭할 때는 '이왕'이라고 했다. 그리고 공족의 호칭에도 이강공이나 이희공처럼 '이'가 붙어 있었고, 공문서에서도 이은, 이덕혜 등으로 표기하는 것이 일반적이었다. 왕공족은『왕공족보』라는 등록부와 일상의 호칭에서 성씨 유무가 달랐던 것이다.

등록부에 이름만 기재한다는 규칙은 조선의 관습에 맞지 않았다. 왜냐하면 조선의 여성은 이름이 없고 아버지로부터 이어받은 성씨만 내세우는 일이 많기 때문이다. 왕공족 중 이왕비 윤씨, 이준공비 김씨 등이 이에 해당한다. 또 조선의 성은 일본의 씨(氏)와 달리 가에 붙는 것이 아니기 때문에, 결혼을 해도 바뀌지 않았다. 한편 노비는 성이 없고 범죄자는 성을 박탈당하는 특징도 있었다. 그래서 이우공에게 시집간 박찬주를 '찬주'만으로 표기해도 되는가 하는 문제가 발생하게 된다.

이에 대해 시노다 지사쿠 이왕직장관은, 마음으로 복속시키기 위해서는 옛 관습을 존중해야 하며, '박찬주', '윤씨', '김씨'는 그 자체를 이름으로 간주해 그대로 『왕공족보』에 등록해야 한다고 주장했다. '윤씨', '김씨'의 경우는 이것을 이름으로 간주하지 않으면 남는 것이 아무것도 없기 때문에 시노다의 주장대로 하게 됐지만, 박찬주의 '박'은 이름으로 취급되지 않고 마사코나 요시코와 마찬가지로 '찬주'로만 기재됐다. 공식 호칭도 당초는 '이우공비 박찬주 전하'로 하는 안이 고려됐다가, 궁내성 내 회의를 거쳐 '이우공비 찬주 전하'가 됐다.

제3장

'황제'의 승하와 제국 일본의 고뇌

이례적인 '국장' 선택: 조선인 회유를 위해

이희공과 이준공 장례

구 대한제국 황실인 왕공족의 의례에는 조선의 고례를 적용할 것인가, 그렇지 않으면 황족에 준하여 신식(神式), 즉 일본식을 적용해야 할 것인가? 이러한 문제에 아무런 답도 마련되지 않은 채 1910년에 한국 병합이 단행됐다. 그러나 장송(葬送)과 복상(服喪)에 관해 결정된 방식이 없다 해도 죽음은 기다리지 않고 찾아왔다. 왕공족의 훙거(薨去)에는 임기응변으로 대처해 가야만 했다.

앞 장에서도 언급한 것처럼, 왕공족으로서 처음으로 타계한 것은 이희공이었다. 그는 지병인 만성신장염에 더해 요독증(尿毒症)이 발병해 1912년 9월에 위독한 상황이 됐다. 조선인 의사를 대신해 조선총독부 의원의 후지타 쓰구아키(藤田嗣章) 원장 등이 진찰하고 캠퍼 주사 등을 실시해 연명을 시도했지만, 9월 9일 오전 0시 30분에 경성에서 영면했다.

이왕직은 겨우 3일 만에 장례 의식의 순서를 결정, 작성해 9월 12일에 궁내대신에게 제출했다. 이 계획서대로 영구(靈柩)는 9월 28일에 저택에서 출발해 종로, 남대문로, 마포가도, 경의선 터널을 거쳐 공덕리(孔德里)의 제장(祭場)으로 운구됐고, 다음 날 김포군(金浦郡) 풍곡리(楓谷里) 묘소에 매장됐다(1920년에 화도면和道面 창현리倉峴里에 개장改葬). 제장 행렬은 구식을 따라 "특이진기(特異珍奇)"한 얼굴에 곰 가죽을 입힌, 귀신을 쫓는다는 방상시(方相氏)가 선도하고, 조선왕조 시대와 다름없는 분위기를 자아냈다.

이어 이희공으로부터 공의 존칭을 계승한 이준공이 아버지를 뒤좇아 5년 뒤 사망했다. 그도 신장병으로 고생했고, 1912년 4월에 조선총독부 의원에 입원, 그 뒤 자택에서 요양할 때는 위축신장 증상이 나타났다. 그 증상은 곧 진정됐지만, 1917년 3월 22일 오전 5시에 돌연히 심장에 이상이 와서 실신했고 오후 3시에 위독해져 오후 8시에 숨을 거뒀다.

4월 5일 오후 1시에 경기도 고양군(高陽郡) 용강면(龍江面) 염리(鹽里, 구 공덕리)의 제장에서 장례 의식이 집행되고, 유해는 그대로 같은 곳에 매장됐다. 황족의 예규에 따라 행사장에서 육해군 무관은 정장을 했고, 황족과 마찬가지로 21발의 조포(弔砲)가 발사됐다.

이희공과 이준공의 장례 의식은 조선식으로 거행됐고, 복상 기간 등 법률과 관계되는 부분에서는 황실령을 원용했다. 이 두 개의 예는 공가 집안에서 행해지는 장례와 동일한 성격이었기 때문에 이러한 미봉책이 특별히 문제가 되지는 않았을 것이다. 그러나 뒤이어 승하한 이태왕과 이왕은 구 대한제국 황제였기에, 내부적으로 장의를 치르고 말 수는 없는 일이었다.

국장으로 치러진 이태왕 장례

이태왕은 이은과 마사코의 결혼을 목전에 둔 1919년 1월 21일(공식 발표는 22일)에 급서(急逝)했다. 혼례 의식에 자리하기 위해 도쿄로 와 있던 하세가와 요시미치 총독은 1월 22일에 하라 다카시 총리를 방문해 "이태왕 사망에 국장(國葬)으로 하는 것이 어떤가"(『하라 다카시 일기』 1919년 1월 22일) 하고 제안했다. 정부의 결정은 민첩하여 이날의 긴급 임시각의에서 국장 방침을 정했다.

국장이란 국가가 주체가 되어 행하는 장의로, 아무나 받을 수 있는 예우가 아니다. 게다가 일본에서는 누구에 대해서 행할 것인가에 대해 정해진 명확한 기준도 없었다. 단, 명문화된 기준이 없어도 어느 정도 공통된 인식은 있었던 것 같다. 예를 들면, 1913년에 가쓰라 다로가 위독해지자 야마모토 곤베(山本權兵衛) 총리는 국장 문제가 제기되지 않을까 생각해 내무대신 하라 다카시에게 상담했다. 이에 대하 하라 다카시는 "국장은 [황족을 제외하면—옮긴이] 삿초(薩長)의 옛 번주 외에는 산조 사네토미(三條

實美)[1], 이와쿠라 도모미(岩倉具視)[2], 이토 히로부미, 이 셋이다. 그 외는 황족에 한한다. 유감이지만 가쓰라는 적합하지 않은 것 같다"(위의 책, 1913년 10월 7일)고 답했다.

이태왕 전에 국장으로 한 인물로서 하라 다카시가 든 조건에 합치하지 않는 것은 시마즈 히사미쓰(島津久光)[3]와 오야마 이와오(大山巖)[4]뿐이었다(표 3-1 참조). 그러나 '산조, 이와쿠라, 이토'를 메이지유신에 공헌한 사람들로 해석한다면 어떨까? 시마즈 히사미쓰는 언급할 필요조차 없을 것이다. 오야마는 일청, 일러전쟁에서 세운 무훈이 실질적인 이유였지만, 명목상으로는 "유신 이래의 공훈"과 관련해 국장 집행에 대한 내부적 논의가 진행되었다. 즉, 다이쇼기까지 국장의 조건은 황족, 삿초의 구번주, 유신 공헌자 중 어느 하나에 해당해야만 했다.

하라 다카시는 국장 문제를 논하기 직전에 "원래 세간에서 나와 가쓰라의 관계에 대해 여러 뜬소리들을 해도, 아무런 특수한 관계

1 1837~1891, 메이지 전반기의 정치인. 메이지 정부 초기에 최고 관직인 태정대신을 지냈고, 내각 제도가 확립된 후에는 초대 내대신에 올라 천황을 보좌하였다.

2 1825~1883, 메이지 초기의 정치인. 1867년의 왕정복고(대정봉환大政奉還) 실현에 기여하여 '유신 십걸(維新十傑)' 중 하나로 꼽힌다. 메이지유신 후 우대신(右大臣), 외무경(外務卿)에 올랐고, 1871년에 특명전권대사로 1년 10개월간 구미 12개국을 시찰, 견문하는 '이와쿠라 사절단'을 이끌었다. 귀국 후에는 메이지헌법의 제정에 진력했다.

3 1817~1887, 에도 말~메이지 초기의 정치인. 사쓰마번의 실권을 장악하여 존왕양이파(尊王攘夷派)를 억제하고, 조정과 막부의 일치·협력을 추구하는 공무합체(公武合体)의 실현을 위해 진력하였다. 1874년에 좌대신(左大臣)에 올랐다.

4 1842~1916, 메이지 시대의 군인, 정치가. 메이지유신에 참여하였으며, 보신(戊辰)전쟁에 참전했고, 세이난(西南)전쟁과 청일전쟁 승리에 크게 공헌하였다. 러일전쟁에서는 육군 총사령관으로서 승리를 이끌었다. 정치에 참여하여 귀족원 의원을 지냈다.

[표 3-1] 메이지유신 이후의 국장자 일람

이름	날짜
이와쿠라 도모미(岩倉具視)	1883년 7월 25일
시마즈 히사미쓰(島津久光)	1887년 12월 18일
산조 사네토미(三條實美)	1891년 2월 25일
아리스가와노미야(有栖川宮) 다루히토(熾仁)친왕	1895년 1월 29일
기타시라카와노미야(北白川宮) 요시히사(能久)친왕	1895년 11월 11일
모리 모토노리(毛利元德)	1896년 12월 30일
고마쓰노미야(小松宮) 아키히토(彰仁)친왕	1898년 1월 9일
이토 히로부미(伊藤博文)	1909년 11월 4일
아리스가와노미야(有栖川宮) 다케히토(威仁)친왕	1913년 7월 17일
오야마 이와오(大山巖)	1916년 12월 17일

가 없다. 개인으로도 정당으로도 사적인 은혜 따위는 털끝만큼도 없다"(같은 곳)고 말했다. 그러니 순수하게 가쓰라 다로가 조건에 적합하지 않기 때문에 국장에 반대했다고 할 수 있을 것이다.

그러면 왜 이태왕은 국장으로 한 것일까? 확실히 책립조서는 왕공족을 "황족의 예"로 대우한다고 약속했다. 그러나 그때까지 황족으로서 국장을 한 것은 친왕에 한정돼 있었다. 황족의 카테고리에 있는지조차 불분명한 왕공족을 친왕과 동렬에 두고 국장을 했다고 보기에는 무리가 있다. 총리로서 한국 병합을 성사시킨 가쓰라 다로는 국장으로 하지 않고, 병합된 측의 이태왕이 국장이 된 것은 무슨 까닭이었을까?

황족을 넘어선 처우

그 답은 간단하다. 조선인을 회유하기 위해서였다.

제국의회에서 국장 예산을 심의하는 과정에서 귀족원 의원 마에다 도시사다(前田利定)는, 이태왕을 국장으로 한다는 천황의 뜻을 조선인이 듣게 된다면 "필시 감사의 눈물로 목이 메고 감격할 것이다"라고 했다. 그러나 황족도 아니고 메이지유신에 공헌한 것도 없는 이태왕의 장의를 국장으로 하기 위해서는 적어도 국가에 대한 공훈이 필요했다. 그래서 마에다는 다음과 같이 설명했다.

> 병합하던 해의 일을 곰곰이 회상해 보면, 이왕 전하가 세계의 대세를 깊이 통찰하시고, 또 우리 메이지대제의 마음을 능히 이해하셔서 동양의 평화를 위해, 조선의 복리를 위해 화평하고 크게 번창하는 오늘이 있도록 인도하셨다는 것은 말할 나위도 없는 바입니다. 그러나 또 이태왕전하가 우리 황실을 깊이 신뢰하시고 마음으로부터의 성의로써 이에 동의하여 도와주신 것도 매우 큰 힘이 되었다고 본 의원은 깊이 믿어 의심치 않는 것입니다. (『제국의회 귀족원 의사속기록帝國議會貴族院議事速記錄』)

결국 한국 병합은 이왕이 조인에 응했다는 바로 그 점 덕분에 성사됐지만, 이태왕의 협력 또한 간과할 수 없다는 것이다.

그러나 이태왕은 갑오개혁 중에 러시아 대사관으로 도망했고, 또 제2차 한일협약 체결 후에는 헤이그 평화회의에 밀사를 파견해 일본의 '부당성'을 국제사회에 호소하려 한 인물이었다. 일본 측에서 보면 애물이었다고 할 수 있을 것이다. 게다가 한국 병합에 대한 공헌이 국장의 이유라면, 가쓰라 다로도 동등하게 국장이 돼야 할 터였다. 하지만 조선을 회유하기 위해 그렇게 불편한 사정은 모두 무시한 것이다.

이태왕의 국장은 조선인들에게 보여 준다는 특수한 사정에 근거하여 준비됐기 때문에, 직전의 오야마 이와오가 아니라 아리스가와노미야 다케히토친왕의 전례에 준거하게 됐고, 예산액도 파격이었다. 일본의 국장 비용은 제1회부터 3만 엔이 표준이었고, 이토 히로부미 때 물가를 고려해 4만 5천 엔으로 증액됐고, 또 아리스가와노미야 다케히토친왕 때는 황족이 "신하와 동일한 표준에 따라서는 안 된다는 사정이 있다"고 하여 5만 엔이 되었다. 그런데 이태왕의 국장비는 그 두 배인 10만 엔으로 책정된 것이다.

국가공무원(고등문관시험에 합격한 고등관)의 초임이 70엔이던 시대였으므로, 10만 엔은 오늘날의 가치로 2억~3억 엔쯤 될 것이다. 그러나 액수보다 더 주목할 만한 것은, 황족이 신하와 같은 수준인 것은 바람직하지 않다고 하면서도, 왕족이 황족을 넘어서는 것은 문제가 없다고 여겨지고 있었다는 점이다.

[표 3-2] 이태왕(고종)의 국장과 내장(內葬)

날짜(1919년)	국장(일본식)	내장(조선식)
2월 9일	국장 봉고(國葬奉告)	
3월 1일	칭송(사뢰賜誄)	
3월 2일	염장(斂葬) 후 구전제(柩前祭)	
3월 3일	영여 발인(靈輿發引), 장장제(葬場祭)	
3월 4일		매장
3월 5일		반우(返虞)
3월 6일	염장 후 임시건물 내 제사(권사제權舍祭)	
3월 7일	염장 후 묘소제(墓所祭)	

황족의 전례에 비추어 이처럼 황족 이상으로 후대한 것은 동시에 일본식의 강제로 이어졌다. 물론 정부는 조선 측의 반발을 고려해, 기본 방침으로 조선의 구관(舊慣)을 보탠다는 것을 내걸었다. 그러나 국장의 '국'은 어디까지나 일본이다. 조선식으로 하는 것은 안 되는 일이었다. 그래서 장의괘(葬儀掛. 주로 조선총독부, 이왕직, 궁내성의 직원으로 구성)는 이 장의를 국장과 이왕가의 내장(內葬, 가까운 관계자만 집행하는 장례 의식)으로 나눈다는 방책을 취했다. 일반의 영결식에 해당하는 '장장제 의식(葬場祭儀式)'[5]까지는 국장으로 일본식으로 집행하고, 영구를 능에 매장하는 의식의 주체는 이왕가로 옮겨 조선식으로 한다는 것이었다.

조선왕조의 전통에서는 국왕이 승하하고 2개월 뒤에 장의를

5 일본 신토(神道)식 장례에서, 고인에게 최후의 이별을 고하는 절차.

했기 때문에, 이태왕의 국장은 3월에 거행될 것으로 일찍이 예상되었다. 이왕가는 날이 좋은 3월 4일에 내장을 하기를 원하여 그 전날에 국장을 할 것을 요청했다. 그에 따라 국장의 메인 이벤트인 '장장제 의식'은 3월 3일로 잡힌다.

국장 직전에 3·1 독립운동 발발

국장과 내장 일정이 결정되자, 장의 구경을 위해 조선인들이 경성으로 모이기 시작했다. 당시 성황을 이룬 모습을 다음과 같은 신문기사에서도 알 수 있다.

> 국장 의식도 점점 다가오는 사이에 박두하고, 팔방에서 몰려들어 온 행렬에 참가한 자, 배관자(拜觀者) 때문에 경성은 흡사 소용돌이의 중심과 같은 모습을 보이기 시작했다. 그를 입증하는 것은 경성을 중심으로 한 열차 승객의 격증이다. 27일 본지 석간에서도 기재한 것 같이, 각지로부터의 단체 승차는 도저히 수송 불가능했기 때문에 회사 측에서는 절대로 신청을 거절하고 있었지만, 이들 단체가 개인으로 승차한다고 하면 보통의 열차는 일층 혼란을 가져오게 된다. 27일 아침 부산발, 같은 날 밤 남대문역 도착 열차 같은 것은 전시의 군대 수송 광경 그대로였다. (〈경성일보〉 1919년 3월 1일)

당국의 의도대로 조선인에게 '보여 주는' 국장이 준비되고 있었다. 그러나 이 급격한 인파의 운집은 집회가 금지돼 있던 조선에서 독립운동을 일으킬 수 있는 절호의 기회가 된다.

전년(1918) 1월에 우드로 윌슨 미국 대통령은 제1차 세계대전 후의 국제 질서를 상정하여 민족 자결을 포함한 '평화 원칙 14개조'를 주창했고, 조선에서는 독립의 기운이 최고조에 달해 있었다. 천도교(天道教) 교주 손병희(孫秉熙)는 이 기회에 불교계와 기독교계와 대동단결하여 독립의 의지를 국제사회에 선언하고자 계획했다. 천도교는 동학의 제3대 교주 손병희가 동학의 흐름을 이어받아 1905년에 창시한 종교다.

손병희 등은 비폭력을 이념으로 하는 평화적인 독립운동을 목표로 하고 있었고, 혈기로 가득한 학생들을 "의견 천박"이라고 멸시했다. 더군다나 학생들이 3월 3일의 '장장제 의식' 당일에 뭔가를 계획하고 있다는 정보가 입수되자 조선군 사령관 우쓰노미야 다로(宇都宮太郎)에게 이를 누설함과 함께, 자신들은 그날에 앞서 3월 1일에 독립선언서를 배포했다.

당초는 파고다공원에 모인 군중들 앞에서 연설할 계획이었다. 그러나 "무지(無智)한 인민들이 폭동을 일으킬지도 모른다"(『3·1 독립운동三一獨立運動』)고 우려해 장소를 인사동(仁寺洞)에 있는 요정 태화관(泰和館)으로 옮겨 슬며시 독립을 선언하는 데 그치고 만다.

그러나 실력 행사를 바라는 학생들은 그러한 온건한 행동에 만족하지 않았고, 파고다공원에서 연설을 시작했다. 열기에 휩싸인 청중은 공원에서 뛰어나가 "독립 만세"를 외치며 시가에서 데모

행진을 했고, "왜 만세를 부르지 않는가, 조선이 독립한 것에 왜 만세를 부르지 않는가"(『조선병합사朝鮮併合史』)라고 선동하면서 국장을 구경하기 위해 경성에 상경한 조선인들을 데모의 물결 속으로 빨아들였다. 이와 같은 경성의 모습을 본 지방 사람들이 고향으로 돌아가 이를 퍼트림으로써 독립을 외치는 소리는 조선 전역으로 전파되었다.

국장은 썰렁, 내장은 성황

3·1 독립운동의 발발은 국장의 성패에 큰 영향을 미쳤다. 3월 3일 이른 아침, 이태왕의 영구를 '장장제 의식' 장소인 훈련원(訓鍊院)으로 옮기기 위해, 황족의 그것과 같은 일본식 장의 행렬이 덕수궁을 나와 황금정(黃金町) 거리에서 동대문 방면을 향해 나아갔다. 그 길에는 각 학교의 학생들이 도열할 예정이었지만, 대부분의 조선인이 등교하지 않았기 때문에 일본인만 영구를 봉송(奉送)하는 "기이한 광경"이 되었다.[6] 게다가 "경성 시중은 계엄령을 선포한 것 같은 광경으로, 특히 장례 행렬도 장례식장도 전부 무장한 군대, 경관이 담벽을 이뤄 겨우 무사히 진행되었다"(『이왕궁 비사』)고 묘사하는 상황이었다.

6 훈련원은 현재 광희동에 있는 훈련원공원, 황금정은 을지로이다. 원저에는 쓰지 않았지만, 덕수궁 대한문을 나선 고종의 인산(因山) 행렬에는 혼을 모신 신연(神輦)과 유해를 모신 대여(大輿)가 있었다. 신연은 그대로 종로를 따라 동대문으로 향했고, 일본식 국장을 위해 훈련원으로 간 것은 대여이다. 훈련원 장의가 끝난 후 대여 행렬은 동대문 밖에 대기하던 신연 행렬과 다시 합류해 청량리로 향한다.

‘장장제 의식’에서는 이태왕의 국장을 ‘실패’로 결정짓는 보다 심각한 광경이 연출됐다. 영결식에 해당하는 이 의식에 참가할 수 있는 자는 참가증을 얻은 조선 귀족과 각지의 유력자에 한정됐고, 좌석도 800석 정도였다. 하지만 조선인 대부분이 보이콧하는 바람에 회장이 공석으로 가득했던 것이다.

> 이태왕전하에게 최고의 은총을 받은 조선 귀족은 이완용 후작, 송병준 백작 등 겨우 손으로 헤아릴 정도였다. (…) 식장은 정말이지 적막하고, 임시 막사는 온통 공석이었다. 순수하게 일본식으로 한다고 해서 복식이나 기타의 제한도 불편했고, 특히 전(全) 조선에서 민족운동이 개시되고 인심의 동요가 그 극에 달하여 있어 식장에 참여한 조선인은 겨우 70여 명뿐이고 그 외는 모두 내지의 관리 및 공직을 갖고 있었던 사람들이었다. (『이왕궁 비사』)

반면, 국장 후 행해진 이왕가의 내장에는 많은 조선인이 참가했다. 오전 11시 15분에 ‘장장제 의식’이 종료되자 동대문 밖까지 길게 대기하고 있던 조선식 행렬은 이태왕의 영구를 실은 대여(大輿)를 메고 금곡리(金谷里) 장지를 향해 움직이기 시작했다. 거리에서는 추도하는 자들이 무릎을 꿇고 통곡하고, 밤이 되자 인근 마을 사람들이 화톳불을 살라 장례 행렬을 인도했다. 금곡리에서의 ‘매장 의식’에는 1만 5천 명 넘는 사람이 모였다고 한다.

이태왕(고종) 국장.

곤도 시로스케 이왕직 사무관은 적막한 국장과 성황을 이룬 내장을 눈앞에서 직접 목격하고, "민정(民情)의 기미(機微)를 느끼지 않을 수 없었다"고 적었다. 전술한 것처럼 이태왕의 장의는 일본국의 체면을 유지하면서 조선의 구관을 넣었기 때문에, 일본식 국장과 조선식 내장으로 나뉘었다. 이 분리는 3·1 독립운동으로 고조된 항일 의식을 일본 대 조선이라는 단순한 대립항으로 가시화하는 역할을 했다. 조선인들 사이에서 속닥거린 다음과 같은 발언이 이를 여실히 나타내고 있다.

> 저것은 총독부가 권력으로 이태왕 전하의 유해를 빼앗은 것이다. 우리는 저항할 힘이 없기 때문에 어쩔 수 없이 두고

보는 것에 다름 아니다. 우리 조선인은 별도로 고래(古來)의 전통에 따라 봉장(奉葬)할 것이다. 전하의 죽은 유해는 일본인의 손에 있어도, 영혼은 우리 조선인에게 있다. (위의 책)

이태왕의 국장이 '실패'로 끝나자, 이왕직과 조선총독부는 왕공족의 의식에 일본식을 적용하는 데 부정적인 태도를 취하게 됐다. 예를 들어 곤도 이왕직 사무관은 "의식의 자질구레하고 소소한 부분에 너무 구애됐고, 참례(參禮)의 자격, 의관(衣冠), 복장을 극단적으로 강제했기 때문에 도리어 민족 심리를 자극하여 조선에서 국장을 행한다는 중요한 의의를 무시해 버린 것은 유감이었다"고 하여 당시 일본 측의 자세를 통렬히 비판하였다.

국무대신을 대표해 국장에 참례한 노다 우타로(野田卯太郞) 체신대신도 위와 같은 곤도의 의견에 찬동해 "일본의 국장 방식을 관습이 다른 조선인에게 적용한 것은 불교 신자에게 기독교 의식을 강요한 것과 같다. (…) 완전한 실패였다"(위의 책)고 깊은 유감을 표했다고 한다.

묘비와 만장에 '황제' 기재 요구

묘비명, '황제'인가 '왕'인가

이태왕 장례에서 문제는 의식만이 아니었다. 일본의 왕족이면서 구 대한제국의 태황제이기도 했던 이태왕의 묘비에 무엇이라고 써야 할 것인가가 논의됐다.

이태왕은 청량리의 홍릉(洪陵)에 잠든 왕비 민씨의 유해와 합분(合墳)되기를 바라면서 생전에 다음과 같은 비문을 준비해 두었다.

大韓 □ □ □ □ □ 洪陵

明成皇后 □ □

(대한 □ □ □ □ □ 홍릉

명성황후 □ □)

□ 부분은 손수 비워 둔 공란으로, "大韓" 다음에는 사후 부여되는 묘호를, "明成皇后" 다음에는 합장할 때 민씨가 우측이 되면 "祔右(부우)", 좌측이 되면 "祔左(부좌)"라고 쓸 터였다. 명성황후는 이태왕이 황제를 선포할 때 민씨를 추존(追尊)한 존호(尊號)이다.

이태왕 국장 후에 민씨의 유해를 금곡리로 옮긴 뒤, 비석에는 "高宗太皇帝(고종태황제)"와 "祔左(부좌)"라고 새겨졌다. 하지만 이때 궁내성은 비를 세우는 데 난색을 표했다. 이를 알게 된 일부 사람들은 '대한'에 문제가 있다고 이해하여, 대한제국 시대의 훈장 패용은 인정하면서 비문만 허가하지 않는 것은 좀스럽다고 비난했다.

그러나 문제는 '대한'이 아니라 '태황제'였다. 조선총독부는 이왕가의 요청을 받아 이태왕의 비문에 "고종태황제"라고 쓰기 원한다는 취지를 궁내성에 올렸다. 이에 대해 궁내성은 무턱대고 "태황제"를 인정하는 것은 불가능하다며, 조선 통치 상 어쩔 수 없다면 "前 大韓高宗太皇帝(전 대한고종태황제)"로 하라고 회답했다.

하지만 조선에서는 비문에 '전'이라고 쓰는 예가 없었고, 게다가 속칭이라는 느낌까지 주기 때문에 이왕가 사람들이나 조선 귀족은 불만이었다. 사이토 마코토 총독은 이왕가의 노여움을 사서는 안 되니 '전'이 없는 안을 인정해 달라고 궁내성에 요청했다. 그러나 일본의 황제는 오직 천황 한 사람뿐이다. 궁내성은 '전'이 없는 안을 인정해서는 안 된다며 이 요청을 거절했다.

이 문제의 해결에 커다란 관심을 갖고 있던 조선 귀족 송병준에 의하면, 조선의 식자들 사이에서는 비석의 앞면 윗부분에 아주 작게 '전'이라고 쓰고, 뒷면에도 '後(후)'라고 기입함으로써 '전'이 단지 앞뒤를 나타내는 것처럼 꾸미면 된다는 의견도 있었다고 한다. 그러나 송병준이 "고식적인 이야기"라며 반대해 이 안은 실현되지 않았다.

"우직한 기골"의 대담한 행동

비를 세우는 문제는 1922년이 되어 급속한 전개를 맞이한다. 비석을 어루만지면서 탄식하는 이왕의 모습을 목격한 고영근(高永根)이라는 사람이 강경한 수단을 들고 나선 것이다. 그는 조선왕조 시대에 민씨 척족(戚族)의 실력자인 민영익(閔泳翊)의 집사로서 왕궁에 출입했고, 경상좌도 병마절도사 등을 역임한 이왕가의 옛 신하다. 민씨 암살사건에 관여한 우범선(禹範善)을 일본에서 살해한 일로도 알려져 있는 인물이다. 오랫동안 옥중 생활을 하고 출옥한 후에는 조선 귀족 민영린에게 인정받아 이왕직 참봉(參奉)이 되어 이태왕의 묘소를 지키는 소임을 맡고 있었다.

조선에서는 3주기(周忌)까지 비석을 세우지 못하는 것은 역적이나 천민임을 의미하는 등 '치욕'으로 간주되고 있었다. 그런 까닭에 "우직한 기골"을 가진 것으로 평해지는 고영근이 12월 찬바람이 휘몰아치는 가운데 은밀히 사람을 모아 "高宗太皇帝", "祔左"라는 글자를 새긴 비석을 무단으로 세워 버린 것이다.

이 사실을 안 이왕직은 심히 낭패했고, 고영근에게 시말서를 작성한 뒤 비석을 철거하게 하여 사태를 은밀히 수습하고자 했다. 그러나 고영근이 완고하게 이 권고를 따르지 않았고, 비석을 무너트리면 "죽음을 결의"한다는 의지를 나타냈기 때문에 이왕직은 곤란한 처지가 됐다.

이때 사이토 마코토 총독은 마키노 노부아키(牧野伸顯) 궁내대신에게 전보를 보내, 고영근이 이태왕을 사모하여 한 행동이므로 "관대하고 원만하게" 처리하고, 책임자에게 사표를 제출하게 하여 면직시키도록 하겠다는 뜻을 전달했다. 이재극 이왕직장관도 궁내성에 사실을 내밀히 알리고, 능 영역에 벽을 두른 후 문을 닫아 두었으니 공중이 그를 바라보는 일은 없을 것이므로 고영근이 세운 비석을 인정해 달라고 애원했다.

결국 일단 세운 것을 허무는 것은 안 된다는 이유로 "대한고종태황제"라는 비문은 그대로 유지된다. 단, 이왕직장관과 차관은 관리 책임을 면할 수 없어 이재극과 간바야시 게이지로(上林敬次郞)는 사임해야 했다.

이왕 승하 때는 어떻게 대처할 것인가

이태왕의 국장으로부터 7년 후, 이번에는 이왕이 승하했다. 제1장에서도 언급한 것처럼 그는 대한제국의 황태자였을 때 정쟁에 말려들어 아편이 들어간 커피를 마신 사고로 20대에 치아가 모두 빠지고 위궤양과 신장위축이 함께 발병해 쇠약해 있었다.

1926년 4월 25일, 예년과 마찬가지로 꽃놀이 손님으로 붐비던 창경원은 이날을 기해 폐쇄됐다. 이왕이 위독하다고 알려졌기 때문이다. 이왕직으로부터 이왕의 용태가 급변했다는 연락을 받은 적십자진료소의 주치의와 조선총독부 의원 의사들이 창덕궁으로 달려가 치료에 임했다. 조선총독부 관계자와 조선 귀족들 60명 정도가 위문을 위해 방문해, 대조전 앞에는 마차와 자동차가 비좁게 늘어섰다.

이왕은 오랫동안 누워 지내는 생활을 하고 있었지만, 당시에는 차도를 보이고 있었기 때문에 이렇게 위독해지는 상황은 주위에서 예상하지 못한 일이었다. 조선 남부 시찰을 위해 나가 있던 사이토 총독은 4월 25일 오후 8시경에 전라남도 송정리(松汀里)역으로부터 열두 시간 걸려 급히 경성으로 되돌아왔다. 그러나 이왕은 총독의 도착을 기다리지 않고 운명했다.

조선총독부로부터 이왕의 승하 소식을 들은 도쿄의 와카쓰키 레이지로(若槻禮次郞) 총리는 4월 27일 오전 9시에 원로 사이온지 긴모치를 방문해 국장을 실시하는 데 대해 이해를 구했다. 그리고 오전 10시의 정례 각의에서 이 방침을 정식으로 결정했다. 같은 날, "대훈위 이왕 훙거에 대해 특별히 국장을 행한다"는 칙령이 내려졌다.

조선총독부와 이왕직으로서는 3·1 독립운동이라는 트라우마가 있었기 때문에, 왕공족의 장의를 일본식으로 해서 또다시 조선인의 반감을 사서는 안 될 일이었다. 곤도 이왕직 사무관에 따르면, 유아사 구라헤이(湯淺倉平) 정무총감(총독 다음 지위)은 "지난번의 쓴 경험에 비추어, 이왕의 장의는 어디까지나 조선의 의식을 존중하여 집행하도록 한다"(『이왕궁 비사』)는 생각을 가지고 있었다고 한다. 그래서 유아사 정무총감은 4월 28일에 쓰카모토 세이지(塚本淸治) 내각 서기관장에게 전보를 보내 "이왕 국장의 경우 장의 양식에 대하여는 가능하면 주로 조선 고유의 식에 의거할 것. 이렇게 하면 차제에 인심에 미치는 영향도 심히 양호할 것이고, 또 이왕가의 경비도 어느 정도 절약할 수 있어서 여러 사정에 좋을 것이라고 생각한다"(『고 대훈위 이왕 국장 서류故大勳位李王國葬書類』)는 의사를 밝혔다.

이렇게 해서 이왕의 국장은 조선 고유의 의식으로 행한다는 전제 하에 준비됐다. 그러나 당국으로서는 [국장이—옮긴이] 조선의 독립을 표상하는 일이 돼서는 안 될 터였다. 의식을 조선식으로 행하면서 국장의 주체가 일본이라는 것을 표현하기 위해 어떤 조치가 취해졌을까?

육군에 원수 지위 요구

조선왕조 시대에는 왕실의 장의는 국장(국상國喪)이고 그 사무는 계제사(稽制司)라는 관청이 담당했다. 특히 태상왕, 태상왕비,[7] 왕과 왕비의 장례 때는 국장도감(國葬都監)을 설치하고 반년이나 걸려 상을 치렀다. 이러한 조선 고례를 이왕의 장례에 그대로 적용하면 국장의 '국'이 조선이 되어 버린다. 그래서 당국은 일본의 국장에서 의식만 없애고, 조선의 고례 중에서 잘 맞는 것을 그 자리에 적용한다는 번거로운 설명을 하게 되었다. 그래서 비록 의식은 조선식이라도 큰 틀은 일본의 국장이라는 명분을 유지할 수 있었다(표 3-3 참조).

당국이 취한 조치는 그것만이 아니었다. 조선의 고례에 존재하지 않는, 일본의 국장을 상징하는 요소를 장의 행렬에 편입한 것

7 고종이 한일합방과 함께 태상왕에 책립되었으나, 조선 관습대로라면 태상왕이 아니라 상황(上皇)이어야 한다. 조선시대에 살아서 왕위(황위)를 넘기고 상왕(上王)이나 상황이 된 예는 태조, 정종, 태종, 단종, 세조, 중종, 고종의 일곱 번이 있다. 이 중 태조 생시에 정종이 태종에게 왕위를 물려주어 태조가 다시 태상왕이 되었고, 정종 생시에 태종이 세종에게 왕위를 물려주어 정종이 노상왕(老上王)이 되었다. 상왕 또는 선왕(先王)의 비는 조선식으로는 대비(大妃), 황제일 때는 태후(太后)가 돼야 한다.

[표 3-3] 이왕(순종) 국장의 의식 교체

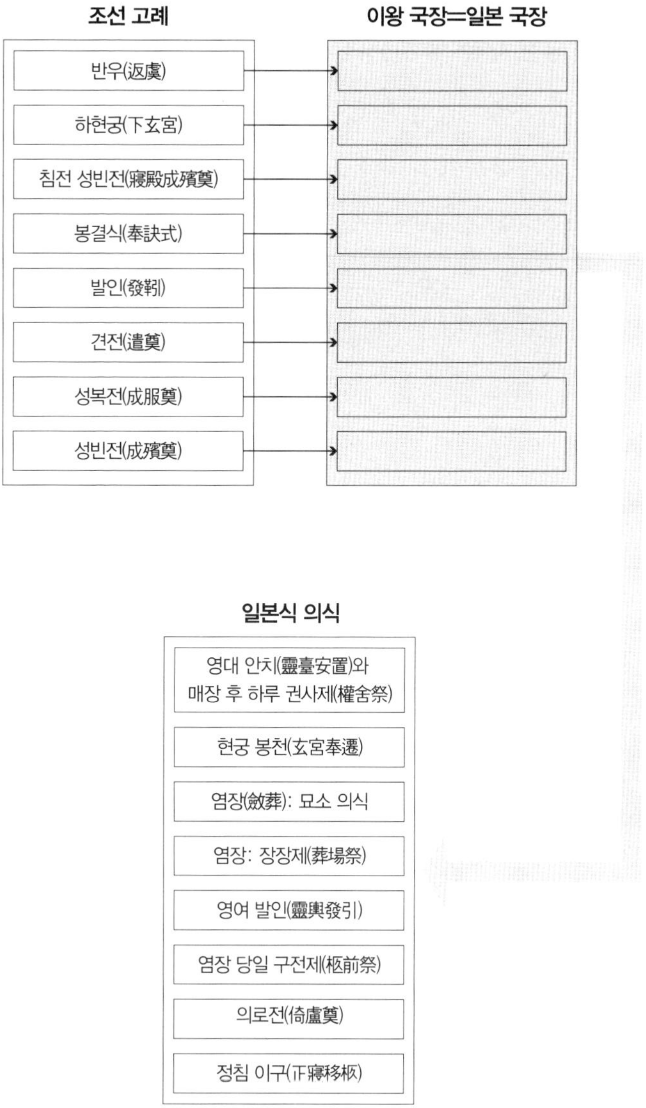

이다. 의장대(儀仗隊)와 만마(輓馬, 수레를 끄는 말)가 그것이다.

의식에 사용하는 칼과 활, 화살 등의 장비를 갖춘 군인이 의장대다. 이것은 국장 등 국가 의례를 엄숙히 진행하고 천황의 권위를 나타내는 데 빼놓을 수 없는 것이다. 일본의 국장은 "천황폐하가 특히 하사하는바 대례(大禮)"인데, 이왕을 국장으로 한다는 것은 천황이 이왕을 공훈이 있는 일본인으로 간주해 국가의 예를 내린다는 것을 의미했다. 그러므로 이왕의 국장에서 천황의 권위를 나타내는 의장대와 만마를 제외할 수 없었던 것이다.

그러나 이왕의 국장은 조선 고유의 의식에 기초하여 엄수돼야 했다. 조선의 고례에 없는 의장대와 만마를 어떤 논리로 장의 행렬에 넣을 것인가? 그것은 조선총독부의 「이왕전하 훙거에 관한 휘보(李王殿下薨去に關する彙報)」에 다음과 같이 설명돼 있다.

> 이번 국장은 주로 조선식에 따라 행하므로, 구관에 의한 성빈전(成殯奠)으로부터 반우(返虞)까지의 주요한 의례는 이미 국장에 포함되게 되었다. 국장은 의식을 엄숙히 집행하는 것이 제일 중요하고, 의장대, 만마 등은 조선식의 장의에는 없는 것이라 할지라도, 이왕이 원수(元帥)에 대한 예우를 받는 것이기 때문에, 그것은 차질 없는 개소에 들어가게 되었다.

이처럼 이왕이 군인의 최고 직위인 원수에 오른 것을 논거로 조선 고유의 예식에 군대의 요소인 의장대와 만마를 끼워 넣은 것이다.

그러나 이왕은 생전에 원수가 된 일이 없었다. 사실 조선총독부는 이러한 조치를 마치 예견하기라도 했다는 듯이 승하 직후에 이왕에게 원수를 추서했다. 이왕은 용태가 급변하고 5시간 뒤인 4월 25일 오전 6시 15분에 승하했다. 그런데 조선총독부는 그 사실을 곧바로 정부에 보고하지 않고, 이왕의 최후를 장식한다는 이유를 붙여 하야시 나리유키(林仙之) 조선군 참모장을 통해 육군에 원수의 지위를 요구했다.

이에 대해 육군은 당초에는 난색을 표했다. 「원수부(元帥府) 조례」에 "육해군 대장 중에서 경험을 쌓고 대단히 숙련된 자"(강조 인용자)에게 원수 칭호를 하사한다는 규정이 있었기 때문이다. 이왕은 한국 병합 4개월 후인 1910년 12월 26일에 육군 대장의 예우를 받기는 했다. 하지만 실질적인 군무(軍務)에 나아간 적은 없고, 무관의 제복을 착용해 명예와 위엄을 표시하는 정도였다. 「원수부 조례」의 조건을 만족했다고 보기에는 무리가 있었다.

그렇다고는 해도 육군은 조선 통치와 깊게 연결된 이왕의 처우를 가볍게 낮출 일은 아니라는 것 또한 충분히 이해하고 있었다. 그래서 쓰노 가즈스케(津野一輔) 육군차관은 모리오카 모리시게(森岡守成) 조선군 사령관에게 "통치의 필요에서 원수의 대우를 내려 주고자 하는 의향이라면, 특히 총독이 그쪽으로 신청하면, 연구해 줄 것"(「이왕 전하 훙거에 즈음하여 원수의 예우에 관한 건李王殿下薨去ニ際シ元帥ノ禮遇スル件」)이라고 전달했다. 이에 따라 사이토 총독

의 의뢰문이 4월 26일 오전 11시 23분에 육군대신에게 발송됐다. 와카쓰키 총리에게 이왕 승하 사실을 보고하기 12시간 전의 일이었다. 이리하여 이왕은 원수가 됐고, 그 지위를 근거로 국장 행렬에 의장대와 만마를 배치하게 됐다.

'황제' 표기 둘러싸고 분규

이태왕의 국장에서는 비석에 '고종태황제'라는 말을 사용하는 것을 둘러싸고 궁내성과 이왕가가 대립했는데, 이왕의 국장에서도 같은 문제에 대한 논란이 일어난다.

조선식 장례 행렬에서는 고인의 생전 관직을 적은 명정(銘旌)이라는 조기(弔旗)를 들고 가는 관습이 있어서, 거기 적을 문구에 대해 국장위원회에서 협의가 있었다. 위원회를 구성한 것은 주로 내각, 궁내성, 이왕직, 조선총독부, 육해군 관료들이다. 조선의 고례와 관련해 소수지만 박영효, 윤덕영 등 조선 귀족도 추가됐다.

명정을 쓰는 방식에 대해, 우선 미쓰야 미야마쓰(三矢宮松) 조선총독부 경무국장이 '고 대훈위 이왕지구(故大勳位李王之柩)' 또는 '故大勳位李王之梓宮(고 대훈위 이왕지재궁)'이라 적자고 제안하여 일본의 '이왕'으로 장송하자는 의견이었다. 그러나 시노다 지사쿠 이왕직차관은, 조선의 고례에 즉하여 국장을 행한다는 방침이기 때문에 명정을 쓰는 방식도 신중하게 협의해야 한다고 반론하며 '故大勳位李王之柩' 아래 '純宗大王(순종대왕)'이라고 부기하면 어떨까 제안했다.

시노다의 의견은 이날 오전 중에 나온 이왕직 내 의견을 집약한 것이었다. 제1안 '순종황제', 제2안 '순종대왕', 제3안 '고 대훈위 이왕지구', 제4안 '고 대훈위 이왕지재궁' 중 시노다 등의 다수 의견에 따라 '순종대왕'이 이왕직 안으로 확정된 것이다. 그러나 민영기 이왕직장관의 본심은 제1안이었다. 그래서 국장위원회에서 시노다가 조선의 고례를 존중해야 한다는 의견을 개진하자 민영기가 그에 편승해 '순종황제' 안을 주장했다. 이에 윤덕영도 민영기의 의견에 찬성하며 이왕에게 '황제'의 존호를 남기자고 요청했다.

이에 대해 위원장을 맡고 있는 유아사 구라헤이 정무총감은 "일본제국의 역사에서는 아직 일찍이 하늘에 두 명의 군주가 있다는 것을 인정한 예가 없는 것입니다. (…) 대의명분을 흩트리지 않는 범위 내에서 결정하고자 합니다"(『고 대훈위 이왕 국장 서류』) 하고 못을 박았다. 그리고 이왕직의 다수 의견은 '순종대왕'이었다면서, 협의를 계속해 봤자 끝이 없으므로 바로 이 안으로 결정하는 것이 어떨까 제의했다.

그러나 윤덕영은 '대왕'도 '황제'처럼 일국의 주권자를 받드는 존칭이기 때문에, '대의명분'에 비추어 '황제'가 인정되지 않는다면 '대왕'도 마찬가지일 것이고, 이왕은 일찍이 '황제'로 칭했기 때문에 '대왕'을 인정한다면 '황제'도 문제가 없는 것이 아닌가 하고 물고 늘어지면서, 이왕직뿐만 아니라 조선인 일반의 의견을 참고해 결정해야 한다고 말했다.

시노다 이왕직차관은 윤덕영의 의견에 내해, 이왕에게 '존경의 시호'를 사용하는 것은 당연하다며 양보하는 자세를 보였지만, '대의명분'으로 생각하면 역시 '대왕'이 최대한이라고 했다. 치안 유지에 종사하는 미쓰야 경무국장도 "이 기회를 이용하여 불온한 일을 기도하려고 하는 자도 좀 있다"면서 '황제' 호칭이 독립운동에 이용될 위험을 언급했다. 유아사 정무총감은 미쓰야와 같은 직접적인 비판은 피했지만, 그도 내심으로는 두뇌가 명석한 윤덕영이 기묘한 책략으로 민중을 선동하려는 것이 아닌가 경계했다(위의 책).

국장위원들만 이렇게 생각한 것이 아니었다. 예를 들어 이마무라 도모에(今村鞆) 이왕직 사무관은 사이토 총독 앞으로 보낸 의견서에서, 이왕가에 관계되는 자가 그 지위를 이용해 분란을 일으킬 가능성이 있다고 충고했다(『이왕가에 관한 이런저런 일李王家に關する事ども』). 당국은 명정 같은 세세한 문제도 왕공족이 반체제의 상징으로 이용하지 않도록 경계해야 했던 것이다.

유아사 정무총감 입장에서는 명정에 '순종대왕'이나 '이왕'이라고 써서 윤덕영 같은 사람들의 반감을 사는 것은 좋은 일이 아니었고, 그렇다고 '순종황제'로 하는 것은 제국의 '대의명분'으로 볼 때 인정할 수 없는 것이었다. 그래서 '황제'라고 쓴다면 사람들의 눈에 띄지 않도록 상여 안에 넣어 운반한다는 조건을 붙이고, [대신에—옮긴이] 국장 행렬에 황족의 장의에 준하여 황색과 백색 비단 깃발을 세우자고 제안했다. 그럼으로써 '황제'라는 호칭의 기재도 인정하고 민중의 선동을 막자는 것이었다. 단, 명정이 가려져 버리기 때문에 조선 고례에 의거한다는 이왕 국장의 근본적인 틀은 깨지지 않을 수 없었다.

일본은 한국 병합 시에 서구 근대의 규칙을 중시하고 책봉 체제 하의 예 관념에는 구애되지 않는 면모를 보였다. 왕 책립 의식에서 천황(의 칙사)과 이왕이 군신의 관계를 나타내는 남면·북면 대신 서면·동면하여 마주 앉은 것이 이 점을 잘 나타낸다. 이처럼 비록 식민지로 삼을망정 이왕을 '신하'로 취급하지 않음으로써 대한제국 측을 회유해 왔다. 그러나 일본이 제국인 이상 천황과 이왕 사이에는 넘을 수 없는 벽이 있었고, 당연하게도 이왕이 황제라는 이름을 내거는 것까지 인정할 수 없었던 것이다.

연도를 메운 구경꾼들

'발인(發靷)'과 '봉결식(奉訣式)'이 가까워지자 지방에서 많은 사람들이 경성으로 모이기 시작했다. 6월 7일의 예행연습에만도 구경꾼이 13만 명에 달했다.

1926년 6월 10일 오전 8시, 영구를 실은 국장용 상여를 중심으로 한 행렬이 창덕궁을 출발해 '봉결식'이 거행되는 훈련원으로 향했다. 행렬 곳곳에 주작(朱雀), 현무(玄武), 백호(白虎), 청룡(靑龍)을 그린 깃발 등이 다채롭게 휘날렸고, 1미터나 되는 탈을 붙여 만든 특이한 얼굴을 하고 귀신을 쫓는다는 방상시를 태운 수레와, 이왕의 애마 모양을 본따 종이로 만든 말을 태운 붉은 칠을 한 수레가 행렬을 이끌고 앞으로 나아갔다. 기본적으로는 일본식과 대조적으로 이처럼 호화찬란한 조선식 행렬이었지만, 그 앞뒤에는 의장대가 배치되어 일본 국장의 엄숙함을 자아내고 있었다. 또 조선식 장례 행렬에 의장대가 있을 수 있다는 것을 증명하기라도 하듯, 국장용 상여의 앞에는 도쿄로부터 수송된 원수의 칼과 휘장이 배치됐다.

연도에는 2만 4천 명의 각급 학교 학생과 아동이 빼곡하게 정렬했기 때문에 배관자들은 민가 처마 끝에서 앞을 향해 밀치락달치락 북적였다. 이 과밀 상태 속에서 사건이 일어났다. 국장 행렬의 최후미에 위치한 해군 의장대가 종로의 영화관 단성사 앞을 지나갈 때, 일부 과격파가 연도에 나와 격문을 뿌리고 "대한 독립 만세"를 소리 높여 외친 것이다(6·10 만세운동). 놀란 민중은 무리를 이룬 채 밀려 쓰러졌고 그 일대는 비명에 휩싸였다.

경찰 당국의 대응은 민첩하여, 이날 오전 중에 연희전문학교(현 연세대학교)와 보성전문학교(현 고려대학교) 학생 약 150명을 체포했다. 이들 엘리트 지식인들은 3·1 독립운동이 다시 오기를 노렸지만, 일반인은 호응하지 않았다. 그 이유로는 독립운동을 계획하고 있던 천도교도와 조선공산당원들을 경찰이 미연에 검거하고 불온 문서 5만 장을 압수해 운동이 연쇄적으로 확산되지 못했다는 점을 들 수 있을 것이다. 또 병합으로부터 16년이 지나면서 독립운동가와 일반인 사이에 의식의 괴리도 생겨나 있었다.

공산당원으로부터 압수한 당 중앙 간부에게 보내는 통신에는, 이 기회를 이용하여 일반 민중에게 "혁명적 시련"을 주고 "혁명적 조직을 공고하게 한다"(「조선공산당사건에 관한 조사서 송부의 건朝鮮共産黨事件ニ關スル調査書送付ノ件」)는 취지의 문장이 쓰여 있었다고 한다. 즉, 독립운동을 추진하는 측조차 민중이 "시련"을 감수하지 않는 한 동원하기 곤란하다는 것을 인정하고 있었던 것이다.

장례 행렬에서 한바탕 소동이 있었지만, 다른 문제 없이 '봉결식'이 진행되었다. '봉결식'이 끝나자 다시 행렬이 꾸려지고 이왕의 영구는 금곡리의 묘소로 운반됐다. 이때는 조선인의 눈을 의식했는지 조선 고례와 이질적인 의장대가 조선 보병대 등의 일부로 축소됐다. 동대문에서 청량리까지 가는 약 4킬로미터 도로 곁의 밭과 언덕은 흰옷을 입은 군중으로 메워졌다.

이태왕과 이왕 실록 편수: 제국의 정통성을 위하여

조선왕조 귀중 도서 승계

동아시아에서는 황제(왕)가 승하한 뒤 임금의 언행을 중심으로 한 일대기를 '실록'이라는 이름으로 정리해 편찬하는 전통이 있다. 특히 조선왕조는 이 전통을 면면히 계승하여, 왕조 창업자 이성계의 통치는 『태종실록(太宗實錄)』, 한글 창제로 유명한 제4대 임금의 치세는 『세종실록(世宗實錄)』 하는 식으로 역대 왕의 묘호를 붙인 다수의 실록을 남겼다. 이것을 합해 『조선왕조실록』이라고 하며, 1997년에 유네스코 세계기록유산으로 등재됐다.

이태왕(고종)과 이왕(순종)은 원래 조선왕조의 왕과 대한제국의 황제이지만, 한국 병합에 의해 일본의 왕공족으로서 훙거했다. 따라서 조선왕조에 의한 실록 편수(編修)는 고종의 앞 대인 제25대 왕의 『철종실록(哲宗實錄)』으로 끝난다.

그러나 조선총독부가 병합과 동시에 조선왕조의 사서(史書)와 사료(史料)들을 처분한 것은 아니다. 대한제국 정부, 궁내부, 규장각 등이 소장하고 있던 도서와 기록 문서를 인계해 정리했다. 게다가 고종황제 재위 중의 『일성록(日省錄)』은 일부(1901~1906년)가 누락되어 있었기 때문에, 1911년 3월에 편집위원 4명을 두어 같은 해 8월까지 보수(補修)를 마친다. 『일성록』이란 TV 드라마 〈이산〉으로 잘 알려진 제22대 국왕 정조(正祖)가 만들기 시작한 공적 일기로,[8] 국립도서관격인 규장각의 관리가 대필하고 국왕 스스로 가필 첨삭한 것이다.

조선총독부는 이 외에도 1만 9,280책의 서적을 구입하고, 그와 함께 왕실의 계보도와 국왕 직필의 문서·시가(詩歌) 등을 보관하기 위해 새로이 봉모당(奉謨堂)과 보각(譜閣)을 건립했다.

8 공식적으로는 영조 36년(1760)부터 한일합방이 이루어진 융희 4년(1910) 8월까지의 일기로 되어 있다.

일본의 실록 편수: 메이지유신 후의 진전

2014년 9월, 쇼와천황의 생애를 기록한 『쇼와천황실록(昭和天皇實錄)』 전 61책이 일반에 공개되며 큰 뉴스가 됐다. 그러나 일본은 『조선왕조실록』처럼 역대 천황의 사적을 체계적으로 기록해 오지는 않았다. 고대의 정사(正史)인 『육국사(六國史)』 중 네 번째로 편찬된 『속일본후기(續日本後紀)』는 제54대 닌묘(仁明)천황 1대의 기사를 담고 있고, 그 뒤 『일본몬토쿠천황실록(日本文德天皇實錄)』, 『일본삼대실록(日本三代實錄)』이 작성되면서 서명에 '실록'이라는 말이 쓰이고 있다. 일본에서 '실록'이라고 부를 만한 것은 이 3책 정도밖에 없었다.

그래서 메이지 시대 왕정복고에 의해 신정부가 수립되자, 우선 궁내성 안에 설치된 임시 조직이 이전 천황들의 사적을 『고메이천황기(孝明天皇紀)』로 정리해 1905년 3월에 메이지천황에게 올렸다. 이 성과를 거쳐 궁내성에서는 역대 천황과 황족의 실록을 정리하는 계획이 부상했다. 1907년 10월에는 궁내성 도서료의 담당 직무에 '천황 및 황족 실록 편수에 관한 사항'이 추가됐고, 메이지유신 후에 서거한 황족의 실록 편수 작업을 1915년 3월에 개시했다. 당초 67명의 황족을 대상으로 했지만, 4년 후까지 완성된 것은 후시미노미야 구니이에(邦家), 아리스가와노미야 다카히토(幟仁), 아리스가와노미야 다케히토 세 친왕의 실록뿐이었고, 나머지는 1920년 3월부터 5월에 걸쳐 시작된 『사친왕가실록(四親王家實錄)』과 『천황황족실록(天皇皇族實錄)』의 편수 작업으로 넘기게 된다.

『천황황족실록』은 진무(神武)천황부터 고메이천황에 이르는 시기의 역대 천황, 북조(北朝) 5대의 천황과 그 후비(后妃)·황친(皇親) 등 총 3,050명의 행실을 정리한 것이다. 또 『사친왕가실록』은 그 일환으로 세습 친왕가[11]인 후시미노미야, 가쓰라노미야(桂宮), 아리스가와노미야, 간인노미야에 한정하여 에도 시대까지의 사적을 수록한 것이다. 이것들은 천황가의 계보를 명확히 하고 제국의 정통성을 확립하기 위해 편찬된 사서라 할 수 있다.

메이지 말년부터 다이쇼 시대에 걸쳐 본격화되는 이러한 궁내성의 실록 편수 작업은, 그와 때를 같이하여 일본에서 탄생한 왕공족과 무관할 수 없었다. 1912년에 이희공, 1917년에 이준공, 그리고 1919년에 이태왕이 훙거하자, '황족의 예'를 받는 그들의 역사를 "실록으로 만들어 영원히 사라지지 않도록"(『실록편수록實錄編修錄』) 후대에 전하고자 했다. 왕공족은 제국의 정통성과 떼려야 뗄 수 없는 관계였다.

아사미 린타로의 관련 사료 수집

당시 궁내성 도서료의 수장인 도서두(圖書頭)를 맡은 이는 모리 린타로(森林太郎, 모리 오가이森鷗外라고도 한다)였다. 그는 아사미

9 남북조 시대(1336~1392)부터 에도 시대(1603~1868)까지, 일본 황실에서 당대 천황과의 혈통의 원근에 관계없이 대대로 친왕(남자)·내친왕(여자) 지위를 유지하는 4개의 친왕가.

린타로(淺見倫太郞)를 도서료 촉탁원(囑託員)으로 내세워 1919년 6월 2일에 『왕공족실록(王公族實錄)』의 편수를 명했다(1921년 10월부터는 주임奏任 대우의 어용괘가 된다). 아사미는 도쿄지방재판소 검사, 통감부 판사, 조선총독부 판사 등을 역임한 법률 전문가인 동시에 서지와 고사에 밝은 한문 서적 수집가이기도 했다.

그는 실록 편수 보고서에서, 공문서·사문서 관계없이 널리 사료를 모으고 "치우치지 않는다"는 정신으로 작업에 임해야 한다는 소신을 보였다. 또 역사를 편수하는 자는 논평을 가하려고 하지만 그것은 잘못된 태도이며, 『왕공족실록』에서는 찬사나 멸시와 같은 개인의 생각을 배제해야 한다고 했다. 결국 사관(史官)이 해야 할 일은 폄훼나 찬양, 칭찬이나 비난을 논하는 것이 아니라 사료를 수집·선정하고 기록하는 일이라는 것이다.[10] 아사미가 주관을 극력 배제하려 했음을 엿볼 수 있다.

그러나 그처럼 사료에 집중하려고 해도, 당시는 왕공족의 일상을 기록하는 제도가 아직 갖춰져 있지 않았다. 그래서 아사미는 상당 부분 대한제국 시대의 사료에 의존하게 됐다. 이태왕에 관해서는 일상의 기록으로 『일성록』, 『찬시일지(贊侍日誌)』, 『덕수궁 경찰일지』 등이 있었다. 하지만 이희공과 이준공은 비록 이태왕의 친족이지만 병합 전에는 군신의 관계였으므로, 같은 기록물이

10 이러한 태도는 사마천(司馬遷)의 『사기(史記)』 이래로 "살피건대(案/按)~", "논하건대(論曰)~" 하는 식으로 사관의 평가를 반드시 기록하는 전통과는 상반되는 것이다.

라도 그들에 대해 언급한 부분은 많지 않았다. 아사미는 그러한 사료 상의 제약을 감안하여, 1920년 4월경 3개의 실록을 동시에 준비하여 편수한다는 당초의 계획을 파기하고 개별적으로 집필하는 것으로 변경했다.

『이희공실록(李熹公實錄)』, 『이준공실록(李埈公實錄)』과 관련해 특히 곤란이 따랐다. 궁내성 종질료(宗秩寮)가 관장하는 『왕공족실록』 내의 계보, 첩적(牒籍), 이력서에서 사료를 찾았지만, 이것들은 원본이 아니라 구 대한제국 정부가 작성한 문서를 옮겨 놓은 것이었고 따라서 오기(誤記)가 적지 않았다. 그 외에 확보하고 있는 것은 『경위일기(警衛日記)』라는 경비에 관련된 기록 정도였다.

그러나 아사미는 조선총독부에서 오랫동안 근무한 경력 덕에, 이희공의 자필 일기가 조선에 있다는 사실을 다른 사람으로부터 들어서 알고 있었다. 그래서 1919년 6월 10일에 이왕직에 연락해 일체의 관계 기록과 일기를 송부해 줄 것을 의뢰한다.

이리하여 11월 3일이 되어 이희공의 이력을 기록한 서류가 아사미에게 도착했다. 단, 그것은 집필자의 이름이 빠져 있고, 연월일에 착오가 있을 뿐만 아니라 거짓이 두드러진 물건이었다. 하지만 아사미는 이 문건을 작성하면서 참고로 한 사료가 따로 있으리라는 것을 직감하고 이왕직에 다시 조회한바, 이희공의 일기인 『이희공 종환록(李熹公從宦錄)』과 수십 통의 임명장과 서훈증서가 존재한다는 것이 밝혀졌다. 아사미는 이희공가 제3대 당주인 이우공으로부터 이 사료를 빌려 필사에 착수했다.

하지만 그렇게 해도 『왕공족실록』의 사료는 불충분했다. 조선왕조의 국가 행사와 왕실의 관혼상제를 기록한 『조선왕조 의궤(朝鮮王朝儀軌)』라는 도서가 있었는데 그것을 입수할 수 없었기 때문이다.

조선왕조 의궤란

조선왕조에서는 국가 행사나 왕실의 제례, 장의, 혼례 등에 관해 의식의 방식과 도구의 종류, 수지결산 등을 그러한 일이 있을 때마다 『○○의궤』라는 이름으로 편찬해 두었다. 장의는 『국장도감의궤(國葬都監儀軌)』, 결혼은 『가례도감의궤(嘉禮都監儀軌)』 하는 식이다. 종수가 수천에 이르는 방대한 의궤를 오늘날은 총칭해 『조선왕조 의궤』라고 한다. 역대 실록이 『조선왕조실록』이라는 이름으로 일괄하여 유네스코 세계기록유산에 등재된 것을 선례로 했을 것이다. 실제로 『조선왕조의궤』(이하, '의궤'로 약칭)도 2007년에 세계기록유산이 됐다.

의궤는 국왕에게 바치는 호화로운 어람본(御覽本) 말고도 복수의 부본(副本)이 제작됐다. 한반도는 항상 외적의 침략이나 자연재해를 겪었기 때문에 실록이나 의궤와 같은 중요 도서는 각지에 설치한 '사고(史庫)'에 분산 보존해 흩어지거나 잃어버리지 않도록 조치했다. 고려시대인 1227년에 왕궁 내 사관(史館)과 경상북도[경상남도의 잘못—옮긴이] 해인사에 『명종실록(明宗實錄)』을 나누어 보관한 것이 그 기원이었다고 한다. 조선왕조 초기에는 왕궁 외에 지방의 충주, 성주, 전주에 사고를 설치해 도서를 보관했는데, 도요토미 히데요시(豊臣秀吉)의 침략[임진왜란—옮긴이]에 의해 3개 사고 중 전주 이외는 모두 불타 버렸다. 그 후 강화도의 마니산(뒤에는 정족산), 강원도의 오대산, 경상북도의 태백산, 평안북도의 묘향산(뒤에는 전라북도 적상산)에 사고를 설치해 중요 도서인 실록과 의궤 등의 도서를 보관해 왔다.

그 가운데 강화도에는 왕립도서관의 별관 '외규장각(外奎章閣)'이 있었고, 특히 정교하게 만들어진 국왕 어람용의 의궤가 거기 수장돼 있었다. 그러나 19세기에 이르러 그것들은 프랑스에 강탈된다.

당시 고종이 제26대 국왕으로 즉위해 있었지만, 실권을 장악한 것은 그의 아버지인 흥선대원군 이하응이었다. 이하응은 쇄국 정책을 추진하여, 천주교도를 탄압하고 1866년에는 9명의 프랑스 선교사와 수천 명의 신자를 학살하는 사건을 일으켰다(병인박해丙寅迫害). 프랑스 함대를 이끌고 온 로즈 제독은 이에 항의해 강화도를 점령하고 의궤 297책을 가지고 나갔다[병인양요—옮긴이].

이것들은 오랫동안 파리 국립도서관에 보관되어 있었는데, 1993년에 우선 1책만 한국에 반환됐다. 일본과 프랑스가 한국의 고속철도 부설을 놓고 경쟁하던 때였고, 최종적으로 프랑스식이 채택되었기 때문에 철도 수출에 의궤가 이용됐다는 소문이 무성했다. 그런데 21세기 들어서서 문화재 반환 요구가 전 세계적으로 드높아져, 2011년에 '영구대여'라는 형식으로 나머지 296책도 한국으로 돌아왔다.

본래 주제로 돌아가자. 조선왕조 시대에 각지에 분치(分置)돼 있던 실록과 의궤를 비롯한 귀중한 기록물들은 한국 병합을 전후한 시기에 일본인에 의해 경성으로 모아졌다. 도쿄제국대학 공학부에서 건축사를 담당한 세키노 다다시(關野貞)의 고(古)건축 조사를 비롯해 인류학자, 고고학자, 역사학자들이 진행한 '고적(古蹟) 조사 사업'에 부수해 진행된 일이다. 이렇게 모인 자료는 기본적으로 조선총독부 학무국이 보관·정리했고 고문서는 경성제국대학 부속 도서관으로 이관됐다.

또 대한제국 시대에 이토 히로부미 통감의 위탁으로 민법학자 우메 겐지로(梅謙次郎)와 그 제자들이 진행한 '부동산법 조사(不動産法調査)' 과정에서도 자료가 되는 도서류가 모아졌다. 이들은 한국 병합 후 조선총독부 참사관실에서 일차 정리되고 학무국을 거쳐 경성제국대학 부속 도서관으로 옮겨졌다.

마지막은 대한제국 시대에 진행한 궁중 개혁에서 유래한 경로다. 이때 각종 기록류가 '제실도서(帝室圖書)'로 궁내부 제실재산 정리국에 모아져 정리됐다. 이것들은 한국 병합 후에 이왕직이 이어받아 보관하였다.

그런데 경성제국대학의 자산은 전후에 접수되었고 서울대학교가 인계했다. 그래서 서울대학교 규장각한국학연구원은 한국에서 가장 많은 546종 2,940부의 의궤를 소장하고 있다. 또 이왕직 도서관인 장서각(藏書閣)은 한국정신문화연구원(현 한국학중앙연

구원)이 계승하여, 동 연구원도 서울대학교 다음으로 많은 287종 490부의 의궤를 소장하고 있다(「『조선왕조 의궤』란 과연 무엇인가『朝鮮王朝儀軌』とは果たして何か?」).

조선총독부에 무상 양도 요청

아사미는 『왕공족실록』을 편수하는 데 의궤가 필수불가결하다고 생각했다. 그래서 궁내성은 1920년에 모리 린타로 도서두 명의로 조선총독부 참사관실에 「조선 도서 무상 양여 의뢰」를 제출한다. 이에 대해 참사관실의 아리가 게이타로(有賀啓太郎)는 다음과 같은 회답문을 작성했다(위의 글).

> 별지 도서두로부터 이태왕 및 이왕 시대의 의궤류에 대한 무상 양여의 의뢰가 있음에 대해, 4부 이상 현존하여 사무에 차질이 없는 것은 각 1부를 다음과 같이 기증해도 좋은지 여쭙습니다.
>
> 안(案)
> 조선총독부 사무관
>
> 궁내성 도서두 앞,
> 올해 9월 18일자 도보(圖普) 제192호로 이태왕 및 이왕 시대의 의궤류 무상 양여 의뢰에서 귀측의 뜻을 이해하였습니

다. 곧 별지의 목록과 같이 별도로 철도편을 이용하여 송부할 것이니 살펴 수령하시기 바랍니다. 차차 회답하겠사옵니다.
(「아리가 게이타로 자료有賀啓太郎資料」)

즉, 부수가 적은 귀중한 의궤는 무상 양여가 불가하지만, 4부 이상 있는 것이라면 일부를 내주어도 지장이 없다는 내용이었다. 문서에는 붉은 펜으로 "폐기"라고 기입된 것이 있어서, 이 계획이 실제로 실시됐는지는 알 수 없다. 그러나 『왕공족실록』의 인용 목록에 다수의 의궤가 실려 있어, 궁내성에 이관된 것은 틀림없어 보인다.

이렇게 해서 바다를 건넌 의궤류는 그 후에도 조선에 반환되지 않았다. 그 이유는 궁내차관이 조선총독부 정무총감 앞으로 보낸 「의궤류 도서 양도의 건(儀軌類圖書讓渡の件)」이라는 서류에 쓰여 있다.

전년 이래 왕공족실록 편수 자료로서 귀부(貴府)[조선총독부]가 소장한 도서를 차용하여 베껴 오려는바, 별지 의궤류의 서책에 한해 도저히 베껴 쓰는 것이 곤란함에 따라, 만약 차질이 없다면 무상 양도하여 주시기 바랍니다. 그 후에는 제실 도서로서 영구 보존할 것이며, 이에 대해 조회합니다. (밑줄 인용자)

의궤는 이태왕, 이희공, 이준공에 관련되는 부분에만 한정해도 방대한 양에 이르고, 게다가 세밀한 그림이 다수 포함되어 있었기 때문에 필사하기 곤란했다. 그래서 궁내성은 필요한 의궤를 별지에 정리해 조선총독부에 무상 양여를 의뢰한 것이다.

이렇게 수집된 사료에 의해 아사미는 1923년 1월에 한자와 가타카나 혼용문으로 쓴 『이태왕실록』 30책(그중 자료 26책), 『이희공실록』 9책(자료 6책), 『이준공실록』 7책(자료 5책)을 완성했다. 단, 붉은 글자가 들어간 원고본이며, 인쇄는 되지 않았다.

왜 『이왕실록』은 편수되지 않았나

임무를 완수한 아사미는 같은 해 12월 18일에 어용괘의 자리에서 물러났다. 그러나 왕족 1명과 공족 2명의 실록은 어디까지나 『왕공족실록』의 일부분이니, 『천황황족실록』과 마찬가지로 대가 바뀔 때마다 편수해 갈 계획이었을 것이다. 실제로 3년 후에 이왕이 승하하자 도서료는 『이왕실록』의 편수를 목적으로 마에마 교사쿠와 박창화(朴昌和)를 임용하기 위한 절차를 진행했다.

그러나, 이유는 분명하지 않지만 이 일은 흐지부지되고 말았다. 사실은 『왕공족실록』의 다음 해에 편수를 시작한 『천황황족실록』과 『사친왕가실록』도 두세 차례 좌절됐다. 1925년에 집필체재의 대전환이 있었기 때문이다.

당초 채용했던 기사본말체(紀事本末體)는 사건과 사실마다 항목을 두어 정리하기 때문에 중요한 사건에 대해 해당 부분을 읽고 이해하기는 쉽지만, 다른 한편 기사의 상관관계가 복잡다기(複雜多岐)해서 편수에 많은 노력과 시간이 소요되었다. 그래서 서술 방식을, 기사를 시계열로 나열하는 데 그치는 편년체(編年體)로 바꾸게 됐다. 이에 더해 궁내성의 정원 삭감이 또한 타격을 주어, 계획은 정체를 면치 못했다. 결국 『천황황족실록』의 본문 285책을 탈고한 것은 1936년 12월의 일이었다. 도서료는 『천황황족실록』의 완성을 기다려 1937년 1월부터 『메이지 이후 황족실록(明治以後皇族實錄)』의 편수를 개시했는데, 전쟁의 재해로 원고와 사료의 태반이 소실되는 바람에 작업이 중단되고, 쇼와 시대가 끝나 가는 1984년에야 재개되어 헤이세이(平成) 시대인 1993년에 이르러 겨우 작업을 마친다.

『사친왕가실록』은 미정고(未定稿)인 채로 1924년 9월에 일단 작업을 종료했다. 『천황황족실록』의 완성에 뒤이어 1944년 8월부터 편년체로 전환해 작업을 개시했지만, 전후 궁내성 내의 혼란으로 곧 중단됐다. 1965년 4월에 서릉부(書陵部) 편수과에서 사업이 재개되어 1984년 3월에 겨우 일단락되었다. 정본 295책은 원고본으로 인쇄는 되지 않았다. 『왕공족실록』도 기사본말체를 채용하고 있어, 같은 이유로 중단됐을 가능성이 높다.

『조선왕조실록』을 계승해 편수

일본이 편수한 왕공족에 관련된 실록은 『왕공족실록』만이 아니다. 조선왕조의 전통을 이어받아 이태왕·이왕만 아니라 고종·

순종의 실록도 만들어 낸 것이다. 결국 그것은 『조선왕조실록』을 마무리하기 위한 작업이었다.

1919년 1월에 이태왕, 1926년 4월에 이왕이 승하하자 이왕직은 조선왕조의 전통에 따라 두 사람에게 고종(高宗)과 순종(純宗)이라는 묘호를 올렸다. 그리고 군주의 사후에 실록을 편찬하는 구례(舊例)에 따라 일찍이 1919년 3월에 「실록 편찬 성안(實錄編纂成案)」을 작성했다. 1927년 4월 1일부터는 한국 병합 후 조선총독부가 인계한 방대한 문서를 활용하여 고종과 순종의 실록 편수에 착수했다.

전술한 것처럼, 조선왕조 시대의 문서는 조선총독부에서 경성제국대학 부속 도서관으로 이관되었다. 그래서 이왕직은 대학 도서관에서 필요한 사료를 빌려 등사에 착수하고, 1930년까지 『승정원일기』 535책을 비롯해 총 2,455책의 서적을 등사, 확보했다. 『승정원일기』란 조선왕조의 기밀을 담당한 국왕 비서실인 승정원의 일기로, 『일성록』과 함께 실록 편수를 위한 일차 사료로 이용되는 기록물이다. 이 작업을 위해 이왕가는 세비에서 매년 5만 엔 남짓을 지출했다.

이왕직은 원고 24만 5,356매에 달하는 분량의 등사를 마치고, 1930년 4월에 편수 직원을 임명하고 창덕궁 구내에 편찬실을 설치했다. 편찬위원장에는 이왕직차관인 시노다 지사쿠가 취임했다. 그 2년 후에는 이왕직장관으로 승진한 시노다를 대신해 이항구(이완용의 차남)가 이왕직차관이 됐고, 신설된 편찬부(副)위원장을 겸했다. 편찬위원회는 주로 구 대한제국 궁내부, 이왕직, 조선 총독부 관계자로 구성됐고, 경성제국대학 교수를 역임한 역사학자 오다 쇼고(小田省吾)도 참가했다.

실록을 편수할 때 사료로는 주로 『승정원일기』와 『일성록』을 사용했고, 궁내성 도서료가 편수한 『왕공족실록』도 참조했다. 제8회 실록편찬위원회에서 시노다 위원장은 "『승정원일기』나 『일성록』 등에 기재되지 않은 것이라도 그 사실이 실재하는 것은 사료를 모으는 데 주의하고, 사료수집부에 의뢰하여 다른 방면으로부터 그를 널리 모은 뒤에 결정하도록 합시다"(「제8회 실록편찬위원회 회록第八回實錄編纂委員會會錄」)고 말했다고 쓰여 있어, 얼마나 광범한 사료에 의거하고 있었는지 알 수 있다. 이토가 안중근의 총탄에 쓰러질 때 고종태황제가 메이지천황에게 보낸 애도문도 실렸다.

현재 한국에서는 이왕직이 편수한 이들 실록은 일본인의 견해에 따른 서술이 많다는 비판이 있고, 유네스코 세계기록유산 등재에서도 제외됐다. 애도문에서 고종태황제와 순종황제가 안중근을 "흉도"로 표현하고 있어서 한국 입장에서는 분명히 불편할 것이다. 그러나 애도문의 원본은 현재도 궁내청에 소장돼 있고, 실록의 기술은 어디까지나 사료에 근거한 것이다.

1971년에 한국에서 이 실록의 보급판을 간행할 때, 해제 집필을 담당한 국사편찬위원회의 최영희(崔永禧)도 "원사료를 현저하게 왜곡 기술한 점을 찾아보기 어렵고 또한 적어도 『일성록』이나 『승정원일기』에 있는 중요한 기사가 이 사료에 누락되어 있는 것

같지 않다"(『고종순종실록』)고 서술하고 있다. 식민지를 통치하는 측이 편수한 실록이라고 해도 역사서로서의 가치는 낮지 않다고 할 수 있다.

고종과 순종 실록은 1935년 3월에 완성되어 『고종태황제실록(高宗太皇帝實錄)』과 『순종황제실록(純宗皇帝實錄)』이라고 이름 붙여졌다. 역대 『조선왕조실록』과 동일하게 한문 편년체로 기술됐고, 편수 체재는 시대가 가장 가까운 『철종실록(哲宗實錄)』을 따르고 있다. 갑오개혁 이후의 조칙과 조약 등을 원문 그대로 인용하고 있기 때문에 한글도 간간이 나타난다.

『순종황제실록』이라는 이름과 관련해 편찬위원 사이에서 논의가 있었다. 이 실록은 대한제국 시대만 아니라 한일합방 후의 기술도 포함하고 있기 때문에 이왕(순종)을 '황제'로 칭하는 것은 이상하고, 합방 후의 일은 별도로 『순종왕실록(純宗王實錄)』을 만들어야 한다는 의견이 제기됐기 때문이다. 번잡한 것을 피하기 위해서인지 그 안은 결국 채택되지 않고, 합방 이후의 기사는 『순종황제실록』 속의 「부록」으로 다루었다.

궁내성에 이관된 조선왕조 의궤 그 후

그런데 전술한 『왕공족실록』의 사료로서 경성에서 도쿄로 이관된 의궤류는 '제국도서'로 궁내성에 보관되고, 종전을 맞아 그대로 궁내청에 인계됐다. 그리고 한일합방 100주년인 2010년이 되자 당시 일본의 민주당 정권이 한반도에서 유래하는 특정 도

서를 한국에 “인도하겠다”고 선언하고, 같은 해 11월 「도서에 관한 일본국 정부와 대한민국 정부 간의 협정(圖書に關する日本國政府と大韓民國との間の協定」)(통칭 ‘한일 도서협정’)에 근거해 다음 해에 81부(部) 167책의 의궤류를 한국에 돌려주었다.

세계적인 문화재 반환 운동 속에서 궁내청의 의궤는 일약 유명해졌다. 그러나 이관 경위에 관해서는 ‘제국주의’라는 이름으로 조선의 왕이 직접 열람하는 어람용 의궤를 탈취한 프랑스의 행위와 동일시되고 있다고 해도 과언이 아니다. 물론 실록 편수를 위한 사료로서 2부 이상인 서책 가운데 보존 상태가 나쁜 것을 일본 측에서 갖고 있었다는 이유로 돌려주지 않아도 된다고 할 수는 없다. 상호주의가 존중되는 한, 반환하는 것이 옳다는 생각이다.

단 한 가지 마음에 걸리는 것은, 일본 민주당 간부와 한국의 언론 매체가 여러 차례 내놓은 “의궤는 한국에 있어야 비로소 의미를 가진다”는 의견이다. 한국 정부와 국민이 일본으로부터 문화재를 반환받는 것에만 만족하고 단지 박물관에 장식해 둘 뿐이라면 그것은 그다지 큰 의미를 갖지 못할 것이다.

앞에서 말한 바와 같이, 『고종태황제실록』과 『순종황제실록』은 일본이 만들었다는 이유로 정통의 『조선왕조실록』에 포함되지 않는다. 그렇다면 일본이 의궤를 사료로 이용해 조선왕조 시대까지 거슬러 올라가 이태왕, 이희공, 이준공의 실록을 편수했듯이, 한국이 독자의 힘으로 『고종태황제실록』과 『순종황제실록』을 편수하는 것이 어떨까 생각한다. 바로 그럴 때라야 의궤가 본래의 의미를 가진다고 할 수 있을 것이다.

제4장

쇼와 시대의 왕공족, 그들의 조국은

'프린스 리' 이은의 서양행

제2대 이왕의 칭호 문제

1926년 4월에 초대 이왕(순종)이 승하하고 이은이 존칭을 계승했다. 같은 해 12월, 히로히토친왕도 천황의 황위를 계승하고 원호도 다이쇼에서 쇼와로 바뀌었다. 새로운 이왕(이은)은 대한제국 황제의 지위에 오른 적이 없고, 게다가 유소년기부터 도쿄에서 생활했다. 어느새 이왕이 조선에 자리를 잡고 앉아 있는 존재가 아니게 된 것이다.

왕의 계승에 즈음해 문제가 된 것은 2대째인 이은을 어떻게 호칭할 것인가 하는 것이었다. 초대 순종에 대해서는 '조선왕'이라는 이름을 내세우지 않도록 그냥 '왕'이 아니라 '이왕'이라 했고, 게다가 앞에 거소의 이름을 붙여 '창덕궁 이왕'으로 했다. 궁내성의 이와나미 다케노부 사무관은 이러한 경위를 고려해 '창덕궁 이왕'은 순종 이척 개인의 호칭으로 보는 것이 타당하고, 이은은 그로부터 '왕'만 계승한 것이라고 주장했다. 또 공족의 경우 이강공·이희공과 같이 존칭을 끝에 붙이기 때문에, 2대째 왕인 이은은 '이은왕전하(李垠王殿下)'라고 칭하는 것이 적절하다는 사견을 피력했다.

그러나 궁내성 회의에서 이와나미의 의견은 채용되지 않았고, 2대째 왕의 호칭은 '창덕궁 이왕 은 전하(昌德宮李王垠殿下)'가 됐다. 그 이유는, 조선 측이 희망한 것이 '왕'이 아니라 '이왕'의 계승이리라고 판단했기 때문이다. 한국 병합 시에 대한제국 정부가 '이왕'에 난색을 보였는데도 궁내성이 왜 이와 같이 판단했는지는 알 수 없다. 병합으로부터 16년이 지나서 '이왕'이라는 말의 브랜드적 성격이 어느 정도 정착됐는지도 모르지만, 추측할 수 없는 것은 아니다.

'창덕궁'에 대해서는, 황족의 궁호(나시모토노미야, 후시미노미야 등)와 유사한 의미를 갖게 하기 위해 도쿄에 거주하더라도 '창덕궁'이라는 말을 대대로 계승하도록 했다고 생각된다. 궁내성 기자회(記者會) 소속의 이하라 라이메이(井原頼明)가 1938년에 저술한 『황실사전(皇室事典)』의 앞부분에 있는 「문장일람(紋章一覧)」에 이왕가의 표기가 다른 미야케와 나란히 "창덕궁"으로 돼 있어서, 마치 이왕가가 황족의 일원처럼 보인다. 군대에서는 이은을 다른 황족과 동일하게 '미야사마(宮様)'로 부르고 있었다.

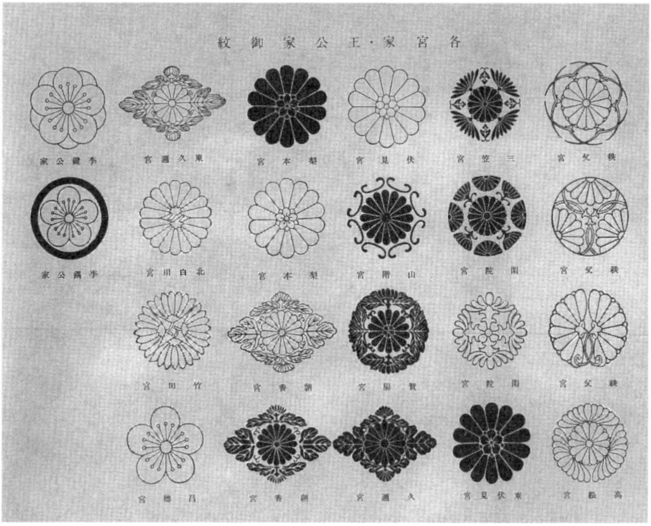

각 궁가·왕공가 문장. 첫째 줄 왼쪽부터 이건공가·이우공가, 맨 아랫줄 왼쪽 창덕궁(『皇室事典』, 1938).

히로히토친왕처럼 유럽 여행길에

이은 부부는 1927년 5월 23일부터 다음 해 4월 10일까지 약 1년간 유럽 외유에 나섰다. 이것은 전년에 계획돼 있었던 행사였고, 1926년 3월에 이미 이치키 기토쿠로 궁내대신이 재가를 청해 천황의 칙허를 얻었다. 목전에 임박한 유럽행을 위해 부부는 준비를 진행했고, 월 2~3회씩 강사를 저택으로 초빙해 세계 각국의 사회, 역사, 경제 등을 학습했다. 그러나 초대 이왕의 승하와 다이쇼천황의 붕어(崩御)로 여러 차례 연기되어, 새해가 밝아서야 겨우 출발하게 된다.

이은 부부가 유럽으로 건너가기 6년 전인 1921년 3월, 쇼와천황으로 즉위하기 전에 히로히토친왕도 동일하게 유럽을 외유한 바 있다. 방문처는 제1차 세계대전에서 독일과 격전을 벌인 영국과 프랑스, 그리고 벨기에, 네덜란드, 이탈리아였다. 히로히토친왕은 영국의 버킹엄 궁에서 국왕 조지 5세를 만나고, 프랑스에서는 독일군과의 격전지인 베르됭과 솜을 돌아보았다. 베르사유 조약 체결 2주년 기념일인 6월 28일에는 소르본 대학을 방문해 1차대전 전사자 기념비에 헌화했다.

이은의 서양행은 일정이 히로히토친왕 때와 아주 비슷했다. 1927년 5월 23일에 요코하마로 이동해 일본우선주식회사(日本郵船株式會社)의 하코네마루(箱根丸)를 타고 출발했다. 수행원은 시노다 지사쿠 이왕직차관, 김응선(金應善) 어용괘, 미우라 기요코(三浦淸子) 어용괘, 다카시나 도라지로(高階虎治郎) 전의(典醫), 아다치 다이이치(足立大一) 촉탁, 가부라기 햐쿠(鏑木百) 시녀, 사토 쇼자부로(佐藤正三郎) 어부[1]무관(御附武官) 등 7명이었다.

요코하마를 출항한 일행은 상하이, 홍콩, 싱가포르, 말라카, 베트남, 콜롬보, 아덴, 수에즈, 포트사이드, 나폴리에 기항하고, 7월 4일 오전 6시에 마르세유에 도착했다. 이은은 이시이 기쿠지로(石井菊次郎) 주 프랑스 대사를 대리해 출영한 모리야마(森山) 이사관 등의 영접을 받고 오전 9시에 상륙해 오텔드노아이유로 향했다. 조금 쉰 후 노트르담 드 라가르드 성당을 견학하고, 해안의

1 신분이 높은 사람을 모시며 심부름 등을 하는 사람.

외유 중의 이은 일행. 앞줄 왼쪽부터 미우라 기요코(어용괘), 이방자, 이은, 시노다 지사쿠(이왕직차관), 뒷줄 왼쪽부터 다카시나 도라지로(전의), 사토 쇼자부로 중좌(무관), 김응선 대좌(어용괘), 아다치 다이이치(촉탁), 가부라기 하쿠(시녀).

라 레제르브에서 열린 오찬회에 참가하고 식사 후에는 뒤마의 소설 『몽테크리스토 백작』으로 유명한 샤토 디프 감옥에 가서 촬영 등을 즐겼다.

7월 5일 파리에 도착해, 12일 오후 4시에 가스통 두메르그 대통령을 방문했다. 대통령이 독신이었기 때문에 유럽의 관습에 따라 이왕비 마사코 여사는 동반하지 않았다. 회견 마지막에 대통령은 이은에게 "일본 황실에 가장 가까운 관계의 귀빈을 맞이할 수 있는 것은 가장 큰 다행이며 기쁨으로 여기는 바이다. 전하의 건강을 기원하는 동시에 일본 황실의 번영을 충심으로 희망한다"(『구주어순유 수행일기歐洲御巡遊隨行日記』)는 취지로 말했다고 한다. 일행은 7월 24일에 솜강가 힌덴부르크 진지선(陣地線), 26일에는 콩피에뉴, 샹파뉴, 아르곤, 베르됭 요새 등 1차대전 전적지를 돌아보았다.

8월 6일 런던으로 건너가, 9일에 마쓰이 게이시로(松井慶四朗) 주영 대사를 동반해 버킹엄 궁을 방문했다. 여기에서 히로히토친왕과 마찬가지로 조지 5세와 메리 왕비를 알현했다. 특히 이은은 영어, 마사코는 프랑스어로 통역 없이 대화했다. 16일에는 러셀 보병 소령의 안내로 근위연대를 견학하고, 일단 대사관으로 돌아와 후지무라(藤村) 외무관보(外務官補)의 안내로 무명 전사의 묘를 방문해 헌화했다.

독일 거쳐 북유럽으로

10월 25일에는 네덜란드에 입국하여, 다음 날 헤이그 평화회의의 무대와 국제중재재판소를 돌아보았다. 히로히토친왕의 일정과의 차이는, 그사이에 시간이 흘러서인지 독일과 오스트리아 등 제1차 세계대전 패전국도 방문했다는 점이다. 10월 31일에 헤이그 역에서 침대차를 타고 다음 날 오전 7시 50분에 베를린에 도착했다. 독일에서는 샤를로텐부르크 궁과 각지의 전적을 둘러보았다. 자식을 사별하고 유산을 경험한 마사코는 11월 7일에 별도의 일정으로 베를린 의과대학을 방문하여 산부인과장의 안내로 병실과 분만실 등을 견학했다.

11월 9일부터 덴마크, 노르웨이, 스웨덴 순으로 북유럽을 방문했다. 북유럽은 오랜 세월 동안 러시아와 적대해 와서, 일러전쟁에서 승리한 일본에게 호감을 가진 나라가 적지 않았다. 특히 스웨덴이 그러한 경향이 강했고, 일부 친일 인사는 "이은 전하의 침착하고 온후한 태도와 마사코비 전하의 높은 기품과 자태"를 보고 "우리가 항상 존경하는 일본인의 전형이다"(『구주어순유 수행일기』)라고 평했다고 한다.

그 뒤 부부는 체코슬로바키아, 이탈리아, 바티칸 등을 순방하고 무솔리니와 로마 교황과 회견했다. 비공식 방문이었지만 어느 나라에 가도 공식과 다르지 않은 정중한 출영이 있었고, 오찬회와 만찬회 등 향응이 있었다.

이은은 이 외유 중에 영국, 벨기에, 프랑스, 이탈리아, 오스트리아, 스웨덴, 덴마크, 노르웨이 등 각국에서 훈장을 받았다. 외국 훈장에 조예가 깊고 이탈리아 훈장의 아름다움에 빠져 있던 이은에게는 특별히 즐거운 여행이 됐을 것이다.

대일본제국 '프린스'

1928년 3월 3일, 일행은 마르세유에서 하코자키마루(筥崎丸)에 승선해 귀로에 올랐다. 도중에 많은 항구에 들렀지만, 갈 때와 동일하게 상하이에는 상륙하지 않고 정박 중인 군함 도네(利根)에 승선해 1박했다. 상하이는 3·1 독립운동의 주도자들이 대한민국 임시정부를 세운 곳인데 독립운동가들의 이은 납치 계획에 대한 소문이 있었기 때문이다. 함내 숙박은 현지 조선인의 동향을 걱정한 이은 부부의 희망에 따른 것이었다(「이왕 내외 양전하 구주 시찰의 건李王同妃兩殿下歐洲視察の件」).

하코자키마루는 4월 9일 오전 8시에 이강공, 이우공, 이덕혜, 조선 귀족, 효고(兵庫)현지사, 고베(神戶)시장, 조선군 사령관 등이 출영 나온 고베에 입항했다. 이은은 오전 11시 30분에 배로 올라온 나시모토노미야와 그 비, 그리고 초청 인사와 오찬을 함께 하고 오후 8시 10분 침대열차를 타고 도쿄로 출발했다. 다음날 오전 9시 10분 도쿄역에서 간인노미야, 히가시후시미노미야비, 후시미노미야 내외, 아사카노미야비, 히가시쿠니노미야 내외 외 관계 각국의 대리공사, 국무대신, 문무관 수백 명의 출영을 받으며 1년에 걸친 외유를 종료했다.

이 여행 중에 이은 부부는 임시로 "백작 이은", "백작부인 마사코"라는 이름을 썼다. 1920년에 히가시쿠니노미야 나루히코(稔彦)친왕이 프랑스에 유학할 때도 "미행(微行)"(신분이 높은 사람이 몰래 나가 돌아다님)이라는 이유로 "히가시(東) 백작"이라는 이름을 내걸었는데 이 전례에 따른 것이다. 궁내성이 사증(査證) 발행을 위해 외무성에 제출한 서류에도 이은과 마사코의 지위가 Count(백작), Countess(백작부인)로 돼 있다.

그러나 행선지에서 각국 왕과 대통령 등에게 보낸 예전(禮電)에는 "PRINCE and PRINCESS RI"라는 이름을 사용했고, 답전의 수신 이름도 동일했다. 전보를 보내기 전에 어부(御附)인 시노다 지사쿠 이왕직차관이 문안을 직접 살펴보지 않은 것이 없었기 때문에, 지위의 표기는 신경을 곤두세워서까지 주의할 정도의 일은 아니었던 듯하다. 실제로 시노다 등 수행원의 사증에 표기된 "이왕직"의 영역(英譯)은 "Household of H. H. Prince Ri"[2]였다. 일본제국의 프린스 히로히토가 유럽을 순방한 6년 뒤, 이번에는 식민지 조선의 이은도 프린스로서 각국을 돈 것이다.

육군 장교의 생업과 충의: 왕공족 군인 3인

군인의 출세가도를 달리다

왕공족 남자는 황족 남자와 마찬가지로 만 18세에 육해군 무관이 될 의무가 있었다. 그래서 이은은 육군사관학교에서 육군대학으로 진학하여 장교가 된다.

이은은 1915년 6월 5일에 근위보병 제2연대에 견습사관으로 배속됐고, 같은 연대 1중대장을 거쳐 1924년 12월 20일부터는 육군의 군령(軍令) 관장 기관인 참모본부 소속이 됐다. 초대 이왕이 승하한 직후인 1926년 6월 3일부터는 조선군 사령부 부(附)를 겸했다. 당시 조선에서는 제2대 이왕이 된 이은의 거주지를 둘러싸고 여러 소문이 떠돌아 민심이 흔들렸기 때문에, 사이토

2 H. H.는 'His Highness (전하)'.

마코토 총독이 조선군 사령관과 협의해 이은이 마치 조선에서 상근하는 것처럼 위장한 것이다. 이때 조선군 사령관은 육군대신에게 "(이은이 국장 종료 후에) 신속히 내지로 귀환하게 될 것은 물론이지만, 조선 재주(在住)라는 형식을 표시하여 차제에 조선 내 민심의 안정을 꾀하는 것이 반드시 필요하다"(「이왕 은 전하의 근무지의 건李王垠殿下の勤務地の件」)고 관련 요청했다.

이은은 1928년 육군 소좌로 승진해 근위보병대 3연대장을 겸임하게 됐고, 다음 해에는 보병 제1연대 부 교육주임이 됐다. 육군 예식에서는 황족이라도 무관의 직을 맡고 있을 때는 계급이 정하는 바 예식에 따라야 한다는 규정이 있었고 이는 왕공족도 마찬가지였다. 당시 그의 상사였던 도조 히데키(東條英機) 연대장이 "이왕 소좌!"라고 부르면 이은은 바로 부동자세를 취했다고 한다.

1930년 12월에는 교육총감부(教育總監部) 부가 됐고, 그 1년 뒤에 아들 이구가 탄생했다. 이구의 양육괘였던 가와치 아야코(河內綾子)의 회상은 자식을 끔찍하게 사랑한 이은의 성격과 절로 미소를 짓게 하는 일가의 모습을 지금까지 전하고 있다.

> 틈이 있으실 때는 그분의 방에 와서 노시고, 한창 귀여울 때 그분이 성장하는 모습을 귀여워 죽겠다는 듯한 얼굴로 바라보고 계셨습니다.
>
> 말수도 적고, 언제나 기뻐하는 모습으로 상냥한 왕 전하이

셨습니다.

비 전하가 어린 전하와 뜰에서 산보 따위로 보이지 않을 때는 문에 서서 "어디? 어디?" 하고 비 전하를 찾으신 일이 한두 번 있었습니다. 왕 전하의 이 "어디?" 하고 말하는 모양은 정말로 인상적이셨습니다. (『영친왕 이은전英親王李垠傳』).

2·26사건 진압에 참여

평온한 시절은 금방 끝났다. 1932년 1월 이봉창(李奉昌)에 의한 쇼와천황 암살미수사건이 있었고(사쿠라다몬사건櫻田門事件), 2월부터 3월에 걸쳐 민간의 우익 급진파에 의한 정재계 요인 암살사건이 잇따랐다(게츠메이단사건血盟團事件). 5월에는 해군 장교가 총리 관저에 난입해 이누카이 쓰요시(犬養毅) 총리를 사살했다(5·15사건).

그리고 마침내 1936년 2월에는 2·26사건이 일어난다. 육군 황도파(皇道派)[3]의 청년 장교들이 무력에 의한 정치 개혁을 목적으로 일어나 사이토 마코토 내대신, 다카하시 고레키요(高橋是清) 대장대신, 와타나베 조타로(渡邊錠太郎) 교육총감 등을 살해하고 수상 관저를 비롯해 정치와 군사의 중추인 고지마치(麴町)와 나가타초(永田町) 일대를 점거한 것이다. 주동은 이은이 1930년 말까지 속해 있던 보병 제1연대와 제3연대의 위관급 장교들이었

3 일본제국 육군 내에 있었던 파벌. 기타 잇키(北一輝) 등의 영향을 받아 천황 친정(親政) 하의 국가 개조, 이른바 '쇼와유신(昭和維新)'을 목표로 활동했다.

고, 야전 중포병 제7연대와 근위보병 제3연대 일부도 가담했다.

사건 발생 후, 참모총장인 간인노미야 고토히토친왕은 오다와라(小田原)의 별저에 틀어박혀 병을 칭하며 좀체 도쿄로 오지 않았다. 그가 지치부노미야(秩父宮) 야스히토(雍仁)친왕의 재촉으로 겨우 어렵게 몸을 일으켜 도쿄에 도착한 것은 2월 28일 밤이었다. 한편 보병 제59연대장으로서 우쓰노미야로 전임 와 있던 이은은 "이러한 사건에 마마(皇王族)께서 몸소 출동하셔야 하는가?"(위의 책) 하는 주위의 불안한 소리를 뿌리치고 혼성대대를 이끌고 도쿄로 출동했다. 신주쿠역으로 입경해 전선 통신본부로 사용되고 있던 야스쿠니신사(靖國神社)에서 가까운 호텔을 접수하고 밤을 밝혔다. 마침 이 호텔에 있던 이시바시 쓰네요시(石橋恒喜) 기자에 의하면, 이은은 전령이 어지럽게 분주히 오가는 로비에서 혼자 의자에 앉아 군도 자루에 양손을 올리고 전혀 몸을 움직이지 않고 침통한 표정을 짓고 있었다고 한다.

가와시마 요시유키(川島義之) 육군대신은 2월 26일 오전 9시 30분에 쇼와천황을 뵈었는데, 장교들의 「궐기취지서」를 낭독하고 상황 보고만 할 뿐인 무능을 드러냈다. 이에 천황이 "속히 사건을 진정"시키라고 명령하자 가와시마는 대단히 두려워하는 모습으로 물러났다. 육군 3장관 중 와타나베 교육총감은 살해됐고, 간인노미야 참모총장은 부재중이었고, 육군대신은 군정(軍政, 병기의 비축과 사용, 인사관리 등 군대 유지에 관한 행정적 측면을 담당)의 최고 지위에 있는 자로서 군을 실제로 움직이는 입장이 아니었고 게다가 천황의 노여움을 사서 제 기능을 하지 못하고 있었다. 그 결과 사태의 수습은 스기야마 하지메(杉山元) 참모차장과 이시하라 간지(石原莞爾) 참모가 담당하게 됐다. 그들은 통수권을 유린한 장교들을 강경히 진압하는 방침을 취했다.

2월 27일에 계엄령이 시행됐다. 계엄사령관에 취임한 가시이 고헤이(香椎浩平) 도쿄경비사령관은 공격 개시를 2일 뒤로 결정했다. 28일에는 반란군에게 원대로 복귀하라는 칙령이 내려, 그에 응하지 않는 장교들은 역적 취급을 받게 된다. 그사이 육군은 전차를 선두로 내세워 반란군을 포위하고, 전단을 살포하는 등 일반 사병들에게 원대로 복귀하라고 계속 권고했다.

2월 29일 오전 9시 전, 육군은 라디오로 "사병들에게 고한다. 칙명이 내려왔다. 이미 천황폐하의 명령이 발해진 것이다"로 시작하는 가시이 계엄사령관의 권고문을 내보냈다. "지금부터라도 늦지 않다"라고 하는 한 구절은 이후 유행어가 되었다. 이은은 "이를 듣고 감정이 없는 자는 일본인이 아니다"(위의 책)라고 말했다고 한다.

반란군 장교들은 이날 오후에 하사관과 사병들을 원대로 돌려보냈다. 1936년 7월부터 다음 해 8월에 걸쳐 기타 잇키(北一輝)와 니시다 미쓰기(西田税) 등 민간인을 포함해 19명이 총살형에 처해지며 사건은 종결됐다.

일중전쟁·태평양전쟁 각지를 돌며 싸우다

일중전쟁의 발단이 된 루기우차오(盧溝橋)사건이 일어난 다음 해인 1938년, 이은은 육군 소장으로서 12월에 북지방면군(北支方面軍) 사령부 부로 조선을 거쳐 현지에 부임한다. 과장급 부하를 지휘하여 군대를 교육하는 것이 그의 임무였다.

다음 해 1월에는 마오쩌둥 지휘 하의 공산당군과 황허를 끼고 전투하는 제1군의 시찰을 계획하고, 우선 타이위안(太原)으로 날아가 사령관인 우메즈 요시지로(梅津美治郎)와 참모인 다케다노미야 쓰네요시(恒德)왕과 만난다. 다음으로 린펀(臨汾), 윈청(運城)으로 남하해 제108사단과 제20사단을 시찰했다. 경성사관구(京城師管區)의 제20사단에는 조선인 지원병도 소속해 있었고, 7월에는 최초의 전사자도 나온다.

그 후 지난(濟南)의 제114사단, 쉬저우(徐州)의 제21사단, 칭다오(靑島)의 제5사단, 신샹(新鄕)의 제14사단, 스자좡(石家莊)의 제10사단을 순회하고, 3월부터는 만몽(滿蒙) 방면으로 돌아서서 다퉁(大同)의 제26사단을 시찰하고, 몽골연맹 자치정부 주석인 덕왕(德王)과도 회견한다. 5월에는 관동군 제부대의 시찰 외, 신경(新京, 현 창춘長春)으로 부임해 만주국 황제인 푸이(溥儀)와 만나고, 6월에는 중지(中支)방면군의 하타 슌로쿠(畑俊六) 대장을 방문했다. 기차와 비행기로 우창(武昌), 쑤저우(蘇州), 상하이, 항저우(杭州), 베이징(北京) 등을 도는 빡빡한 스케줄을 소화한 후 8월에 도쿄로 귀경해 근위보병 제2여단장으로 자리를 옮겼다.

1940년 5월 유수 제4사단장에 부임한 이은.

1940년 5월에는 유수(留守) 제4사단장이 되어 오사카에 부임했다. 이해 이은은 소위로 임관한 후 불과 23년 만에 중장이 됐다. 황족의 승진은 기본적으로 빨랐고 왕공족도 그와 마찬가지였다. 나시모토노미야 모리마사왕은 20년, 아사카노미야 야스히코(鳩彦)왕과 히가시쿠니노미야 나루히코왕은 25년 만에 중장이 됐다. 나시모토노미야 모리마사왕과 히가시쿠니노미야 나루히코왕은 중장이 되고 난 뒤 6년 후에는 대장이 됐기 때문에, 종전이 조금 더 늦었다면 이은도 군인으로서 최고 지위까지 올라갔을 것이다.

이은은 1941년 7월에는 우쓰노미야사관구(宇都宮師管區)에 편성된 제51사단장에 부임했다. 부대는 8월에 만주국의 진저우(錦

州)에 진출했고, 10월에는 남지(南支) 파견군으로 광둥(廣東)으로 가서 제38사단과 임무를 교대해 작전행동에 착수했다. 이은은 태평양전쟁이 발발하기 직전인 1941년 11월에 교육총감부 부로 도쿄로 귀환하는데, 제51사단은 그 뒤 뉴기니 전선으로 옮겨 가게 됐고 비스마르크 해전에서 약 3천 명의 희생을 낸다.

이은은 1942년에 한국 나이로 46세가 됐다. 같은 해 8월 제1항공군사령부 부가 됐고, 다음 해는 사령관의 자리에 오른다. 제1항공군사령부의 임무는 전시 항공 교육과 보충이었지만, 내실은 다양했다. 작전부대의 훈련과 기상(氣象) 및 통신 특수교육 등, 전황이 악화됨에 따라 본토 방공을 담당하는 항공부대의 중요성은 계속 높아졌다.

이은은 특공작전과도 무관하지 않았다고 생각된다. 그의 아들인 이구는 아버지가 어두운 얼굴로 "폐하께 면목이 없다. 우리나라 비행기는 B-29가 비행하는 높이까지 날아가 맞서 싸울 수 있는 비행기도, 사람도, 연료도 없어졌다"(위의 책)고 토로하는 모습을 봤다고 술회한다. 이은은 말수가 지극히 적고 자식과도 좀처럼 대화를 하지 않았다고 전하기에, 이 발언은 이구에게 상당히 인상적으로 남아 있었을 것이다.

이은은 조금이라도 군의 사기를 앙양하기 위해 음악 재능을 발휘해 스스로 항공군가를 만들고, 사령부와 각 부대에 악보를 배포했다. 사령부 직원 일동이 이 노래를 연습할 때는 일부러 피리를 지참하고 "이것은 무슨 조(調)이기 때문에, 여기는 이렇게 노래해야 한다. 여기는 이렇게 노래하는 것이다!"(위의 책)라고 열심히 지도했다고 한다. 부하를 아끼고 중히 여기며, 참모와 부관의 의견에도 귀를 기울이고, 연회에도 힘써 출석했다. 술이 세고, 기생이 나오는 연회를 좋아했다는 일화도 있다.

이은은 1945년 4월에 군사참의관이 되면서 대부분의 시간을 도쿄의 저택에서 보내게 된다. 이 직무는 표면적으로는 천황의 자문에 응하여 중요 군무를 심의하거나 육해군의 대립을 조정하는 것이었지만, 실질적으로는 군사 경력을 종료한 뒤에 맡게 되는 한직 내지 명예직이었기 때문이다.

취미는 난 재배와 카메라

이은의 취미는 난(蘭) 재배와 사진 촬영이었다.

난 재배는 단지 꽃핀 것을 완상하기만 하는 것이 아니라 품종까지 개량하는 수준이었다. 가루처럼 작은 씨앗을 젤라틴을 넣은 시험관에서 배양해, 쌀알만 한 작은 싹이 생기면 핀셋으로 꺼내는 작업을 반복했다. 막 잎이 나면 약품으로 한 장 한 장 공들여 닦아야 하고, 이를 위해 6명의 사용인을 고용했다. 온도에 특히 신경 써서 여름에는 서늘한 나스(那須)의 별장으로 옮기고, 겨울에는 연료가 부족한 전시 중임에도 온실을 유지했다고 한다. 아들 이구가 매일 온실에서 공부했다고 한 것으로 보아 다른 방의 난방은 꺼져 있었던 듯하다. 이은의 난 재배는 국제적으로도 주목받아, 해외 전문가와 글을 주고받는다든가 팜플렛이 발송돼 오는 일도 있었다.

사진열도 상당해, 일본인으로서는 처음으로 히말라야를 촬영한 하세가와 덴지로(長谷川傳次郎)에게 사사하고 연구했다. 이은은 태평양전쟁이 격화하자 호류지(法隆寺)와 나라(奈良)의 국립박물관에 있는 불상들이 재해를 입지 않을까 걱정하여 "하다못해 사진 기록만이라도 후세에 남기고 싶다"(『소생하는 야마토 불상蘇る大和の佛像』)는 생각에서 하세가와에게 촬영을 명령했다. 본래라면 촬영을 허락받지 못했겠지만, 이은이 직접 호류지에 교섭해 특별한 편의가 도모되었다. 자금은 긴키일본철도(近畿日本鐵道)의 오이타 도라오(種田虎雄) 사장이 지원했다고 한다.

이은은 사진뿐만 아니라 신체를 움직이는 일도 좋아했던 것 같다. 여름휴가나 겨울휴가가 되면 이구를 데리고 나스의 골프장, 오쿠닛코(奧日光)와 아카쿠라(赤倉)의 스키장, 야리가타케(槍ケ岳)와 나스다케(那須岳) 등산, 산노(山王)의 실내 스케이트장 등을 찾았고, 가능한 한 많은 스포츠에 접할 수 있는 기회를 만들었다. 게다가 많은 경우 그 방면 전문가를 동행하게 했는데, 일본인 최초의 동계 올림픽 메달리스트인 이가야 지하루(猪谷千春)도 그중 한 사람이었다.

1932년에는 이사카 다카시(井坂孝)의 의뢰로 후지사와(藤澤) 컨트리클럽의 명예회원이 되고, 1937년에는 경성골프클럽의 명예총재에 취임했다. 경성골프클럽은 구 유릉(裕陵) 내에 설치한 창덕궁골프장을 이용하고 있었고, 이왕가의 친척과 이왕직은 무료로 회원이 되는 등 왕공족과 밀접한 관계에 있었다. 경성방직주식회사(京城紡織株式會社) 사장인 김연수(金季洙), 조선상업은행 대표 박영철(朴榮喆), 연희전문학교 교장인 유억겸(兪億兼) 등도 회원 명부에 이름을 올리고 있었다.

도쿄대공습과 원폭 피해를 입은 공족

한편 공족 중 당주인 이건공과 이우공 두 사람은 전전(戰前)과 전중(戰中)의 격동기를 어떻게 보냈을까?

이건공은 1938년에 육군대학교를 제51기로 졸업한 후, 육군기병학교 교관과 육군대학교 연구부 주사를 역임했다. 종전 당시는 직장인 육군대학교가 소개(疎開)함에 따라 고후(甲府)시가의 시키시마(敷島)촌으로 이주한다. 가족 외에 어부무관, 속관(屬官), 어용취급(御用取扱), 시녀, 운전사 등 십수 명의 직원도 돌봐야 했지만, 주위에 농가가 많았기 때문에 전황이 악화돼도 식량은 그다지 곤란하지 않았다고 한다. 그러나 사치할 수 있을 정도는 아니어서 먹는 것은 우동, 수제비, 죽 등이고 때로는 고구마줄기를 먹으며 배고픔을 견뎠다.

1945년 5월 25일, 도쿄로부터 이건공에게 급전이 도착한다. 제1보는 "저택이 대형 소이탄을 맞아 경비 중인 군대가 소방 중", 제2보는 "소방이 진척되지 않아 연소 중"이라는 것이었다. 도쿄대공습의 재해를 입은 것이었다. 시부야 도키와마쓰의 이건공 저택은 곳간 하나만 남기고 모두 타 버렸다.

이건공의 동생으로 이희공가의 가독을 계승한 이우공은 1931년 3월에 육군사관학교 예과를 졸업한 후 육군 제1사난 야포병 제1연대에 배속됐다. 군인이 된 이우공에게는 항상 불운이 따라다녔다. 육군 포병 소위가 된 1933년 11월에는 도치기(栃木)현 근처로 가던 제1여단의 훈련에서 척후로 활동 중 낙마해 머리, 얼굴, 오른쪽 어깨, 오른쪽 허벅지에 부상을 입었다. 콘크리트 다리에 뿌린 물에 말이 미끄러진 것이 원인이었다. 1938년 6월에는 지바현에서 실시한 중대교련(中隊教鍊)에서 우나야(宇那谷)에서 다이니치야마(大日山)로 향하는 도중에 낙마해 골절상을 입는다. 이것도 질퍽이는 길에서 말이 제 다리를 어쩌지 못하고 넘어진 것이 원인이었다.

그 후 1945년에 육군 중좌로 히로시마(廣島)에 부임해 8월 6일에 군마로 출근하는 도중에 도카이치마치(十日市町)에 있는 시(市) 전차 교차점 부근에서 원폭의 직격을 받았다. 얼굴, 머리, 양손, 양 무릎에 화상을 입었고, 이송된 니노시마초(似島町)의 육군요양소에서 다음 날인 7일 오전 5시 5분에 사망했다. 다만 서류상으로는 오스카초(大須賀町) 1번지의 제2총군사령부에서 숨진 것으로 돼 있다.

이우공의 어부무관이던 요시나리 히로시(吉成弘) 중좌는 피폭을 면했다. 그는 무좀으로 고생하고 있어서 장화를 신지 못해 승용차로 한 발 먼저 출근했기 때문이다. 요시나리는 자책감에 시달리다가 요양소 앞 잔디밭에 정좌한 채 권총으로 자결했다.

이때 이왕직과 조선군은 종전이 임박한 혼란기임에도 불구하고 이우공이 국장(國葬)이 되는 것인지, 승진과 서위(敍位) 서훈이 있게 되는지를 숙고하여 육군대신 관방(官房)의 부관에게 이를 조회했다. 결국 장의는 국장이 아니라 육군장(陸軍葬)으로 하여 장헌식(張憲植) 이왕직장관에 일임하게 됐다. 8월 8일에 항공편으로 유해가 경성으로 이송되고, 15일에 천황의 항복 방송이 흘러나온 뒤 경성운동장에서 식이 거행됐다. 아베 노부유키(阿部信行) 총독, 엔도 류사쿠(遠藤柳作) 정무총감, 고즈키 요시오(上月良夫) 조선군관구 사령관 외에 천황의 대리로서 보조 도시나가(坊城俊良) 식부차장(式部次長) 등이 참례했다.

쇼와천황의 동생 다카마쓰노미야(高松宮) 노부히토(宣仁)친왕은 일기에서 히로시마와 나가사키(長崎)의 원폭 피해에 대해서는 언급하지 않았지만, "히로시마 공습으로 이우공이 전상(戰傷)을 입고 다음 7일에 홍거"라고 적고 있다. 그는 이우공을 "우짱"이라고 부를 만큼 친하게 지냈기 때문에 대단히 큰 충격이었을 것이다.

종전, 상실, 그리고 빈곤: 차디찬 눈길

왕공족의 처우를 걱정한 쇼와천황

1945년 6월에 오키나와(沖繩)가 괴멸 상태가 되고, 7월 말에는 일본에 무조건 항복을 요구하는 포츠담 선언이 미·영·중에 의해 발표됐다. 쇼와천황은 8월 10일의 어전회의에서 국체 수호 하나로 조건을 좁혀 포츠담 선언을 수락할 것을 결정하고, 12일에는 그 의사를 전하기 위해 황족과 왕공족을 고쿄의 어문고(御文庫) 부속실(공습 시 대피 시설)로 불러 모았다. 황족으로 지키미야(直宮)인 다카마쓰노미야 노부히토친왕, 미카사노미야 다카히토(崇仁) 친왕을 비롯해 11명이, 왕공족으로는 이은과 이건공 2명이 참내했다. 어문고로 통하는 복도에는 물이 흐르고 있었고, 백목(白木)으로 엮어 그 위에 쳐 놓은 발 위를 걸어가야 했다.

혼자 행차한 쇼와천황은 말발굽 모양으로 늘어앉은 참석자를 향해 다변으로 말하기 시작했다. 그 모습을 본 이건공은 "정말 머리에 들어 있지 않으면 결코 저 정도의 말재주는 보여 줄 수 없을 것이다. 그 말을 살피면서 폐하는 절대로 로봇이 아니라고 느꼈다. (…) 나는 이 폐하를 위해서라면 무엇이라도 한다. 죽어도 좋다, 그렇게 생각했다"(「운명의 조선왕가」)고 말했다.

실은 이 회동을 시작하기 전에 쇼와천황은 기도 고이치 내대신에게 "조선 처분 문제가 나올 경우, 이왕(이은) 이하에 대한 처우를 어떻게 해야 할까?" 하고 물으며 왕공족 신분의 존폐에 강한 관심을 표시했다. 그러나 기도 내대신이 "이번 회동의 문제가 아닙니다"(『기도 고이치 일기木戸幸一日記』 1945년 8월 12일)라고 답하며 그 논의는 이후로 미루도록 진언했기 때문에 그날은 천황이 왕공족의 처우 이야기를 꺼내지 않았다.

이왕가를 지원하는 토건업자

종전 시에 이은 부부와 어부(御附) 직원들은 나스의 별장으로 이주해 2개월 정도를 보냈다. 이구와 동급생인 후시미노미야 히로아키(博明)왕도 가정교사와 함께 그전부터 이곳에 소개해 있었다. 전후에 이은의 비서가 되어 이왕가의 재정 처분에 진력하게 되는 조선 귀족 조중구(趙重九) 남작(이은이 도쿄에 유학할 때 시종무관장으로 호종扈從한 조동윤의 대를 이은 아들로 뒤에 장중구長重九로 개명)이 급히 달려왔을 때는 만찬으로 크림 스프, 통닭구이, 매시포테이토, 야채 샐러드, 거기에 디저트로 수박과 홍차가 나왔다고 한 것을 보면 식량은 곤란하지 않았던 것 같다.

그러나 일본으로부터 지급되는 세비가 1945년도에 끊겼기 때문에 이왕가의 재정은 곧 곤궁해졌다. 경성에 있던 현금 550만 엔은 고지마 다카노부(兒島高信) 이왕직차관이 수표로 바꿔 갖고 있었지만, 8월 15일 이래로 금전의 이동이 인정되지 않아 결국 이은의 소유가 되지 못한다. 조중구는 이왕가의 수입을 확보하기 위해 GHQ(연합국군 최고사령관 총사령부)에 상담해 경성의 왕궁사무소에서 보내 주는 생활비를 수령할 길을 모색했다. 하지만 왕궁사무소는 윤홍섭 장관(윤택영의 아들)과 이수길(李壽吉, 이강의 아들)이 파벌 싸움을 벌이면서 제 기능을 하지 못하고 있어서 그 이야기는 흐지부지되어 버리고 말았다.

이러한 위기적 상황 속에서 이왕가를 도와준 것은 우메다구미(梅田組)의 손해규(孫海圭)였다. 그는 종전 전에 일본군으로부터 수주하여 비행장이나 지하호를 만드는 사업을 한 도쿄 오우메마치(青梅町)의 토건업자이다. 종전과 함께 조국 건설을 꿈꾸면서 일단 조선으로 돌아갔지만, 미군정과 협조 노선을 취하는 이승만 일파에 실망해 다시 일본으로 돌아왔다.

이은은 1946년 4월에 이왕가 저택을 방문한 손해규를 온실로 안내하고 난초 한 분을 하사했다. 손해규는 이에 감격해 생활비로 매월 3만 엔을 헌금하고 싶다고 자청했다. 그러나 우선은 단골을 잃어버린 우메다구미를 다시 일으킬 필요가 있었다. 이에 관해서는 GHQ와 커넥션이 있는 조중구가 도와줘, 우메다구미가 미군과 관련된 일을 차차 획득해 갔다. 손해규가 이왕가에 접근한 이유는 여기에 있었다고 할 수 있을 것이다. 그렇지만 이왕가에 있어서 헌금은 바라 마지않는 자청이었다.

신분에 집착해 소로가쿠를 잃다

이은의 비서 조중구에 따르면 이은은 종전 후 한동안 주변의 의견에 고개나 끄덕일 뿐 표정으로는 의사를 읽을 수 없었다고 한다. 나스의 별장에서 만날 때 이후 전망을 물어도 "아니, 지금, 별로…"(『너무 무거운 무궁화重すぎた無窮花』)라는 무감각한 대답을 듣게 될 뿐이었다.

한편 조중구에게는 기회만 있으면 왕정복고를 실현하고 싶다는 생각이 있었다. 그러나 서울을 돌아보고 일본으로 돌아온 전 미국 선교사로부터 좌익 정당이 작성한 반역자 목록 제1위에 이은의 이름이 있다는 것을 알게 된 후 왕정복고는 꿈같은 이야기로 단념한다. 그리고 쇼와천황이 국체의 소멸에 직면해서도 발버둥치는 것이 아니라 목숨을 걸고 맥아더 앞에 나서 위기를 벗어난 것처럼, 이왕가도 아름답고 깔끔하게 문을 닫고 한 국민이 되는 중대한 결심이 필요하다고 생각하게 됐다.

그러나 이은은 그런 생각을 갖고 있지 않았다. 왕족의 지위에 미련이 있었던 것이다. 이왕가를 제물로 삼으려고 접근해 온 점쟁이가 "돈이라도 버시면 지금의 살림이 쭉 계속됩니다. 그런데 전하, 이번에는 확실한 돈벌이가 될 이야기가 있습니다"(위의 책)고 속삭이자, 이은은 표정이 누그러지고 몸을 앞으로 숙이며 이야기에 귀를 기울였다고 한다. 이에 따라 이왕가는 실체가 없는 회사에 투자를 한다든가 속아서 미술품을 구입하게 됐다.

신분에 대한 집착이 한 요인이 되어, 소로가쿠(滄浪閣)도 시데하라(幣原) 내각의 내각서기관장을 지낸 나라하시 와타루(楢橋渡)의 손에 넘겨 버리고 만다. 소로가쿠는 이토 히로부미가 오이소(大磯)에 세운 저택인데 1921년에 이토 공작가로부터 이왕가에 양도됐다(이왕가가 이토 공작가에 12만 3,600엔을 하사했으므로 실질적으로는 구입이었다).

이은은 여러 차례 소로가쿠를 찾아오는 나라하시와 스스럼없이 이야기하는 사이가 되자 "내 지위는 어떻게 됩니까? 어떻게, 지금까지와 같은 대우를 받을 수는 없습니까?" 하고 간절하게 자신의 희망을 표시했다. 이를 곁에서 들은 조중구는 당시의 심경을 다음과 같이 표현하며 이은을 신랄하게 비판하였다.

> 나는 그 말을 들은 순간 얼굴에서 불이 나는 듯한 느낌이 들고, 분노가 가슴에서 불끈불끈 솟아올랐다. 이 바보 자식, 이렇게 고함치고 싶은 충동을 간신히 억누른 채 나는 도중에 자리에서 일어나 버렸다. 내 눈에는 눈물이 넘쳐흘렀다. 이제 다 틀렸다. 그런 애원은 자신의 측근에 해당하는 자가 모든 방법을 다한 후에나 할 만한 이야기다. (「왕가의 종언王家の終焉」)

이은은 부주의하게 내놓은 말 한마디로 나라하시에게 약점을 잡혀 버린다. 나라하시는 이은의 부탁에 "가능한 한 노력을 하겠습니다" 하고 함축적으로 대답했다. 그런 뒤에 지금 진행하고 있는 신헌법의 초안 작성을 이토 히로부미의 연고지인 소로가쿠에서 하고 싶으니 일본 정부에 이를 양도하라고 요청한 것이다.

이은과 조중구는 나라하시의 의견에 찬동해 소로가쿠를 양도하기로 했고, 이왕가의 문장(紋章)이 들어간 화양(和洋) 식기를 갖춰 오이소로 보냈다. 하지만 소로가쿠는 일본 정부의 소유가 되지 않았고, 그 문기둥에는 나라하시의 명패가 걸린다. 나라하시가 이왕가의 존속을 바라는 야마시타 헤이이치(山下平一) 이왕직 사무관을 통해 이왕가에 40만 엔을 지불하고 소로가쿠를 사적으로 입수한 것이다. 조중구에게는 아닌 밤중에 홍두깨였지만, 이은은 이 매수를 납득했다고 한다. 그 뒤 소로가쿠는 쓰쓰미 야스지로(堤康次郎)가 이끄는 세이부(西武)그룹에 매각되고, 오이소 프린스 호텔의 별관이 됐다.

이왕가 저택을 국제기독대학 본부로

1946년 11월 GHQ가 발표한 「전시 이득의 제거 및 국가 재정의 재편성에 관한 각서(戰時利得の除去及び國家財政の再編成に關する覺書)」에 근거해 재산세법이 공포됐다. 누진제 때문에 일본에 960만 엔의 자산을 갖고 있던 이왕가는 78퍼센트에 해당하는 750만 엔이나 되는 큰돈을 세금으로 납부해야 했다. 세비가 끊긴 이왕가가 그만한 거금을 준비하는 것은 불가능하다고 해도 과언이 아니다. 조중구에 의하면 "작은 일에 고민하는 성격의 이왕은 어떻게 하면 좋을지 조바심을 내기 시작했다"(위의 글)고 한다.

마침 그즈음 일본의 기독교계가 협력해 국제기독대학(ICU)을 세우는 계획이 추진되고 있었고, 일본은행 총재 이치마다 히사토(一万田尚登)가 모금 활동에 분주했다. 어느 날, 이 계획에 관계하고 있던 일본 기독교청년회(YMCA)의 지도자 사이토 소이치(齊藤惣一)가 이왕가에게 기오이초의 저택을 대학의 본부로 제공해 주지 않겠는가 하는 이야기가 있었다. 조중구는 사이토와 오래전부터 면식이 있어 그가 이 대화를 중개한 것이다. 대학의 창립위원회는 이왕가에 10만 달러를 제시했다고 한다. 닷지

라인[4]으로 정해진 환율인 1달러=360엔으로 계산하면 3,600만 엔의 거액이며, 재산세를 납부하고도 이자만으로 충분히 생활을 유지할 수 있는 금액이었다.

하지만 이은은 절대 싫다며 이것을 거절했다. 조중구는 그 이유를 "이왕은 호텔 같은 것을 해서 자신도 직접 경영에 참가해 화려한 사교장에 출입하는 것을 꿈꾸고"(위의 글) 있었기 때문이라고 설명한다.

이왕가의 저택을 손에 넣으려고 하는 단체와 실업가는 끊이지 않았다. 1982년에 33명의 사망자를 낸 화재사고를 일으킨 호텔 뉴재팬의 요코이 히데키(横井英樹)도 그중 한 사람이다. 요코이는 1946년에 나시모토노미야케의 이즈(伊豆)산 별저를 매수하고 그 다음 해에는 이왕가 저택에도 촉수를 뻗쳤다. 이은 부부를 요정에 데려가 접대한다든가, 미제 화장품과 나일론 양말을 작은 선물로 준비하는 따위의 방법으로 관계를 깊이 해 갔다. 그러한 준비 작업을 한 뒤에 그는 이왕가의 저택을 외국인 전용 사교 클럽으로 만들고 이은이 사장에 취임하면 어떤가 하고 제안했다. 이 안은 조중구가 반대해 실현되지 않았지만 이은 부부는 마음에 들어 했다고 한다.

---

4 전후 일본의 극심한 인플레이션을 억제하기 위해 미국의 디트로이트 은행 대표이자 주일 미국 공사 조지프 도지(닷지)가 제시한 초긴축 정책.

일본인이 되고 싶었던 이건공

이은과 마찬가지로 일본에 남은 이건공의 전후(戰後)는 어떠했을까? 전시 중 야마나시현 시키시마촌으로 소개한 이건공은 전쟁이 끝나고도 좀처럼 도쿄로 돌아오지 않았다. 고후에 틀어박혔고, 나아가 깊은 산속의 아사마(淺間)온천으로 도망했다. 그는 그 이유를 "남자의 정조"라고 표현했다. 즉, 조선이 독립을 선택한 것에 대해 그것이 비록 자신의 죄는 아니라도 "폐하를 뵙는 것이 큰 고통"이었다는 것이다. 이건공은 조선의 독립을 "실로 기쁘다"고 말하면서도 내심으로는 그것을 변절로 해석하고 있었던 것이다. 그리고 마침내는 기도 내대신에게 글을 써서 "일본인이 되고 싶다"고 호소했다. 게다가 「조선인의 이반에 대한 해명(朝鮮人の離反に對する申し譯け)」에서는 일개 국민이면 된다고까지 말했다(『기도 고이치 문서木戸幸一文書』). 그러나 법적으로 일본인인 왕공족이 일본으로 귀화하는 것은 불가능했다.

이건공은 아사마에서 세를 낸 집의 2층에 있는 햇빛이 잘 드는 4첩반[5]에 틀어박혀 나오지 않고 1945년 말까지 독일어 번역에 몰두했다. 이건공비 요시코에 의하면, 이건공은 "도쿄는 미군이 있기 때문에 싫다"(「잡초 가운데서 살며 사랑하며」)며 움직이려 하지 않았다고 한다. 또 이건공 자신도 나시모토노미야 모리마사왕이 전범으로 수감된 데 강한 충격을 받아 현실을 외면하고 있었

5 다다미 넉 장 반을 가리키지만 흔히 '쪽방'이라는 뜻으로 쓴다.

다고 증언하고 있다. 이상으로부터 생각하면, 그는 천황과 황족과 함께 전쟁 책임을 추궁받게 되는 것 아닐까 두려워하고 있었던 것 같다.

그러나 이건공은 1946년 3월에 가족과 함께 도쿄로 돌아왔다. 시부야 도키와마쓰의 저택이 공습으로 불에 타 무너져서 이웃에 있는 이우공 저택을 임시 주거로 했다. 이에 대해 종전 전에 조선으로 돌아와 있던 이우공비 박찬주는 자신의 재산을 빼앗겼다고 착각했고, 그로 인해 이건공 일가는 미군으로부터 주택 수색을 받는 쓴 경험을 해야 했다.

덧붙여 말하면, 이 토지의 소유권은 이왕직에 있었지만 1946년의 관제 폐지에 의해 8월 3일에 이건공과 이청공(이우의 장남)에게 이양되었다. 이청공은 길을 끼고 인접해 있는 고쿠가쿠인(國學院)대학과 전 이우공 부 이왕직 사무관 이타카 하루에(飯高治衛)에게 1955년부터 다음 해에 걸쳐 이 토지를 매각한다. 이건공도 1957년에 토지의 대부분을 이 대학에 증여했다. 현재 그 자리에는 지하층 박물관을 포함한 고쿠가쿠인대학 학술미디어센터가 세워져 있다.

조국으로 돌아가기를 주저

이건공을 기른 어머니인 이강비 김씨는 이건공에게 두세 차례에 걸쳐 편지를 보내 조선으로 돌아오라고 재촉했다. 거기에는 오랜 세월 동안 다른 나라에서 신산을 맛본 것을 동정하고, 고향에서 편안히 살 수 있는 날이 올 것을 기원한다고 쓰여 있었다. 그러나 이건공은 "나에게 있어서 일본은 어머니가 말하는 것처럼 신산을 맛본 다른 나라가 아니라, 성장하고, 교육을 받고, 가정을 일구고, 생업에 종사해 온 마음의 고향과 같은 곳이다"라며 김씨의 말을 부정하고 있다. 이처럼 생각하는 배경에는 그가 조선어를 읽거나 쓸 수조차 없었던 상황이 영향을 미치고 있었다. 하지만 그것만은 아니었다. 이건공은 다음과 같은 생각마저 그대로 토로했다.

> 내 일족은 병합 이래 일본의 황족으로 예우를 받아 민중과 같은 고난을 맛본 적도, 그 고난을 주는 상대가 몸에 스며들어 그것을 의식한 적도 없이 편안히 살아온 것이다. 이런 사정이 있으므로 조선인들이 나를 추어올릴 이유가 없다. (「조선 왕조의 후예」)

즉, 도쿄에서 유유자적한 생활을 보내 온 자신들이 조선인들에게 받아들여질 리가 없다고 생각하고 있었던 것이다.

게다가 조선에서는 왕실 사람이라고 해도 방계는 냉대를 받았다. 예를 들면 이건공은 어떤 일본인이 "당신들은 조선에 가면 좋은 일이 있을 것이다"라고 말했을 때, "터무니없다. 나는 조선에 있다면 남작 취급도 받기 쉽지 않다. 그 예상은 틀렸다"(「운명의 조선왕가」)고 말했다. 조선으로 돌아가는 데는 상당한 용기가 필요했을 것이다.

왕공족 신분의 소멸

왕공족이라는 신분이 소멸한 것은 종전으로부터 2년 뒤인 1947년 5월 3일, 신헌법 시행일이었다. 이 사실은 『왕공족보』의 맨 끝에 명기돼 있다. 그러나 신헌법 시행과 왕공족 신분의 폐지가 어떻게 연결되어 있는 것인지는 잘 알 수 없다.

일반적으로는 신헌법의 제14조에서 "화족 기타의 귀족 제도는 이를 인정하지 않는다"고 규정했기 때문이라고 인식되고 있다. 하지만 황족의 경우는 이보다 뒤인 10월 14일에 3개의 지쿠미야을 제외한 11개 미야케 51명이 GHQ의 권고에 근거해 "자주적으로" 황적(皇籍)을 이탈했다. 신헌법의 시행과 동시에 신분을 잃은 것이 아니다. 임시법제조사회의 일원으로 헌법 개정에 수반하는 법제 정비의 조사를 담당했던 하기와라 도루(萩原徹) 외무성 조약국장도 왕공족을 '귀족'으로 해석하는 데 어느 정도 의문이 있고, 왕공족이 아니라 "오히려 조선 귀족이 그에 해당하는 것이 아닌가"라고 쓰고 있다. 게다가 "왕공족을 황족으로 처리할까, 또는 황족에 준하는 지위를 주어도 되는 것이 아닐까?"(「왕공족의 특별대우에 대하여王公族の殊遇について」)라고 말할 정도까지 생각하고 있었다는 것이다.

따라서 신헌법의 시행에 의한 왕공족 신분의 폐지는 명목적인 것이며, 실질적인 근거는 다른 곳에서 찾아야 한다. 필자는 그것

은 신협법 시행 전날에 최후의 칙령으로 공포·시행된 「외국인등록령(外國人登錄令)」이라고 생각한다. 왕공족은 쇼와 초기에 들어서면 황족과 거의 동일시되고 있었지만, 출신 지역을 나타내는 지역적(地域籍)은 어디까지나 조선으로 간주되었다. 그런 이유로 '외국인 등록증'의 시행과 동시에 일본에 있던 왕공족은 일반 재일 조선인과 같이 '외국인'이 되고 그와 아울러 신분도 상실했다고 이해하는 것이 합리적이지 않을까 생각한다. 마사코는 관청에서 '외국인 등록'을 마칠 때의 감상에 대해 "이로써 확실히 일본에서 쫓겨났다"(「동란 중의 왕비動亂の中の王妃」)는 실감이 나는 것을 어찌할 수 없었다고 말한다.

한국 병합 시에 이완용 총리는 주권을 잃으면서도 간신히 왕칭을 지켜 냈다. 근대의 국제사회에서는 그다지 의미가 없는 명분이었지만, 그에 의해 이은은 대외적으로 '프린스'라는 이름을 내세울 수 있었던 것이다. 하지만 일본의 패전에 의해 그 왕칭조차 잃고 마침내 일반인이 된 것이다. 그것은 류큐(琉球, 오키나와)와 타이완과는 다른 차원에 있던 조선이 이제는 동렬에 놓이게 된 순간이기도 했다.

마사코는 일반인이 됨과 동시에 일본에서는 "리 마사코(李方子, 이방자)"로 자칭했다. 왕공족 신분을 벗어났기 때문에 적당한 성씨가 필요해졌기 때문이다.

이승만의 냉대

구 왕공족이 전후의 혼란 속에서 발버둥치고 있을 무렵, 한반도에서는 미소의 대립이 격화하고 있었다. 미국이 옹립한 이승만은 1948년 8월 15일에 한반도 남부에 대한민국을 건국하고, 소련이 내세운 김일성도 9월 9일에 한반도 북부에 조선민주주의인민공화국의 수립을 선언했다. 1950년 6월 25일에 일어난 한국전쟁은 3년 후에 휴전이 되었지만, 지금도 북위 38도선 위에 군사분계선이 그어져 있는 상황이다.

일본에 살고 있던 조선인들은 '외국인'이 됐지만 국적은 그대로 일본이었다. 그러나 1952년 4월 19일에 법무성은 민사국장 통달(通達)로 「평화조약에 수반하는 조선인, 대만인 등에 관한 국적 및 호적 사무의 처리에 대하여(平和條約に伴う朝鮮人臺灣人等に關する國籍及び戶籍事務の處理について)」를 내놓아 '외국인'의 일본 국적을 박탈한다고 고지했다. 이에 따라 당시 일본에 살고 있던 구 왕공족, 즉 이은 일가 3명과 이건 일가 5명은 샌프란시스코 평화조약이 발효되는 4월 28일에 다른 재일 조선인과 함께 무국적 상태가 돼 버린다.

한국의 초대 대통령이 된 이승만은 이왕가에 대해 적대적인 태도를 취하여 귀국을 인정하지 않았다. 그 이유로는 이승만이 세종의 형 양녕대군(讓寧大君)의 16세 후예라는 사실을 자랑으로 삼고 있었기 때문에 그에게는 왕실의 적통이 눈에 거슬렸다는 이야기가 있으나, 그보다 현실적인 이유로서 왕정복고를 두려워하고 있었다는 것을 생각할 수 있다.

1950년에 이구가 미국 유학을 가기 위해 여권 발급을 의뢰했을 때도 한국 정부는 응해 주지 않았다. 이은은 최종 수단으로 궁내청의 양해를 얻어 일본 정부의 임시여권을 입수하기로 했다. 그러나 한국 재일 대표부의 김용주(金龍周)가 당황하여 비공식적이었지만 자신의 개인 이름으로 사증을 발급했기 때문에 이구는 그것을 갖고 8월 3일에 요코하마에서 미국을 향해 출국한다. 유학에는 황적을 이탈한 후시미 히로아키(伏見博明)도 동행했다.

이은은 기오이초의 이왕가 저택을 참의원 의장 관사로 세를 내주고, 마사코와 함께 시녀 방에서 생활하게 됐다. 샌프란시스코 평화조약이 발효되고부터는 한국 정부가 이왕가의 저택을 주일 대사관 후보지로 선정해 40만 달러(계약보증금 20만 달러)에 구입하기로 결정한다. 이를 이유로 이은은 참의원 의장과의 관사 계약을 해제했지만, 한국 정부로부터의 송금이 없었기 때문에 쓰쓰미 야스지로(堤康次郎)에게 4천만 엔을 받고 매각한다. 쓰쓰미의 손으로 넘어간 저택은 개장(改裝)되어 1955년 35개의 객실을 갖춘 아카사카 프린스 호텔(구관)로 개업하게 된다.

이왕가 저택을 호텔 같은 것으로 만들고 싶다는 이은의 꿈은 어떤 의미에서는 실현되었다고 할 수 있을 것이다. 그러나 직접 경영에 관계하는 것은 불가능했다. 손에 쥔 4천만 엔도 재산세 납부 당시에 빌린 돈을 변제하는 등으로 거의 없어져 버려, 이은 부부는 덴엔초후(田園調布) 3정목 84번지에 소박하고 아담한 집을 구입해 이주했다.

모모야마 요시코의 분투

이건공은 「외국인등록령」에 근거하여 '외국인'이 된 다음 날에 모모야마 겐이치(桃山虔一)로 개명하고, 처와 아이들도 각각 요시코(佳子), 다다히사(忠久), 긴야(欣也), 하루코(明子)로 개명했다. '모모야마(桃山)'는 '메이지천황 숭배자'인 이건공이 모모야마고료(桃山御陵)[6]의 덕을 입고자 쇼와천황의 허락을 얻어 채용한 것이다(「잡초 속에서 살며 사랑하며」).

모모야마가의 재산은 거의 모두 조선에 있었고, 종전 시 도쿄에 있던 것은 약간의 현금과 소액의 유가증권 정도였다. 처 요시코가 당시 불탄 벌판에서 명아주 등 잡초를 따서 반찬으로 올렸다고 회상한 것으로부터 그들이 얼마나 가난했는지 미루어 짐작할 수 있다.

겐이치는 가족 이외에 십수 명의 사용인을 부양해야 했기 때문에, 소실을 면한 조선 왕실 전래의 보석과 비녀 등을 몰래 곳간에서 내다 팔거나 자동차를 처분해 현금으로 바꾸기도 했다. 보물류는 브로커에게 넘기기 전에 미군이 압수해 여기저기로 흩어지는 상황을 면했지만, 클래식 카인 앨비스 스피드 20은 다른 사람의 손에 넘어갔다.

6 후시미모모야마료(伏見桃山陵)라고도 한다. 교토 모모야마에 있는 메이지천황의 능.

겐이치는 "극도의 교제 혐오자"(위의 글)여서, 사람들 앞에 나서고 가계를 지탱한 것은 처 요시코였다. 그녀는 아이들을 먹이기 위해 신헌법이 시행되기 전부터 그 사용인과 함께 익숙하지도 않은 장사를 시작했다. 우선은 시부야역전에서 오두막 단팥죽집, 다음으로 도겐자카(道玄坂) 찻집, 역전 시장에서 문구점을 열었다. 찻집이래야 불에 탄 들판에서 염소젖을 제공하는 정도였다. 그런데 그 모두가 적자만 부풀어 갈 뿐 잘되지는 않았다고 한다.

그 후 그녀는 긴자 6정목에 출점제(出店制)의 긴로쿠(銀六)백화점이 생기자 조선인 N 부인의 권유로 과자점 '모모야마'를 개업했다. 1947년 7월 18일의 일이다. 가게는 입구에서 가장 가까운 곳을 할당받았고 요시코는 사람을 끌어들이는 일에 이용됐다. 대중매체가 전(前) 비전하의 장사라며 기사로 올려 그것을 읽은 대중이 호기심에 백화점으로 발길을 향한 것이었다. 특히 잡지 〈진상(眞相)〉은 사진까지 넣어 "이 얼굴로 돈벌이가 꽤 좋은 모양이군"(1948년 6월호)이라고 비꼬는 보도를 하기도 했다.

하지만 과자점은 10개월 만에 폐업한다. 긴로쿠백화점 전체가 매각되며 퇴거에 몰린 것이다. 출점한 소유주들은 N 부인과 싸울 태세였지만, 요시코는 신세를 진 체면도 있어서 고분고분 문을 닫았다.

그리고 이번에는 긴로쿠백화점의 출점 동업자였던 에치고야(越後屋)의 지원을 받아 긴자 2정목에 완구점을 냈다. 그러나 이것도 오래가지 못했다.

1949년에는 K공업 사장인 T 여사의 권유로 긴자 7정목의 회원제 사교클럽 '긴자구락부'의 사장에 취임한다. 말할 나위도 없이 요시코는 선전용 장식물에 지나지 않았다. 그녀가 사장이었기 때문에 다카마쓰노미야비와 황족을 이탈한 간인 나오코(閑院直子) 등 옛 명사 부인들도 속속 입회했다.

겐이치의 외도와 이혼

요시코가 긴자구락부 사장에 취임할 무렵, 겐이치는 달필 특기를 살려 등사판 인쇄 일을 시작했다. 그러나 이것이 종전 이전부터 차가웠던 부부 사이를 결국 파탄시키는 계기가 된다. 겐이치는 납기에 쫓기는 스트레스와 고객으로부터의 클레임으로 점차 자신을 잃게 되고, 외출해서 종종 마에다 요시코(前田美子)라는 여성을 만나게 된 것이다.

어느 날 겐이치는 요시코(美子)의 부탁으로 그녀의 아버지인 후지키치(藤吉)를 만났다. 그녀는 이 늙은 아버지를 부양하기 위해 밤거리에서 일하고 있었고, 그러다 겐이치를 만나게 된 것이다. 후지키치는 처음으로 대면하는 겐이치를 앞에 두고, 딸을 첩으로 들여앉히고 자신도 함께 돌봐 달라는 취지의 부탁을 했다고 한다. 겐이치는 이에 당혹하여 잠시 요시코(美子)와 거리를 두었다. 그는 자신을 고생시킨 아버지 이강의 첩들을 원망했고, 또 생모의 비참한 인생을 불쌍히 여겨 첩을 두지 않겠다고 결심한 터였기 때문이다. 그러나 겐이치는 요시코(美子)를 잊을 수 없어

요시코(佳子)와의 부부 관계를 해소하는 길을 선택했다.

겐이치가 요시코(佳子)에게 이혼을 알린 것은 1951년 4월 중순이다. 그는 요시코가 집안 운영을 방기하고 실질적으로 자기 아내도 아이들의 어머니도 아니었다고 회고한다. 이혼 통고에 대해서도 그녀는 아무런 망설임 없이 "더 일찍 이혼했어야 한다고 생각하고 있습니다. 단지 여자인 내가 먼저 그 말을 하면 어떨지 생각했기 때문에 지금까지 입을 다물고 있었을 뿐입니다"(「운명의 조선왕가」)라고 대답했다고 한다.

그러나 이것은 요시코의 증언과 크게 엇갈린다. 그녀는 사장 일을 시작하고 나서도 폐점으로 빠듯한 백화점에 뛰어들어 저녁 식사 재료를 구입하고, 아이들의 도시락 준비도 했다고 말한다. "밖에서 일하는 주부로서 피로가 납덩이처럼 심신을 묶어누르고 있는 것을 누구도 보려고도 알려고도 하지 않았다"는 그녀의 불평이 당시의 노고를 여실히 나타내고 있다. 이혼 협의에 관해서도 그 당시는 곧바로 남편의 말을 이해할 수 없어서 그저 "예"라고 머리를 숙였을 뿐이라고 회상하였다(「잡초 속에서 살며 사랑하며」).

요시코가 2~3일에 걸쳐 마음을 정리하는 사이에 겐이치는 궁내청에 나가 이혼 수속을 마쳤다. 아이의 교육에 관해서는 겐이치가 "긴야와 하루코는 이쪽에서 맡는 것으로 하지만, 다다히사[자료에는 '忠之'로 오기—저자]는 그쪽으로 넘기겠으니 잘 부탁한다"(위의 글)고 제안해 그대로 됐다. 다다히사(이충)만 떨어지게 된 것은 제2장에서 언급한 '피'를 이었는가 하는 문제와 관계있을지 모른다.

일가는 그때까지 우에노(上野) T 여사 저택의 방 하나에 살고 있었지만, 이혼과 함께 요시코(佳子)와 다다히사는 마쓰다이라(松平)로 성을 바꾸고 아카사카의 아파트로 이사하고, 겐이치, 긴야, 하루코는 요시코(美子)와 함께 스기나미(杉竝)에 구한 15평쯤 되는 새집으로 이사했다.

막내딸 하루코는 주말마다 요시코(佳子)에게 갔다. 여름휴가가 가까운 어느 토요일엔 "오늘부터 학교도 방학이니까 여기에 계속 있어도 될까요?" 하고 어머니에게 물었다. 요시코는 내심 그렇게 해 주기 바라면서도 강요해서는 안 된다며 자제하고 있었던 차라서, 하루코를 꼭 껴안았다고 한다. 이후 하루코는 요시코와 다다히사와 함께 살게 된다.

요시코는 이혼 후 곧 긴자구락부의 경영을 둘러싸고 T 여사와 대립해 사장에서 물러난다. 댄스 파티와 콘서트를 열어 회원 상호의 친목을 돈독하게 한다는 것이 클럽 운영의 콘셉트였음에도, T 여사가 이익을 중시해 카바레로 바꾸려고 했기 때문이다.

요시코는 1951년 1월 11일에 신바시(新橋) 가라스모리(烏森)에서 조금 가까운 뒷골목에 술집 '요시노지(よしの路)'를 개점했다. 예닐곱 명이면 카운터가 꽉 찰 만한 한 평 반 작은 가게에 나이 든 여자 한 명을 고용하고 있었다고 한다. 매스미디어가 이것을 찾아내 "남자처럼 씩씩하고 군건하며" "화려함을 좋아하고" "행

동적인 여성", "경제적인 독립에 대한 자신감이 소극적인 남편으로부터 떠나게 했다"는 등 부정적으로 보도했다. 이에 대해 요시코는 "세간이라는 거대한 '생명체'가 있어서 자신을 배신하고 백안시하고 있다고밖에 생각되지 않았다"(위의 글)고 한탄했다.

1년 후에 긴자 2정목으로 가게를 옮기고, 그로부터 3년 후인 1955년에는 요시노지를 중화요리점 '모모야마'로 바꿨다. 아이들이 고학년이 되었기 때문에 같은 물장사라도 납득할 수 있는 것을 하려고 했다는 것이 그 이유였다. 1960년 말에는 모모야마를 개축해 스시집 '모모야마'를 개업한다.

이은 부부의 일본 국적 취득과 이구의 결혼

미국으로 유학 간 이구는 1953년 9월에 명문 매사추세츠 공과대학(MIT)에 입학해 1957년에 건축과를 졸업했다. 졸업 전해에는 미국 영주권을 취득한다. 이은과 마사코는 졸업식에 참석하기 위해 한국 정부에 사증 발급을 요청했다. 그러나 한국 정부가 응하지 않았기 때문에 대신 일본 정부가 대학의 초청장에 근거해 교부한 임시여행증명서로 출국한다.

졸업식 후 이은 부부는 당분간 미국에서 이구와 함께 생활했다. 아파트는 전 프로 복서인 진 터니에게 빌린 것이었다. 침대가 없고 짚을 넣어 만든 요에서 잠자는 결코 쾌적하다고는 할 수 없는 생활이지만, 세 사람은 부모 자식끼리 행복한 시간을 보냈다. 하지만 1955년 3월 16일 이은이 뇌혈전으로 쓰러져 보행이 곤란해졌고 부부는 예정보다 반 달 늦은 5월 17일에 일본으로 돌아왔다.

이로부터 1년 후 이은 부부는 다시 도미(渡美)를 계획했다. 그러나 이번에는 대학의 초청장이 없었기 때문에 일본 정부에서 여행증명서를 발급받는 일이 뜻대로 되지 않았다. 그래서 부부는 일본에 귀화해 일본 국적을 취득하는 길을 선택한다.

6월 23일에 뉴욕에서 이은 부부를 마중나온 이구는 혼자가 아니었다. 그는 대학 졸업 후에 뉴욕의 건축사무소 I. M. PEI 에이전시에 취직했고, 업무 관계로 알게 된 미술학교 출신의 줄리아 멀록과 결혼했다. 이은 부부는 처음 방미 때 줄리아를 소개받았고, 마사코는 "수수하고 산뜻하고 솔직한 성격이며 가정적이라 구가 왜 그녀를 골랐는지 잘 이해할 수 있었습니다"(『흐르는 대로』)라고 소감을 말한다. 이은 부부는 이구 부부의 아파트를 비스듬히 바라보는 곳에 있는 호텔에 묵다가 8월 6일에 귀국했다.

이구는 1961년에 하와이 대학의 동서센터를 설계하는 일로 1년간 호놀룰루에 체재했다. 이은 부부도 하와이를 방문해 한 달간 아들 며느리와 함께 지냈다. 그해 연말에 이구는 미국 시민권을 취득했다. 존 F. 케네디가 메사추세츠주 상원의원일 때 이구를 위해 작성한 특별서류가 의회에서 승인된 것이다.

박정희의 후대와 왕족의 죽음

한국에서는 1960년 4월에 이승만이 실각했다. 그 후 각 분야의 사람들이 구 대한제국 황실을 받들려고 했고, 대한민국 정부는 이은을 위해 주영(駐英) 대사직 등을 준비했다. 그러나 이은은 정치에 이용되는 것을 싫어해 건강 상의 이유를 들어 사양한다. 한국 정부는 다음 해에 이강의 자식 이수길을 구황실재산사무총국장에 임명하고 3월에 일본으로 파견했다. 이때 귀국 준비 명목으로 100만 원(720만 엔)이 이은 부부에게 전달된다.

1961년 11월 12일, 박정희 국가재건최고회의 의장이 미국 방문길에 일본에 들러 병상의 이은에게 꽃다발을 증정하고, 마사코에게 아무 때나 귀국해도 좋다는 뜻을 전달했다. 이어 다음 해 12월 15일 한국 국적법 제14조 2항의 규정에 근거한 국적회복심의위원회의 건의로 이은과 마사코가 한국 국적을 회복했다는 사실이 공시됐다. 이에 근거해 1963년 1월 한국 정부가 이은 부부에게 생활비를 송금한다.

10월에 송별연을 호텔 뉴재팬에서 열고, 부부는 11월 22일에 특별기편으로 하네다에서 한국으로 건너갔다. 뇌연화증 병세가 매우 위중했던 이은은 김포공항에서 바로 서울의 성모병원으로 옮겨졌다. 이때 30킬로미터에 이르는 길은 환영하는 시민으로 가득 메워졌다. 황실에 무관심한 현대 한국 사회에서는 상상할 수 없는 광경이 거기 펼쳐졌다.

1966년 2월 3일 초대 이왕 순종의 비 윤씨가 사망해, 그녀가 생전에 기거한 창덕궁 낙선재(樂善齋) 앞뜰에서 장례식이 거행됐다. 이구가 상주를 맡고 국회의장, 국무총리, 대법원장을 비롯한 한국 각계의 인사들이 참석했다. 일본에서도 재한 임시대리대사가 출석했다. 금곡리의 매장 예식에서는 유언에 따라 곡(哭)을 하지 않고 20여 명의 승려가 독경하는 소리만 울려퍼졌다고 한다.

윤씨의 만년은 파란만장했다. 한국전쟁 때 미군기로 부산으로 옮겨져 겨우 연명하는 피난민 생활을 하였고, 서울로 귀환한 후에는 이승만 정권의 방해로 한동안 낙선재에 들어가지 못하고 정릉(貞陵)의 산골짜기에 있는 금세라도 무너져 내릴 것 같은 산장에서 6년을 지냈다고 한다.

1970년 4월 28일에 이은과 이방자는 결혼 50주년을 맞이해 병원에서 금혼식 미사를 올렸다. 이은이 영면한 것은 그로부터 3일 후인 5월 1일이었다. 장의는 5월 9일에 한국 황태자의 예로써 거행됐다. 일본에서는 쇼와천황을 대리해 다카마쓰노미야 노부히토친왕과 기쿠코비가, 이방자의 친족으로는 이토코의 이종사촌인 지치부노미야비 세쓰코(勢津子)와 그녀의 여동생 히로하시 노리코(廣橋規子)가 참석했다.

이구는 고례에 따라 삼년상을 입었고, 1973년 5월에 서울의 종묘에서 아버지의 3년제를 지냈다. 이은은 황제나 왕위에 즉위하지 않았기 때문에, 본래라면 종묘 내의 영녕전(永寧殿)에 위패를 봉안하고 제사 지낼 수 없었다. 그러나 새로 사당을 설치하는 것보다는 영녕전에 공실(空室)로 남아 있는 마지막 한 실에 위패를 모시는 쪽이 좋다는 판단에서 박정희 대통령의 허가를 얻어 그곳에 봉안됐다.

이방자는 한국에 건너와서부터 사회복지에 투신했고, 1965년 1월에는 뜻있는 부인들과 함께 심신장애아를 지원하기 위한 단체인 혜행회(惠行會)를 창립한다. 또 1967년 10월 20일에는 농아(聾啞)와 소아마비 아이들을 지원하는 복지 시설로 명휘원(明暉園)을 발족시켰다. 명휘는 이은의 아호이고, 명휘원 발족일은 그의 생일이다. 1971년에는 수원에 자혜학교(慈惠學校)를 설립해 심신장애아 교육훈련 사업에 착수했다.

이방자의 주거는 한동안 서울의 고급 주택가인 한남동의 유엔빌리지로 정했다가, 1968년 가을에 낙선재로 옮겨 칠보소(七寶燒)의 제작과 지도에 종사했다. 하루의 대부분을 명휘원과 자혜학교 일로 보내고, 밤에는 늦어도 오후 10시 반에는 취침하는 생활이었다고 한다. 1989년 4월 30일에 타계해 이은이 잠든 금곡리에 합장됐다.

이구와 줄리아는 1963년에 이은 내외와 함께 한국으로 건너왔다. 그러나 생활은 순탄하지 못했다. 여자 문제를 계기로 1974년에 부부는 별거하게 되었고, 게다가 이구는 사업에 실패하여 1979년 6월에 일본으로 도피한다. 1982년에 줄리아와 이혼하자 '아마테라스 오미카미(天照大神)의 화신'을 자칭하는 점쟁이 아리타 기네코(有田絹子)와 재혼했다. 이구는 하인처럼 아리타를 따랐다고 하므로, 세뇌 상태였을 것이다. 1983년경에는 한국인 무역회사 사장에게 "융자는 아리타 여사 힘으로 실현한다. 믿지 않으면 당신은 갈기갈기 찢어진다"는 발언을 반복하여 2천만 엔을 편

취하는 사기사건을 일으켰다.

1996년에 전주이씨 대동종약원(全州李氏大同宗約院)의 총재로 추대되며 이구는 한국으로 영주 귀국했다. 대동종약원이란 식민 시기에 이강공을 초대 총재로 하여 설립된 전주이씨의 상호부조 단체이다. 이구는 아들을 두지 못한 채 도쿄 체재 중이던 2005년 6월에 아카사카 프린스 호텔에서 급서(急逝)했다.

아키시노노미야케(秋篠宮家)에 41년 만에 황족 남자로서 히사히토(悠仁) 친왕이 탄생한 것은 그다음 해이다. 결국 이구는 일본의 황위 계승 문제가 최고조에 달한 때에 사망한 것이다. 여성이나 여계(女系) 천황의 용인 여부를 둘러싼 논의로 매스 미디어가 밤낮없이 떠들썩한 한편에서, 대한제국 황실의 적류가 속한 왕족의 유일한 후예가 일본 황궁 바로 앞에서 조용히 최후를 맞은 것이다.

이구의 죽음으로 주목받은 가이세이고 교감

모모야마 겐이치(이건)는 요시코(美子)와 재혼 후 고야(孝哉), 마야, 구미(久美)를 얻었다.

고야는 명문으로 유명한 가이세이(開成)고등학교 교감이 됐다. 그가 자신의 출신을 알게 된 것은 1990년 12월 21일에 겐이치가 타계했을 때였다. 그사이 어떤 사람이 그에게 “너는 이왕가의 혈통이다”라고 말한 적이 있었는데, 어머니가 일소에 부치며 부정했기 때문에 그런 말은 믿지 않았다고 한다. 고야는 양친이 출신을 비밀로 한 이유에 대해 "아이가 과거의 일에 끌려다니며 살아가는 것은 해가 된다는 생각에 나를 일본인으로 기른 것이 아닐까" 하고 말했다.

이구의 사망 후 전주이씨 제사는 이강의 손자 이원(李源)이 이구의 양자가 되어 계승했다. 다른 한편에서는 대한제국황족회라는 한국의 민간단체가 이강의 서자[서녀庶女의 잘못—옮긴이] 이해원(李海瑗)을 내세워, 이구가 죽은 다음 해 9월에 서울 힐튼호텔에서 제30대 황위계승자의 대관식을 했다. 이때 주목받은 것이, 이원과 이해원보다 직계에 가까운 고야의 존재다. 그러나 그는 잡지의 취재에서 "나 자신이 백 퍼센트 일본인이라고 생각하고 있다", "이왕가의 일이나 최근의 왕위 계승 운운은 내게는 전혀 상관이 없는 일이다"(〈주간신초週刊新潮〉 2006년 10월 19일)고 답했다.

[이건공의 전처] 마쓰다이라 요시코(佳子)는 메이지천황의 사생아를 자칭하는 다치바나 덴케이(橘天敬)와 1970년경부터 동거했고, 1984년 6월에 사별한 후로는 신흥 종교인 신뇨엔(眞如院)의 염불을 하며 나날을 보냈다. 천수를 누리고 2006년 6월에 한국 나이 96세로 타계했다.

이우공의 미망인 박찬주는 1995년 7월에 숨을 거두었다. 두 자식은 모두 미국에 유학해, 장남 이청은 밀워키의 마케트 대학을 졸업했고, 차남 이종은 브라운 대학 재학 중이던 1966년 12월에 교통사고로 죽었다고 한다.

소 다케유키에게 출가해 화족이 된 덕혜는 신헌법 공포와 동시에 일반 일본인이 됐다. 1955년에 이혼해 양덕혜(梁德惠)가 됐고, 1962년 1월 26일에 서울대학교 병원에 입원하기 위해 특별기로 하네다에서 서울로 건너온 것을 계기로 한국 국적을 취득한다. 초대 이왕 순종비 윤씨의 상이 끝난 1966년 가을에 낙선재에 들어갔고, 1989년 4월 21일, 그간 그녀를 돌본 간호사 2명이 지켜보는 가운데 영면했다.

종장

제국에 있으면서 무슨 생각을 했는가

가(家)의 유지를 위해

왕공족 사람들은 어떠한 생각을 갖고 왕공족 신분으로 있었던 것일까?

말할 것도 없이 왕공족에게는 십인십색의 생각이 있었고, 그것을 하나로 정리하는 것은 쉽지 않다. 단, 특징으로서 다음 두 가지를 살펴볼 수 있지 않을까? 하나는 일본을 혐오하면서도 이왕가, 이강공가, 이희공가라는 각자의 '가(家)'를 유지해 가기 위해 일본에 대한 종속은 어쩔 수 없다는 태도다. 또 하나는 왕공족의 지위를 자명한 것으로 받아들여 황족과 동일하게 그 의무를 수행하려는 자세다.

전자는 조선왕조 시대에 태어나 성인으로서 한일합방을 맞이한 이태왕, 이왕, 이강공이라는 왕공족 제1세대에서 찾아볼 수 있다. 한일합방은 명목상 '합의'로 성립했다. 제국주의 사관에서는 이 '합의'를 침략을 덮어 감추기 위한 방편이라 비판하는 데 그치고 만다. 그러나 대한제국 황실에서 보면 통치권의 상실과 교환으로 병합 교섭을 통해 '황족의 예'라는 신분 보장을 확보한 것이다. 식민지화에 대해 절치부심하면서도, 일본 속에서 얻은 안태(安泰)함을 잃을 수 없다고 생각할 수도 있을 것이다.

예를 들면, 이태왕 고종은 일본인을 이은의 비로 맞는 것은 싫어하면서도 황족과의 인척관계는 희망하는 양가적(ambivalent) 반응을 보였다. 이 시점에서 왕공족을 '황족의 예'로 대우하는 근거는 책립조서밖에 없었고 법적 지위조차 애매한 상황이었기 때문에, 이왕가의 최고 원로로서 황족과의 연결을 추구했다고 해도 그것을 이해할 수 없는 것은 아니다.

'가'를 지키고 유지하는 데 이상한 집착을 보인 것은 이왕 순종도 마찬가지였다. 그는 화재로 창덕궁에서 이궁하는 제안이 나왔을 때, "천황폐하로부터 받은 창덕궁이므로 움직이지 않겠다"고 말했다. 곤도 시로스케 이왕직 사무관에 의하면, 이왕은 병합 시에 내린 창덕궁이라는 '궁호'에 의해 이왕가의 제사가 유지된다고 믿고 있었기 때문에 이와 같이 발언한 것이라고 한다. 이왕은 창덕궁에 천황의 진영을 걸어 두고 있었고, 일본의 궁중 3대절(三大節, 기원절·천장절·사방배四方拜[1]) 때는 반드시 대례복(大禮服)

1 1월 1일 아침에 천황이 태평을 기원하며 동서남북에 절하던 의식.

을 입고 총독 관저를 방문해 천황에게 축사를 바쳤다. 이러한 과도하게 순종적인 태도로부터 미루어 보면 곤도의 해석도 반드시 부정할 수 없다.

이강공은 '가'를 지키려는 행동은 취하지 않았고, 오히려 공족을 그만두고 조선 귀족이 되고 싶다고 말했다. 그러나 그것은 생활이 보장되는 것을 전제한 발언이었고, 맨몸으로 공족을 벗어나려는 생각이 있었던 것은 아니다. 그는 단지 자신의 생활에 대한 이왕직의 간섭을 배제하고 싶었던 것이다.

제2장에서 썼듯이, 이강공은 3·1 독립운동 직후에 감언에 속아 상하이로 옮기려 했다. 사건을 주도한 대동단의 일부 단원은 체포된 뒤에 취조를 받으면서, 이강공이 이때 독립운동의 수령이 될 의사가 있고 그에 동의하여 한 행동이었다고 증언하고 있다. 물론 피의자가 자신들의 행동을 정당화하기 위해 위증했을 가능성이 있기 때문에 액면 그대로 받아들여서는 안 될 것이다. 실제 단원에 따라 증언도 어긋나고 있다. 그러나 설사 독립운동의 수령이 될 의사가 있었다는 것이 사실이었다고 해도, 동시에 이강공은 그것과 정반대되는 행동도 취했다. 황실의 행사에 적극적으로 참가하고, 메이지천황이 붕어했을 때는 1년간 상장을 착용하고 지내는 등, "일한합병을 지당하다고 생각하는 굳은 결심"을 표명하고 있었던 것이다. 그는 이태왕과 이왕과 동일하게, 일본에서 자신의 입지를 확고하게 하려는 노력을 게을리하지 않았다고 할 수 있다.

황족에 동화되는 2세대

이은, 이건공, 이우공은 어릴 때부터 일본인으로 지냈고, 성인이 되고 나서는 황족과 동일하게 군무(軍務)를 생업으로 삼고 있었다. 그들 왕공족 2세대는 1세대와 같이 안정을 위해서라기보다는, 왕공족의 지위를 자명한 것으로 받아들이고 황족과 동일한 의무를 수행하려는 경향이 있었다. 예를 들면, 이은은 1940년경에 아들 이구를 서재로 불러 다음과 같이 말했다.

> 우리들 왕족은 일본의 황족 사람들과 마찬가지로 남자는 특별한 신체 사정으로 폐하의 허락이 있는 경우 외에는 육·해군 어느 쪽인가의 길을 골라야 한다. 가정교사에게도 말해 둘 테니까 어느 길로 가고 싶은지 결정해라.(『영친왕 이은전』)

또 제4장에서도 언급한 것과 같이, 전황이 악화됐을 때는 "폐하께 면목이 없다. 우리나라 비행기는 B-29가 비행하는 높이까지 날아가 맞서 싸울 수 있는 비행기도, 사람도, 연료도 없어졌다"고까지 말했다. 전후가 돼서도 황실에 대한 태도는 변하지 않았고, 종전 다음 해 1월 30일에 행해진 고메이천황제(孝明天皇祭, 신력新曆에 의한 기일忌日)에는 다른 황족들이 불참한 가운데 다카마쓰노미야 노부히토친왕과 둘이서 성실하게 참례한다. 이은이 얼마나 왕족의 신분에 집착했는지는 나라하시 와타루에게 소로가쿠를 넘겨 버린 에피소드에서 소개한 대로다.

야스쿠니신사 임시대제(1940)에서 나란히 선 일본 황족과 조선 왕공족. 앞줄 맨 오른쪽부터 이우, 이건, 이은, 왼쪽부터 지치부노미야 야스히토친왕, 미카사노미야 다카히토친왕 등.

이건공은 특히 황족과 친했고, 같은 기병이던 미카사노미야, 가야노미야(賀陽宮), 다케다노미야와는 비를 동반하는 연회를 월 1회씩 돌아가며 개최하는 사이였다. 그래서 회고록에서 "황실의 온정 넘치는 태도를 찬양하고 우러르고 싶다"고 칭찬하는 이야기를 여기저기 썼고, 또 다음과 같이 말하기도 했다.

> 황실은 우리 일족을 황족과 완전히 같이 취급했다. 궁중의 의식과 행사에는 모두 황족과 함께 참렬했다. 공식적으로 모든 것에 걸쳐 차이를 두는 것은 아무것도 없었다. 그것은 일한합병조약의 충실한 이행에 지나지 않을지도 모른다. 하지

만 나는 그것을 오랜 역사에 의해 키워진 일본 황실의 미풍이 표현된 것으로 이해했다. (『조선왕조의 후예』)

게다가 종전 직후에는 기도 고이치 내대신에게 편지를 보내 군무는 자신의 "천직"이며, 육군유년학교 때부터 "신명(身命)을 군주와 국가에 바쳐 왔다"고 말했다. 이것은 일본으로의 귀화를 인정받기 위한 인사치레에 지나지 않을지도 모른다. 그러나 이건공이 메이지천황에 심취해 '모모야마'로 개명했다는 사실을 경시해서는 안 된다. 그는 "천황폐하[쇼와천황—저자]를 인간으로서 실로 존경하고 있다"(『운명의 조선왕가』)라고 토로하기도 하면서 천황에 대한 각별한 생각을 표현하고 있었던 것이다.

이우공은 어땠는가? 형인 이건공에 의하면 "동생은 나와 달리 모든 것에 반항적"이었고, "그날[해방—저자]이 오기를 특별히 기다리고 있었다"(『조선왕조의 후예』)고 한다. 그러나 그와 같은 이우공조차도 일본 군인으로서 역할은 충실히 수행하고 있었다. 제4장에서 소개한 대로 이우공은 1938년 6월에 지바현에서 하던 중대교련에서 낙마해 골절했다. 이때 그는 자신의 부상보다 군무를 우선시해, 돕기 위해 서둘러 도착한 나카무라 마사토(中村正人) 중위에게 먼저 중대장 대리가 되어 임무를 완수하라고 명령했다. 그런 까닭에 이우공은 바로 병원으로 이송되지 못하고 근처 민가에서 응급처치를 받고 한 시간 정도가 지난 후에야 자신을 위해 도착한 차량으로 겨우 육군병원으로 이송됐다.

황족과 같은 의무를 수행한 것은 그들의 비인 마사코, 요시코, 박찬주도 마찬가지였다. 박찬주는 결혼 직후에 애국부인회, 도쿄 자혜회, 일본적십자사, 육해군장교부인회에서 명예회원으로 취임해 달라는 요청을 받고 승낙했다. 육해군장교부인회는 총재 직위에 아리스가와노미야비 야스코(慰子)와 히가시후시미노미야비 가네코(周子) 등 황족을 추대하는 조직이었고, 마사코와 요시코도 명예회원이었다.

1943년에는 황족비와 함께 왕공족비들도 '총후(銃後)의 국민'들을 격려하기 위해 지방을 시찰했다. 마사코와 박찬주가 방문한 하코다테(函館)에서는 '미야사마(宮樣)의 날'을 설정해 호리카와(堀川), 다카모리(高盛), 우가우라(宇賀浦) 세 마을에 '미야사마의 길'을 만들고 가로수를 심을 계획까지 진행했다. 국민도 또한 왕공족을 황족과 동일시하고 있었던 것이다.

조선인들의 생각: 복벽(復辟)[2]의 가능성

그런데 조선인들은 왕공족에 대해서 어떻게 생각하고 있었을까? 보다 구체적으로 말하면, 독립 후에 이은이 조선의 군주로서 지지받을 가능성은 있었을까?

우선 우파 진영에서는, 쇼와천황 암살 음모 혐의로 옥중 생활을 하고 있던 박열(朴烈)이라는 사람이 종전으로 석방되자 바로

2 퇴위한 임금이 복위(復位)함.

이은에게 인사하러 찾아왔다. 이왕 비서인 조중구에 따르면 박열은 이은에 대해서 매우 예의 바르고 정성이었으며, 그 후에도 "좋은 관계"를 유지해 갔다고 한다.

좌파 진영의 재일본조선인연맹[후의 조총련—옮긴이] 간부들도 이은을 배제한다는 생각을 갖고 있었던 것은 아니다. 그들은 이은에 대해서 "정치적으로는 지도자로서 결격이지만, 군인으로서 오랜 기간 교육을 받았고 전시 중에도 항공군 사령관이나 동부군 사령관을 역임했기 때문에 장래 새로운 나라의 국군 수뇌로서 공헌하게 할 길도 있을 것이다"라는 의견을 조중구와의 면담에서 말했다. 그러나 이 말을 들은 조중구는 이은이 "역임한 그와 같은 지위들이 실력에 의한 것이라고 한다면 그것은 어떨지 모르지만, [이은은—옮긴이] 조선인을 동원하기 위한 정치적 로봇이었던 것이고, 또 그는 점쟁이 없이는 무엇 하나 스스로 결단할 수 없는 의지박약형 인간으로, 군 수뇌 등에 적임이라고 생각하지 않는다"(「왕가의 종언」)고 부정적인 뜻을 말하고 있다.

새로운 정부의 수립과 이은을 결부하려고 한 것은 재일 단체만이 아니었다. 종전 직후부터 이왕가에는 조선 각지에서 호소문들이 도착했다. 그것들은 모두 "조국을 위해 하루라도 빨리 왕전하가 환국하시기를 기다리고 있습니다"(위의 글)라는 내용이었다고 한다.

이제 와서는 정확한 상황을 알 수 없겠지만, 유학자 등 보수파 사이에서는 이은 대망론(大望論)이 작지 않았던 것 아닌가 생각된다. 그러한 상황을 나타내는 대화가 종전 직후인 1946년에 이태준(李泰俊)이 조선에서 발표한 소설 『해방 전후』에 쓰여 있다. 마지막으로 그것을 소개한다.

무대는 조선의 독립이 목전에 임박했을 무렵의 강원도다. 아직 상투를 틀고 있는 늙은 유학자 김(金)이 은둔 생활을 하는 문학자 현(玄)에게, 이전에 서울에서 들었다는 새로운 국가의 국호에 대해 질문하는 장면이다.

> [김] "국호가 고려국이라고 그러셨나?"
>
> [현] "고려민국이랍디다."
>
> "어째 고려라고 했을까?"
>
> "외국에는 조선이나 대한보다는 고려로 더 알려졌기 때문인가 봅니다. 직원님께선 무어라 했으면 좋겠습니까?"
>
> "그까짓 국호야 뭐래든 얼른 독립이나 됐으면 좋겠소. 그래도 이왕이면 우리넨 대한이랬으면 좋을 것 같어."
>
> "대한! 그것도 이조 말에 와서 망할 무렵에 잠시 정했던 이름 아닙니까?"
>
> "그렇지요. 신라나 고려나처럼 한때 그 조정이 정했던 이름이죠."
>
> "그렇다면 지금 다시 이왕시대가 아닐 바엔 대한이란 거야 무의미하지 않습니까? 잠시 생겼다 망했다 한 나라 이름들은 말씀대로 그때그때 조정이나 임금 마음대로 갈었지만 애초부

터 우리 민족의 이름은 조선이 아닙니까?"

"참, 그러리다. 『사기(史記)』에도 고조선이니 위만조선이니 허구 조선이란 이름이야 흠뻑 오라죠. 그런데 나는 말이야. (…) 난 그전대로 국호도 대한, 임금도 영친왕을 모셔내다 장가나 조선 부인으루 다시 듭시게 해서 전주 이씨 왕조를 다시 한 번 모셔 보구 싶어."

"전조(前朝)가 그다지 그리우십니까?"

"그립다뿐이겠소. 우리 따위 필부가 무슨 불사이군(不事二君)이래서보다도 왜놈들 보는데 대한 그대로 광복을 해 가지고 이번엔 고놈들을 한번 앙갚음을 해야 허지 않겠소?"

"김 직원께서 이제 일본으루 총독 노릇을 한번 가 보시렵니까?"

하고 둘이는 유쾌히 웃었다.

후기

내가 왕공족을 연구하게 된 것은 어렸을 때부터 제국에 강한 관심을 갖고 있었기 때문인 것 같다. 하지만 그것은 제국주의 비판이라는 '고상한' 것이 아니다. 계기는 유소년기에 '조이드'라는 모형을 크리스마스 선물로 받은 것이다.

이 완구는 동물을 모방한 병기형 로봇으로, 공화국군과 제국군이 대립한다는 가공의 스토리까지 준비돼 있었다. 나는 움직일 수 있는 모형에 흥분하여 부모님께 "공화가 뭐야? 제국이 뭐야?" 하고 질문했다. "공화국은 모두 함께 이야기해서 결정하는 나라", "제국은 한 사람이 결정하는 나라"라는 뉘앙스의 답이었다고, 어슴푸레하지만 그렇게 기억하고 있다. '한 사람'이라는 것은 '모두'의 반대말인 동시에 황제라는 특별한 존재를 나타내고 있었을 것이다. 정곡을 찌른 답은 아니지만 크게 벗어난 것도 아니다.

만약 이때 제국주의의 이미지가 "공화국은 좋은 것, 제국은 나쁜 것"이라고 적당히 짜여 있었다면, 제국군의 조이드를 손에 넣은 내가 제국에 대해 흥미를 갖는 일 따위는 없었을 것이다.

중학교, 고등학교로 진학해 세계사를 배우게 됐다. 그런데 교과서에 나오는 제국은 '모두'인지 '한 사람'인지와는 관계가 없고, 군사력으로 타국을 침략하는 제국주의 국가였다. 유소년기부터 친근감을 갖고 있던 제국과 교과서에 쓰인 제국, 두 개의 제국 사이의 괴리는 개운치 않은 의문으로 마음 한구석에 계속 남아 있었다.

대학에 들어가고 난 뒤로는 철학 세미나를 선택해 헤겔의 국가론을 배우고, 대학원에 진학하고부터는 관념론과 결별해 왕공족을 제재(題材)로 한국 병합의 역사를 연구하게 됐다. 황제의 나라와 제국주의의 나라, 두 개의 제국을 동시에 연구할 수 있기 때문이다…. 이렇게 말하고 말면 이야기가 정리는 되지만, 결과론밖에 되지 않는다. 그러한 비전을 그릴 능력 따위는 당시 내게 없었다. 단, 근대성론과 사회사라는 식민지 연구의 유행에는 눈도 돌리지 않고 천황과 대한제국 황제의 관계에 착목한 것은, 마음 어딘가에 "제국이란 무엇인가?" 하는 의문이 있었기 때문이라고 생각한다. 일본을 "일제(일본 제국주의)"라고 표현하고, 무조건 사상상의 어떤 특정한 개념을 적용시켜 논의를 전개하는 고전적인 연구에 위화감을 갖고 있었던 것도 그 원인이었을 것이다.

왕공족은 일본뿐 아니라 한국에서도 거의 연구되지 않았다. 그 이유를 한국인에게 물으면 대개 "왕실에 관심이 없기 때문"이라는 답이 돌아온다. 그러나 한국 역사 드라마의 다수는 국왕이 주역이든가 궁중이 무대다. 왕실에 관심이 없는 것은 아닐 것이다. 정부 행정기관의 일부를 이전해 2012년에 세워진 도시의 이름이 조선왕조 제4대 국왕의 묘호에서 취한 '세종특별자치시'다.

나는 이 앞의 책 『천황의 한국 병합(天皇の韓國併合)』에서, 1) 구 대한제국 황제가 '망국'을 부른 장본인이었다는 것과 2) 식민지 시기 연구가 민중에 무게를 두고 진행되었다는 것, 이 두 가지를 왕공족이 한국인의 관심을 끌지 못하는 이유로 들었다. 그러나 1)에 대해서는 지금은 철회하고 싶다. 오히려 (그것이 옳은지 어떤지는 별개로 하고) 21세기에 들어서부터 노무현 대통령이 진행한 친일반민족행위자 청산 조사에서 이태왕, 이왕, 이은이라는 구 대한제국 황실의 적류가 그 목록에 올랐더라면 왕공족도 나름대로 연구되었을 것이라고 생각하기 때문이다.

『만요슈(萬葉集)』에는 나비를 제재로 삼은 노래가 하나도 수록되어 있지 않다고 한다. 진위는 확실하지 않지만, 당시 사람들이 약도 독도 되지 않는 나비에 마음이 끌리지 않았기 때문이라는 이야기를 들은 적이 있다. 어쩌면 한국인에게 왕공족, 특히 왕족(이왕가)은 그러한 존재인지도 모른다. 약은 '항일', 독은 '친일'이다.

왕족 사람들은 친일반민족행위자로 간주되지 않았지만, 방계인 공족 중 이희공과 이준공은 친일반민족행위자 명단에 이름이 올라갔다. 어전회의에서 한일합방조약의 조인에 동의한 이희공이 친일반민족행위자가 되는 반면, 조약 조인을 허가한 장본인인 이왕이 리스트에서 빠진 이유는 잘 알 수 없다. 아무튼 공족 두 사람에 한해서는 『친일반민족행위 진상규명 보고서』와 『친일인명사전』에서 비교적 상세한 이력을 살펴볼 수 있다. 또 이태왕과 같이 헤이그 밀사사건 등으로 항일적인 운동을 전개한 인물에 대해서는 한일합방 이전에 한해 연구가 이루어지고 있다. 항일이나 친일에 해당한다면 관심을 끌 것이다.

최근에는 항일을 백(白), 친일을 흑(黑)으로 하여 백과 흑이 교차하는 회색 지대에 속한 사람들에 착목한 연구도 적지 않다. 단, 그 회색 지대도 백과 흑을 평가 기준으로 하여 두 개를 서로 섞어 놓은 것에서 추출한 색이라는 것은 틀림없다. 이 책에서는 일본과 조선, 종주국과 식민지라는 대립항이 아니라, 제국 일본이라는 틀 속에서 왕공족이라는 신분을 통해, 백과 흑으로는 나오지 않는 어떤 다른 색조로 역사를 그리려고 시도했다. 그때 유의한 것은 왕공족을 주체와 객체의 양면에서 서술하는 것이다. 앞의 책에서는 통치자 측의 시점에 치우쳐 왕공족을 객체로밖에 취급하지 못했지만, 이번 책에서는 제국 일본 속에서 가를 유지하려는 고뇌, 신분에 매달리는 필사적인 모습, 격렬한 골육상쟁 등 왕공족의 관점도 취해 그로부터 서술하려고 노력했다.

2014년 10월

신조 미치히코

참고문헌

일반

『王公族譜 왕공족보』(宮內廳 宮內公文書館 所藏).

『王公族錄 왕공족록』(宮內廳 宮內公文書館 所藏).

『李熹公實錄 이희공실록』(宮內廳 宮內公文書館 所藏).

『李熹公實錄資料 이희공실록 자료』(宮內廳 宮內公文書館 所藏).

『李埈公實錄 이준공실록』(宮內廳 宮內公文書館 所藏).

『李埈公實錄資料 이준공실록 자료』(宮內廳 宮內公文書館 所藏).

『李太王實錄 이태왕실록』(宮內廳 宮內公文書館 所藏).

『李太王實錄資料 이태왕실록 자료』(宮內廳 宮內公文書館 所藏).

五味均平 編, 『朝鮮李王公家取調書 조선 이왕공가 취조서』(早稻田大學圖書館 所藏).

權藤四郎介(1926), 『李王宮祕史 이왕궁 비사』, 朝鮮新聞社.

井原賴明(1938), 『皇室事典 황실사전』, 冨山房.

李王職 編(1943),『昌德宮李王實記 창덕궁 이왕 실기』.

李王職 編(1943),『德壽宮李太王實記 덕수궁 이태왕 실기』.

桃山虔一(1951),「運命の朝鮮王家: もと李鍵公殿下の記録 운명의 조선왕가: 전 이건공 전하의 기록」,『文藝春秋 문예춘추』1951年 9月號.

桃山佳子(1961),「雜草の中に生きて愛して 잡초 속에서 살며 사랑하며」,『婦人俱樂部 부인구락부』第42卷 第9, 10, 12, 14號.

李鍵公(1965),「朝鮮王朝の末裔: 日韓併合と日韓條約の谷間で 조선왕조의 후예: 일한병합과 일한조약의 골짜기에서」,『文藝春秋 문예춘추』1965年 12月號.

『李朝實錄 이조실록』第56冊(學習院大學 東洋文化研究所, 1967年).

李方子(1968),『動亂の中の王妃 동란 중의 왕비』, 講談社.

李王垠傳記刊行會(1978),『英親王李垠傳: 李王朝最後の皇太子 영친왕 이은전: 이씨왕조 최후의 황태자』, 共榮書房.

原奎一郎 編(1981),『原敬日記 하라 다카시 일기』, 富村出判.

李方子(1984),『流れのままに 흐르는 대로』, 啓佑社.

『宮內省省報 궁내성 성보』(ゆまに書房, 1999年).

『朝鮮人名資料事典 조선인명자료사전』(日本圖書センター, 2002年).

秦郁彦 編(2002),『日本近現代人物履歷事典 일본 근현대인물 이력사전』, 東京大學出版會.

秦郁彦 編(2005),『日本陸海軍總合事典 일본 육해군 종합사전』, 東京大學出版會.

倉富勇三郎日記研究會 編(2010, 2012),『倉富勇三郎日記 구라토미 유자부로 일기』第1, 2卷, 國書刊行會.

新城道彦(2011), 『天皇の韓國併合: 王公族の創設と帝國の葛藤 천황의 한국 병합: 왕공족의 창설과 제국의 갈등』, 法政大學出版局.
『京城日報 경성일보』.
『東京朝日新聞 도쿄아사히신문』.
『讀賣新聞 요미우리신문』.

서장

統監府 編(1908), 『韓國條約類纂 한국조약유찬』.
浜田眞名(1939), 「大日本の國號 대일본의 국호」, 『駒澤歴史學會誌 고마자와역사학회지』 第2卷.
レーニン 레닌, 「資本主義の最高段階としての帝國主義 자본주의 최고 단계로서의 제국주의」, 『世界の大思想 세계의 대사상』 第3卷(河出書房新社, 1969年).
長谷川伸(1992), 「昭和初期國號及び元首の稱號統一に關する一考察 쇼와 초기 국호 및 원수 칭호 통일에 관한 일고찰」, 『法政史學 호세이사학』 第44號.
국학진흥사업운영위원회 편(1994), 『치재일기(致齋日記)』, 한국정신문화연구원.
木村凌二 · 鶴間和幸(1998), 「帝國と支配: 古代の遺産 제국과 지배: 고대의 유산」, 『岩波講座世界史 이와나미 강좌세계사』 第5卷, 岩波書店.
吉村忠典(2003), 『古代ローマ帝國の研究 고대 로마 제국 연구』, 岩波書店.
幸德秋水(2004), 『帝國主義 제국주의』, 岩波書店.

국학진흥사업운영위원회 편(2006), 『예천 맛질 박씨가 일기』 제4권 일기편, 한국학중앙연구원.

제1장

『漢城新聞』.
『韓國往復書類 自明治三十九年至同四十三年 한국 왕복 서류 1906~1910』(宮內廳 宮內公文書館 所藏).
『韓國併合ニ關スル閣議決定書 其三 한국 병합에 관한 각의 결정서 3』(國立公文書館 所藏).
「韓國併合ニ關スル書類 發電 한국 병합에 관한 서류: 발전」「韓國併合ニ關スル書類 着電 한국 병합에 관한 서류: 착전」(國立公文書館 所藏).
『황제 양위 전후의 중요 일기』(한국학중앙연구원 장서각 소장).
宋秉畯, 『皇帝渡日讓國ノ議 황제 도일 양국 논의』(國立公文書館 所藏).
「對韓施設綱領 대한시설강령」, 『目賀田家文書 메가타가 문서』 第10號(國立公文書館 所藏).
『勅使朝鮮差遣錄 칙사 조선 차견록』(宮內廳 宮內公文書館 所藏).
「李王職財政整理大要 이왕직 재정정리 대요」, 『齋藤實文書 사이토 마코토 문서』(國會圖書館 憲政資料室 所藏).
「第一回日露協商一件 제1회 일러협상 일건」, 「海牙平和會議韓帝密使派遣一件 헤이그 평화회의 한국 황제의 밀사 파견 일건」, 「日韓協商締結一件(韓帝讓位一件) 일한협상 체결 일건(한국 황제 양위 일건)」, 外務省 編, 『日本外交文書 일본외교문서』 第40卷 第1冊.

統監府 編,『統監府統計年報 통감부 통계연보』第1次~4次(1908~1911年).

旭邦(1909),「韓太子の東北巡遊 한국 태자의 동북 순유」,『朝鮮 조선』第4巻 第1號, 朝鮮雜誌社, 1909年 9月.

末松謙澄 編(1910),『伊藤公國葬餘韻 이토공 국장 여운』, 東京國文社.

寺內正毅(1910),「韓國併合始末ノ件 한국 병합 시말의 건」,『公文雜纂 공문잡찬』第9巻(國立公文書館 所藏, 海野福壽 編(1998),『韓國併合始末關係資料 한국 병합 시말관계 자료』, 不二出版.)

趙重應(1910),「朝鮮人の要求 조선인의 요구」,『朝鮮 조선』第31號, 朝鮮雜誌社, 1910年 9月.

俞吉濬(1910),「先ず朝鮮を富ませよ 먼저 조선을 부유하게 하라」,『朝鮮 조선』第31號, 朝鮮雜誌社, 1910年 10月.

難波可水(1910),「東京の合邦祝ひ 도쿄의 합방 축하」,『朝鮮 조선』第32號, 朝鮮雜誌社, 1910年 10月.

峯玄光 編(1910),『傳道 전도』第146號, 鴻盟社, 1910年 11月.

旭邦生(1911),「宋秉畯氏と語る 송병준 씨와 이야기하다」,『朝鮮 조선』第44號, 朝鮮雜誌社, 1911年 10月.

村上好堂 · 後藤黙童(1914),『亡國祕密: なみだか血か 망국 비밀: 눈물인가 피인가』, 東京堂.

朝鮮總督府 編(1915),『朝鮮施政ノ方針及實積 조선 시정의 방침 및 실적』.

朝鮮駐箚軍司令部(1916),『朝鮮駐箚軍歷史 조선주차군 역사』(防衛省 防衛研究所 所藏).

朝鮮總督府 編(1918),「朝鮮ノ保護及併合 조선의 보호 및 병합」(『韓國併合史研究

資料 한국병합사 연구자료』第2卷, 龍溪書店, 1995年).

末松謙澄(1918), 『修養宝鑑明治両陛下聖德記 수양보감 메이지 양폐하 성덕기』, 吉川弘文館.

黑田甲子郎 編(1920), 『元帥寺內伯爵傳 원수 데라우치 백작전』(元帥寺內伯爵傳記編纂所, 大空社, 1988年).

小松緑(1920), 『朝鮮併合之裏面 조선 병합의 이면』, 中外新論社.

松本信廣(1922), 「社稷の研究 사직 연구」, 『史學 사학』第2卷 第1號.

小森德治(1928), 『明石元二郎 아카시 모토지로』上卷, 臺灣日日新報社(原書房, 1968年).

「朝鮮貴族保護資金令(制定案)竝朝鮮貴族保護施設概要 조선 귀족 보호자금령(제정안) 병 조선 귀족 보호시설 개요」, 『昭和財政史資料 쇼와 재정사 자료』第5號, 1926年(國立公文書館 所藏).

西四辻公堯(1930), 『韓末外交秘話 한말 외교 비화』.

三上豊(1932), 『典圜局回顧錄 전환국 회고록』(稿本 원고본).

小松緑(1936), 『明治外交秘話 메이지 외교 비화』, 千倉書房.

春畝公追頌會(1940), 『伊藤博文傳 이토 히로부미전』, 春畝公追頌會.

大藏省主計局內財政調査會(1950), 『國の豫算 국가의 예산』, 柏葉社.

倉知鐵吉(1950), 『韓國併合の經緯 한국 병합의 경위』, 外務大臣官房文書課(『明治人による近代朝鮮論影印叢書 메이지인에 의한 근대조선론 영인총서』第16卷, ぺりかん社, 1997年).

『內村鑑三著作集 우치무라 간조 저작집』第19卷, 岩波書店, 1954年.

『이광수 전집』제13권, 삼중당, 1962년.

山縣有朋,「朝鮮政策上奏 조선 정책 상주」, 大山梓 編(1966),『山縣有朋意見書 야마가타 아리토모 의견서』, 原書房.

朝鮮總督府,『朝鮮總督府施政三十年史 조선총독부 시정 30년사』(名著出版, 1972年).

森克己(1973),「誤られた伊藤博文 오해된 이토 히로부미」,『日本歷史 일본역사』 第296號.

平田賢一(1974),「'朝鮮併合'と日本の世論 '조선 병합'과 일본의 세론」,『史林 사림』 第57卷 第3號.

宮內廳 編(1975),『明治天皇紀 메이지천황기』 第11卷, 吉川弘文館.

「伊藤特派大使內謁見始末 이토 특파대사 내알현 시말」,「韓國皇帝御希望趣旨書 한국 황제 희망취지서」, 市川正明 編(1978),『韓國併合史料 한국 병합 사료』 第1卷, 原書房.

山本四郎 編(1980),『寺內正毅日記: 1900~1918 데라우치 마사타케 일기 1900~1918』, 京都女子大學.

奧村周司(1982),「高麗の外交姿勢と國家意識: '仲冬八關會議'および'迎北朝詔使儀'を中心として 고려의 외교자세와 국가의식: '중동팔관회' 및 '영북조조사의'를 중심으로」, 歷史學硏究會 編,『民衆の生活·文化と變革主體 민중의 생활·문화와 변혁 주체』, 青木書店.

山本四郎 編(1983),『西原龜三日記 니시하라 가메조 일기』, 京都女子大學.

岡安勇(1983),「中國古代史料に現われた席次と皇帝西面について 중국 고대 사료에 나타난 석차와 황제의 서면에 대하여」,『史學雜誌 사학잡지』 第92卷 第9號.

奥村周司(1984),「使節迎接禮より見た高麗の外交姿勢: 11, 12世紀における對中關係の一面 사절영접례로 본 고려의 외교자세: 11, 12세기의 대중관계의 일면」,『史觀 사관』第110冊.

夏日漱石(1986),『思ひ出す事など 생각나는 일들』, 岩波書店.

日野市企劃財政部 編(1986),『五十子敬齋日記 이라코 게이사이 일기』, 企劃課 市史編纂係.

森山茂德(1987),『近代日韓關係史研究 근대 일한관계사 연구』, 東京大學出版會.

中浜明 編(1993),『中浜東一郎日記 나카하마 도이치로 일기』, 冨山房.

長井純市 編(1994)『渡邊千秋關係文書 와타나베 지아키 관계문서』, 山川出版社.

海野福壽(1995),『韓國併合 한국 병합』, 岩波新書.

海野福壽 編(1995)『日韓協約と韓國併合 일한협약과 한국 병합』, 明石書店.

「王公族及朝鮮貴族ニ關スル資料 왕공족 및 조선 귀족에 관한 자료」(水野直樹 編(1998),『戰時期植民地統治資料 전시기 식민지 통치 자료』第3卷, 柏書房).

木村幹(2000),『朝鮮/韓國ナショナリズムと'小國'意識 조선/한국 내셔널리즘과 '소국' 의식』, ミネルヴァ書店.

風見明(2002),『相撲, 國技となる 스모, 국기가 되다』, 大修館書店.

黒川雄三(2003),『近代日本の軍事戰略槪史 근대 일본의 군사전략 개사』, 美容書房出版.

海野福壽(2004),『伊藤博文と韓國併合 이토 히로부미와 한국 병합』, 青木書店.

原田環(2004),「第二次日韓協約調印と大韓帝國皇帝高宗 제2차 일한협약 조인과 대한제국 황제 고종」,『青丘學術論叢集 청구학술논문집』第24集.

廣畑研二(2006), 『水平の行者 栗須七郎 수평의 행자 구리스 시치로』, 新幹社.

伊藤之雄(2009), 『伊藤博文: 近代を創った男 이토 히로부미: 근대를 만든 남자』, 講談社.

伊藤之雄(2009), 『山縣有朋: 愚直な權力者の生涯 야마가타 아리토모: 우직한 권력자의 생애』, 文藝春秋.

伊藤之雄·李盛煥 編(2009), 『伊藤博文と韓國統治: 初代韓國統監のめぐる百年目の檢證 이토 히로부미와 한국 통치: 초대 한국 통감을 둘러싼 백 년 만의 검증』, ミネルヴァ書房.

加藤陽子(2009), 『それでも日本は戰爭を選んだ 그래도 일본은 전쟁을 선택했다』, 朝日出版社.

小川原宏幸(2010), 『伊藤博文の韓國併合構想と朝鮮統治: 王權論の相克 이토 히로부미의 한국 병합 구상과 조선 통치: 왕권론의 투쟁』, 岩波書店.

瀧井一博(2010), 『伊藤博文: 知の政治家 이토 히로부미: 지(知)의 정치가』, 中央公論社.

福永文夫·河下邊元(2012), 『芦田均日記 1905~1948 아시다 히토시 일기 1905~1945』, 柏書房.

森山茂德·原田環編(2013), 『大韓帝國の保護と併合 대한제국의 보호와 병합』, 東京大學出版會.

新城道彦(2013), 「近代國際條約としての韓國併合と前近代の禮觀念: 王册立における席次 근대 국제조약으로서의 한국 병합과 전근대의 예 관념: 왕 책립에서의 석차」, 『新潟史學 니가타사학』 第70號, 2013年 10月.

山中永之佑(2013), 「韓國併合と皇帝·華族制度の變容: '1910年體制論'の意義 한

국 병합과 황제·화족 제도의 변용: '1910년 체제론'의 의의」, 『阪大法學 한다이법학』 第63卷 第3, 4號.

제2장

『한국일보』.
「王公家軌範案要綱 왕공가궤범안 요강」, 『平沼騏一郎文書 히라누마 기이치로 문서』(國立國會圖書館 憲政資料室 所藏).
「王公家軌範審査委員會筆記(5月~6月) 왕공가궤범 심사위원회 필기(5월~6월)」, 『樞密院委員錄·大正七年·卷別冊 추밀원위원록 1918년 권별책』(國立公文書館 所藏).
「王公族審議會資料 왕공족심의회 자료」, 『篠田治策文書 시노다 지사쿠 문서』(スタンフォード大學フーバー研究所 所藏).
『王公族譜錄 自昭和五年至昭和十五年 왕공족보록 1930~1940』(宮內聽 宮內公文書館 所藏).
『王族李德惠御婚嫁書類 왕족 이덕혜 혼가 서류』(宮內聽 宮內公文書館 所藏).
『公族李辰琬殿下婚嫁書類 공족 이진완 전하 혼가 서류』(宮內聽 宮內公文書館 所藏).
「兒玉秀雄書翰 고다마 히데오 서한」, 『寺內正毅文書 데라우치 마사타케 문서』(國立國會圖書館 憲政資料室 所藏).
『男爵小原駐吉氏談 大正7年 10月 27日(李王家婚談の件に付) 남작 오하라 센키치 씨 이야기 1918년 10월 27일(이왕가 혼담 건에 대하여)』(宮內聽 宮內公文書館 所藏).
『朝鮮貴族名簿 조선 귀족 명부』(宮內聽 宮內公文書館 所藏).

『朝鮮貴族履歷書 조선 귀족 이력서』(宮內廳 宮內公文書館 所藏).
「朝鮮國王族義和宮及李埈鎔洋行ノ件 조선국 왕족 의화궁 및 이준용 서양행의 건」, 「韓國皇族義和宮及李埈鎔ニ關スル件 한국 황족 의화궁 및 이준용에 관한 건」, 「韓國皇族義和宮及李埈鎔進退ニ關スル件 한국 황족 의화궁 및 이준용 진퇴에 관한 건」, 「韓國人李埈鎔謀殺未遂事件 한국인 이준용 모살미수사건」, 「韓國關係雜纂 한국관계잡록」, 『日本外交文書 일본 외교문서』 第30, 30, 32, 33, 35, 38卷 1冊(宮內廳 宮內公文書館 所藏).
『寺內統監上奏書 데라우치 통감 상주서』(宮內廳 宮內公文書館 所藏).
「李王家に關する事ども 이왕가에 관한 이런저런 일」, 「李堈一身上につき陳情書 이강 일신상에 대한 진정서」, 「李堈一身上につき陳情懇願 이강 일신상에 대한 진정·간원」, 「李堈公殿下動靜報告 이강공 전하 동정 보고」, 「總督·李堈公會見始末 총독·이강공 회견 시말」, 「李堈公に關する書類 이강공에 관한 서류」, 『齋藤實文書 사이토 마코토 문서』(國立國會圖書館 憲政資料室 所藏).
『李王家博物館所藏品寫眞帖 이왕가박물관 소장품 사진첩』(宮內廳 宮內公文書館 所藏).
『李王御上京錄 이왕 상경록』(宮內廳 宮內公文書館 所藏).
『李鍵公殿下御結婚書類 이건공 전하 결혼 서류』(宮內廳 宮內公文書館 所藏).
『李鍝公殿下御結婚書類 이우공 전하 결혼 서류』(宮內廳 宮內公文書館 所藏).
『兩公家公族譜資料 양공가 공족보 자료』(한국학중앙연구원 장서각 소장).
伊藤博文(1989), 『帝國憲法皇室典範義解 제국헌법 · 황실전범 의해』(國家學

會藏版).

Lillias H. Underwood(1904), *Fifteen Years Among the Top-knots or Life in Korea*, American Tracts Society.

「韓皇后陛下日語御學習 한국 황후 폐하 일어 학습」, 『朝鮮 조선』 第1卷 第3號, 日韓書房, 1908年 5月.

大村友之丞(1910), 『朝鮮貴族列傳 조선 귀족 열전』, 朝鮮總督府印刷局(한국학문헌연구소 편, 『구한말 일제침략 사료총서 13, 사회편 4』, 아세아문화사, 1985년).

末松熊彦(1913), 「朝鮮の古美術保護と昌德宮博物館 조선의 고미술 보호와 창덕궁박물관」, 『朝鮮及滿洲 조선 및 만주』 第69號.

小宮三保松(1914), 「昌德宮と殿下の御平生 창덕궁과 전하의 일생」, 『朝鮮及滿洲 조선 및 만주』 第81號.

一記者(1919), 「薨去されし李太王殿下の御平生 홍거하신 이태왕 전하의 일생」, 『朝鮮及滿洲 조선 및 만주』 第140號.

篠田治策(1927), 「王公家軌範に就て 왕공가궤범에 대하여」, 朝鮮總督府 編, 『朝鮮 조선』 第141號.

有馬純吉(1931) 『朝鮮紳士錄 조선신사록』, 朝鮮紳士錄刊行會.

杉村濬(1932), 『明治廿七八年在韓苦心錄 메이지 27~28년 재한고심록』, 非賣品.

李王職(1934), 『昌慶苑案內 창경원 안내』.

「前件落着 전건낙착」, 「大院君來館談話筆記 대원군 내관 담화 필기」, 「大院君李埈鎔隱謀暴露權設裁判所開廷顚末 대원군·이준용 음모 폭로 임시재판소 개정 전말」, 「李埈鎔來訪談話筆記 이준용 내방 담화 필기」, 伊

藤博文 編,『祕書類纂 비서유찬』, 1936年, 非賣品.

朝鮮行政編輯總局 編(1937),『朝鮮統治祕話 조선 통치 비화』, 帝國地方行政學會.

小田省吾(1938),『德壽宮史 덕수궁사』, 李王職.

晨亭會(1938),『伯爵伊東巳代治 백작 이토 미요지』下卷, 晨亭會.

西邑木一(1938),『華族大鑑 화족대감』, 華族大鑑刊行會(『日本人物叢書 일본인물총서』第7卷, 日本圖書センター, 1990年).

菊池謙讓(1940),『近代朝鮮史 근대조선사』下卷, 大陸硏究所.

栗原廣太(1941),『明治の御宇 메이지 치세』, 四季書房.

京城府(1941),『京城府史 경성부사』第3卷(湘南堂書店, 1982年).

閔甲完(1962),『百年恨 백 년의 한』, 文宣閣.

新田隆信(1963)「王公族の法的地位と法律第83號: 明治憲法體制に關する一つの覺え書 왕공족의 법적 지위와 법률 제83호: 메이지헌법 체제에 관한 하나의 각서」,『富大經濟論集 도미다이경제논집』第9卷 第2號.

下郡山誠一 外(1964),「座談會: 李王家の蒐集について 좌담회: 이왕가의 수집에 대하여」,『やきもの趣味 도자기 취미』第2·3卷.

伊東巳大治,「翠雨莊日記 스이우소 일기(小林龍夫 編,『明治百年史叢書 메이지백년사 총서』第8卷, 原書房, 1996年).

金光(1966),「尹氏の死と李王家の終焉 윤씨의 죽음과 이왕가의 종언」,『親和 친화』第148號.

『승정원일기(고종편)』, 국사편찬위원회, 1970년.

김을한(1971),『인간 이은: 해방에서 환국까지』, 한국일보사.

田保橋潔(1972),『朝鮮統治史論稿 조선통치사 논고』, 成進文化史.

宮內廳 編(1973), 『明治天皇紀 메이지천황기』 第8, 9卷, 吉川弘文館.

梨本伊都子(1975), 『三代の天皇と私 3대의 천황과 나』, 講談社.

「魚潭少將回顧錄 어담 소장 회고록」, 市川正明 編, 『日韓外交史料 일한외교사료』 第10卷, 1981年.

이기동(1982), 『비극의 군인들: 일본육군 출신의 역사』, 일조각.

高久嶺之介(1983·1984), 「大正期皇室法令をめぐる紛爭 다이쇼기 황실 법령을 둘러싼 분쟁(上)(下)」, 『社會科學 사회과학』 第32, 34號.

樞密院, 『樞密院會議議事錄 추밀원 회의 의사록』 第20卷, 東京大學出版會, 1985年.

김용숙(1987), 『조선 궁중풍속 연구』, 일지사.

相馬雪香(1987), 『心に懸ける橋: おせっかいやきの'雪香'さん 마음에 걸린 다리: 쓸데없는 참견의 '설향'씨』, 世論時報.

「대동단사건 I」, 「대동단사건 II」, 국사편찬위원회 편, 『대한민국 독립운동사 자료집』 제5·6권, 1988년.

小田部雄次(1991), 『梨本宮伊都子妃の日記: 皇族妃の見た明治·大正·昭和 나시모토노미야 이쓰코비 일기: 황족비가 본 메이지·다이쇼·쇼와』, 小學館.

本田節子(1991), 『朝鮮王朝最後の皇太子妃 조선왕조 최후의 황태자비』, 文藝春秋.

島善高(1996), 「大正七年の皇室典範增補と王公家軌範の制定 다이쇼 7년의 황실전범 증보와 왕공가궤범 제정」, 『早稻田大學人文自然科學研究 와세다대학인문자연과학연구』 第49號.

伊東巳代治, 「皇室制度再查議 황실제도 재사의」, 「調查着手ノ方針 조사 착수의

방침」, 小林宏·島善高 編, 『明治皇室典範(下) 메이지황실전범(하)』, 日本立法資料全集 17, 信山社出版, 1997年.

本馬恭子(1998), 『徳惠姬: 李氏朝鮮最後の王女 덕혜 히메: 이씨조선 최후의 왕녀』, 葦書房.

山田一廣(1998), 『マスカルの花嫁: 幻のエチオピア王子妃 마스카라의 신부: 환상의 에티오피아 왕자비』, 朝日新聞社.

金英達(1999), 「朝鮮王公族の法的地位について 조선 왕공족의 법적 지위에 대하여」, 『青丘學術雜誌 청구학술잡지』 第14集.

坂元眞一(1999), 「조선왕실 자손들과 그 대한민국의 국적: 왕공족의 법적 신분과 그 등록을 중심으로」, 『서울국제법연구』 제6권 제1호.

송기형(1999), 「창경궁박물관 또는 이왕가박물관의 연대기」, 『역사교육』 제72호.

신복룡(2003), 『대동단실기』, 도서출판 선인.

한영우선생정년기념논총간행위원회 엮음(2003), 『63인의 역사학자가 쓴 한국사 인물열전』 제3권, 돌베개.

河原敏明(2004), 『昭和の皇室をゆるがせた女性たち 쇼와의 황실을 뒤흔든 여성들』, 講談社.

都倉武之(2005), 「朝鮮王朝義和宮留學と福澤諭吉 조선왕조 의화궁의 유학과 후쿠자와 유키치」, 『近代日本研究 근대일본연구』 第22號.

정범준(2006), 『제국의 후예들: 대한제국 후예들의 삶으로 읽는 한반도 백년사』, 황소자리.

佐野眞一(2007), 『樞密院議長の日記 추밀원 의장의 일기』, 講談社.

木村幹(2008),『韓國現代史: 大統領たちの榮光と蹉跌 한국 현대사: 대통령들의 영광과 좌절』, 中央公論社.

原田敬一(2008),『日清戰爭 일청전쟁』, 吉川弘文館.

福富哲(2008),『無窮花: 最後の朝鮮王朝皇太子妃甲完 무궁화: 최후의 조선왕조 황태자비 갑완』, 駒草出版.

千田稔(2009),『華族總覽 화족총람』, 講談社.

李昇燁(2009),「李太王(高宗)毒殺説の檢討 이태왕(고종) 독살설의 검토」,『二十世紀研究 20세기연구』第10號.

小倉慈司·山口輝臣(2011),『天皇と宗教 천황과 종교』, 講談社.

月脚達彦(2014),『福澤諭吉と朝鮮問題: '朝鮮改造論'の展開と蹉跌 후쿠자와 유키치와 조선 문제: '조선 개조론'의 전개와 좌절』, 東京大學出版會.

제3장

「有賀啓太郎資料 아리가 게이타로 자료」14(佐賀縣立名護屋城博物館 所藏).

『故大勳位李王國葬書類 고 대훈위 이왕 국장 서류』第1~5卷(國立公文書館 所藏).

『故李太王國葬書類 고 이태왕 국장 서류』上 · 中 · 下(國立公文書館 所藏).

『實錄編修錄 自大正五年至大正十年 실록편수록 1916~1921』(宮內聽 宮內公文書館 所藏).

『進退錄 自大正15年至昭和6年 진퇴록 1926~1931』(宮內聽 宮內公文書館 所藏).

「第8回實錄編修委員會會錄 제8회 실록편수위원회 회록」(한국학중앙연구원 장서각 소장)

「朝鮮共産黨事件ニ關スル調査書送付ノ件 조선공산당사건에 관한 조사서 송부의 건」, 『密大日記 군사기밀대 일기』(防衛省 防衛研究所 所藏).
「閔李王職長官尹贊侍長等の辭職辭爵竝に尹澤榮侯の辭爵決意の動機李大王毒殺說について 민(閔) 이왕직장관·윤 찬시장 등의 사직과 사작 및 윤택영 후작 사작 결의의 동기, 이대왕 독살설에 대하여」, 「李王家に關する事ども 이왕가에 관한 이것저것」, 『齋藤實文書 사이토 마코토 문서』(國立公文書館 所藏).
「李王殿下薨去ニ際シ元帥ノ禮遇ニ關スル件 이왕 전하 홍거에 즈음하여 원수의 예우에 관한 건」, 『大日記之輯 대일기지집』(防衛省 防衛研究所 所藏).
『李熹公從宦錄 이희공 종환록』(宮內聽 宮內公文書館 所藏).
『李熹公譜略 이희공보략』(宮內聽 宮內公文書館 所藏).
『李埈公從宦錄 이준공 종환록』(宮內聽 宮內公文書館 所藏).
『李埈公譜略 이준공보략』(宮內聽 宮內公文書館 所藏).
朝鮮總督府官房庶務部調査課(1924), 『朝鮮の獨立思想及運動 조선의 독립사상 및 운동』.
釋尾東邦(1926), 『朝鮮併合史 조선병합사』.
「李王殿下御薨去に關する彙報 이왕 전하 홍거에 관한 휘보」, 朝鮮總督府 編, 『朝鮮 조선』 第133號, 1926年 6月.
小田省吾(1933), 「李王職の實錄編修事業に就て 이왕직의 실록편수사업에 대하여」, 『靑丘學叢 청구학총』 第13號.
朝鮮總督府中樞院(1938), 「朝鮮舊慣制度調査事業概要 조선구관제도 조사사업 개요」(『韓國併合史研究資料 한국병합사 연구자료』 第93卷, 淸溪書舍,

2011年).
姜德相 編(1966),『現代史資料(一) 현대사 자료(1)』第25卷, みすず書房.
朝鮮憲兵司令部 編,『大正8年朝鮮騷擾事件狀況 1919년 조선 소요사건 상황』, 巖南堂書店, 1969年.
『고종순종실록』 상 · 중 · 하, 탐구당, 1971년.
週刊朝日 編(1981),『値段の明治大正昭和風俗史 값진 메이지 · 다이쇼 · 쇼와 풍속사』, 朝日新聞社.
週刊朝日 編(1981),『續 値段の明治大正昭和風俗史 속 값진 메이지 · 다이쇼 · 쇼와 풍속사』, 朝日新聞社.
『帝國議會貴族院議事速記錄 제국의회 귀족원 의사속기록』第35卷, 東京大學出版會, 1981年.
『帝國議會衆議院議事速記錄 제국의회 중의원 의사속기록』第35卷, 東京大學出版會, 1982年.
市川正明 編(1983 · 1984),『三 · 一獨立運動 삼일독립운동』第1~3卷, 原書房.
康成銀(1989),「三 · 一運動における'民族代表'の活動に關する一考察 삼일운동에서의 '민족대표'의 활동에 관한 일고찰」,『朝鮮學報 조선학보』第130輯.
임민혁(2005),「고 · 순종의 호칭에 관한 이론과 왕권의 정통성: 묘호 · 존호 · 시호를 중심으로」,『사학연구』 제78호.
松澤克行(2006),「『天皇皇族實錄』の編修事業ついて 『천황황족실록』 편수사업에 대하여」,『史境 사경』第53號.
宇都宮太節關係資料研究會 編(2007),『日本陸軍とアジア政策: 陸軍大將宇都宮太郎

日記 일본 육군과 아시아 정책: 육군 대장 우쓰노미야 다로 일기』 第3卷, 岩波書店.
宮內廳書陵部編修課 編(2007), 『宮內省の編修事業 궁내성의 편수사업』.
永島廣紀(2011), 「『朝鮮王朝儀軌』とは果たして何か? 『조선왕조 의궤』란 과연 무엇인가」, NHK取材班 編, 『朝鮮王朝『儀軌』百年の流轉 조선왕조 『의궤』 백 년의 유전』, NHK出版.
中見立夫(2014), 「'學習院'における東洋學の形成と資料收集·出版をめぐって '가쿠슈인'에서의 동양학의 형성과 자료 수집·출판을 둘러싸고」, 『東洋文化硏究 동양문화연구』 第16號.

제4장

『木戶幸一文書 기도 고이치 문서』(國立國會圖書館 憲政資料室 所藏).
『舊王公族錄 구왕공족록』(宮內聽 宮內公文書館 所藏).
萩原徹, 「王公族の殊遇について 왕공족의 특별대우에 대하여」(『幣原平和文庫 시데하라 헤이와 문고』, 國立國會圖書館 憲政資料室 所藏).
「平和條約に伴う朝鮮人臺灣人に關する國籍及び戶籍事務の處理について 평화조약에 수반한 조선인·대만인에 관한 국적 및 호적사무 처리에 대하여」(國立公文書館 所藏).
「李王垠殿下ノ御勤務地ノ件 이왕 은 전하의 근무지의 건」, 『密大日記 군사기밀대 일기』(防衛省 防衛硏究所 所藏).
「李王同妃殿下歐洲御視察ノ件 이왕 내외 양전하 구주 시찰의 건」, 『大日記乙輯 대일기 을집』(防衛省 防衛硏究所 所藏).

『李堈公殿下薨去一件書類 이우공 전하 홍거 일건서류』(宮內廳 宮內公文書館 所藏).

篠田治策(1928), 『歐洲御巡遊隨行日記 구주어순유 수행일기』, 大阪屋號書店.

李王職(1928), 『李王同妃兩殿下御渡歐日誌 이왕 내외 양전하 도구일지』.

「カメラ探訪宮樣商賣告知板 카메라 탐방 미야사마 장사 고지판」, 『眞相 진상』 1948年 6月號.

桃山佳子(1949), 「皇籍を離れて… お菓子屋さんになった私 황적을 떠나… 과자점 주인이 된 나」, 『主婦と生活 주부와 생활』 第4卷 第1號.

山口喜久一郎(1958), 『歐美旅抄 구미여초』, 東京書房.

『二十九期會報十一號 李王樣特輯 29기 회보 11호 이왕 특집』, 1964.

金光(1966), 「尹氏の死と李王家の終焉 윤씨의 죽음과 이왕가의 종언」, 『親和 친화』 第148號.

東久邇稔彦(1968), 『東久邇日記: 日本激動期の祕錄 히가시쿠니 일기: 일본 격동기의 비록』, 德間書店.

讀賣新聞社 編(1968), 『昭和史の天皇 쇼와사의 천황』, 讀賣新聞社.

竹田恒德(1977), 『菊と星と五輪: 皇族からスポーツ大使へ 국화와 별과 오륜: 황족에서 스포츠 대사로』, ベースボール·マガジン社.

李玖(1977), 「李王朝の祭 이왕조의 제사」, 『太陽 태양』 第172號.

石橋恒喜(1979), 『昭和の反亂: 三月クーデターから二·二六事件まで 쇼와의 반란: 3월 쿠데타부터 2·26사건까지』, 高木書店.

木戶幸一, 『木戶幸一日記 기도 고이치 일기』, 東京大學出版會, 1980年.

長重九, 「王家の終焉 왕가의 종언」, 『友邦 우방』 1981年 2月~1982年 4月.

「チャリティー事業に李方子さま東奔西走 자선사업에서 이방자 여사 동분서주」, 『友邦 우방』 1982年 1月.
「自稱'明治天皇の落胤' 자칭 '메이지천황의 사생아'」, 「'詐欺'で訴えられた李王朝の末裔 '사기'로 피소된 이왕가의 후예」, 『FOCUS』 1984年 6月 15, 29日號.
佐藤和正(1988), 『太平洋海戰 決戰編 태평양전쟁 결전편』, 講談社.
長谷川傳次郎(1989), 『蘇る大和の佛像 소생하는 야마토 불상』, 東京經濟.
小田部雄次(1991), 『梨本宮伊都子妃の日記: 皇族妃の見た明治·大正·昭和 나시모토노미야 이쓰코비 일기: 황족비가 본 메이지·다이쇼·쇼와』, 小學館.
霞會館華族家系大成編輯委員會 編(1996), 『平成新修舊華族家系大成 헤이세이 신수 화족가계대성』, 吉川弘文館.
桃山虔一(1996), 『わが青春の車たち: 二つの大戰の間の自動車 우리 청춘의 차들: 양차대전 사이의 자동차』, 內山工房.
高松宮宣仁, 『高松宮日記 다카마쓰노미야 일기』 第7·8卷, 中央公論社, 1997年.
渡邊みどり(1998), 『日韓皇室祕話 李方子妃 일한 황실 비화 이방자비』, 讀賣新聞社.
金英達(1999), 「朝鮮王公族の法的地位について 조선왕공족의 법적 지위에 대하여」, 『靑丘學術雜誌 청구학술잡지』 第14集.
本庄繁(2005), 『本庄日記 혼조 일기』, 原書房.
渡邊登志子(2006), 『重すぎた無窮花 너무 무거운 무궁화』, 文藝社.
「復活ムード高まる'朝鮮李王朝'末裔は'開成高校'教頭 부활 분위기 높아지는 '조선 이씨왕조'의 후예는 '가이세이고교' 교감」, 『週刊春秋 주간

춘추』 2006年 10月 19日.
小田部雄次(2007), 『李方子: 一韓國人として悔いなく 이방자: 한 명의 한국인으로서 후회하지 않아』, ミネルヴァ書房.
小田部雄次(2009), 『皇族に嫁いだ女性たち 황족에게 출가한 여성들』, 角川學藝出版.
高橋精衛(2009), 『二·二六事件: '昭和維新'の思想と行動 2·26사건: '쇼와유신'의 사상과 행동』, 中公出版.
淺見雅男(2010), 『皇族と帝國陸海軍 황족과 제국 육해군』, 文藝出判.
加藤陽子(2011), 『昭和天皇と戰爭の世紀 쇼와천황과 전쟁의 세기』, 講談社.

종장

齋藤子爵紀念會 編(1941), 『子爵齋藤實傳 자작 사이토 마코토 전기』 第2卷, 財團法人齋藤子爵紀念會, 非賣品.
內務省 編(1944), 『皇族, 王公族各妃殿下地方御視察ト銃後國民ノ感激ノ狀況 황족과 왕공족 각 비전하의 지방 시찰과 총후 국민의 감격의 상황』.
閑院純仁(1966), 『私の自敍傳 나의 자서전』, 人物往來社.
長重九(1981·1982), 「王家の終焉 왕가의 종언」, 『友邦 우방』 1981年 2月~1982年 4月.
이태준, 「해방 전후」, 『한국소설문학대계』 제20권, 동아출판사, 1995년.
高松宮宣仁, 『高松宮日記 다카마쓰노미야 일기』 第8卷, 中央公論社, 1997年.

옮긴이의 말

근래 고종을 '매국노'라고 부르며 비판, 나아가 비난하는 사람이 많이 늘었다. 매국노란 자신의 이익을 위해 나라의 주권을 팔아먹는 자를 말한다. 나는 그러한 비판이나 비난이 애당초 허망하다고 생각하는 쪽이다. 조선은 왕이 국가를 사적인 세습 재산으로 취급하던 가산제(家産制) 국가였다.

1897년, 조선은 국호를 '대한제국'으로 고쳐 황제의 나라임을 선포한 후, 1899년에는 그 헌법이라고 할 「대한국 국제」를 반포하였다. 그 제2조에서는 "대한제국의 정치는 이전으로 보면 500년 전래하시고 이후로 보면 만세에 걸쳐 불변하오실 전제정치이니라", 제3조에서는 "대한국 대황제께옵서는 무한하온 군권(君權)을 향유하옵시나니 공법(公法)에 말한 바 자립정체이니라"라고 하였다. 국민이 정치에 참여하는 근대 입헌민주적 국체와 하등 관계가 없는 전근대적 가산제 국가임을 확인한 것에 다름 아니었다. 나라가 원래 왕의 것인데, 그래서 왕이 나라를 팔겠다는데 뭐라 할 수 있겠는가?

한국사학계의 주류는 1897년부터 1904년까지 고종이 근대적 개혁을 달성하고자 힘썼다고 주장한다. 소위 '광무개혁(光武改革)'이라는 것이다. 조선은 내 것이고, 내 마음대로 다스리고 처분한다는 의지를 명문화한 것이 무슨 개혁인지 알 수 없다. 여하튼 이리 되어 고종과 그 아들 순종은 나라를 일본에 넘겼고, 그 대가로 자신들과 그 직계는 왕족, 방계는 공족이라는 이름으로 일본 황실에 편입되었다.

이 책은 1905년 을사조약을 전후한 시기로부터 1947년에 왕공족이라는 신분이 소멸할 때까지 그 중요 인물들이 보여 준 모습과 그들에 대한 일본 정부의 태도·정책을 다룬다. 저자에 따르면, 그 제1세대가 일본에 대해 적대 의식을 가지면서도 개인과 집안의 존속을 위해 불가피하게 일본에 협력하였다면, 그 후대는 왕공족의 지위를 주어진 것으로 받아들이고 일본 황족의 의무를 성실히 수행하였다. 여기에서도 '광무개혁'이라는 것이 실체가 없는 것임을 알 수 있다.

20세기 전반 조선 황실은 물론이고, 조선 말과 대한제국기에 대한 연구자의 문제의식을 자극하는 데 이 책이 기여하기를 바란다. 또 조선왕조에 관심을 가진 독자들이 20세기 전반까지 시야에 넣으면서 이를 종합적으로 평가하는 데 큰 도움이 될 것이다. 일본의 통치에 대한 재평가에도 유익하게 참조될 것이다. 왕공족 중심 인물들의 언행을 살펴보는 것만도 매우 흥미로울 것이다.

2022년 9월

이우연

조선 왕공족朝鮮王公族
제국 일본의 준(準)황족

펴낸날 초판 1쇄 2022년 10월 5일

지은이 신조 미치히코
옮긴이 이우연
펴낸이 김광숙
펴낸곳 백년동안
출판등록 2014년 3월 25일 제406-2014-000031호

주소 경기도 파주시 광인사길 22
전화 031-941-8988
팩스 070-8884-8988
이메일 on100years@gmail.com

ISBN 979-11-86061-97-8 03910

※ 값은 뒤표지에 있습니다.
※ 잘못 만들어진 책은 구입하신 서점에서 바꾸어 드립니다.